U0473766

逆风高飞

李锦星 著

光明日报出版社

图书在版编目（CIP）数据

逆风高飞 / 李锦星著. -- 北京：光明日报出版社，2023.9
ISBN 978-7-5194-7431-7

Ⅰ.①逆… Ⅱ.①李… Ⅲ.①创业—基本知识 Ⅳ.①F241.4

中国版本图书馆CIP数据核字(2023)第184414号

逆风高飞
NIFENG GAOFEI

著　　　者：李锦星	
责任编辑：李月娥	责任校对：鲍鹏飞　慧　眼
封面设计：人文在线	责任印制：曹　诤

出版发行：光明日报出版社
地　　址：北京市西城区永安路106号，100050
电　　话：010-63169890（咨询），010-63131930（邮购）
传　　真：010-63131930
网　　址：http://book.gmw.cn
E－mail：gmcbs@gmw.cn
法律顾问：北京市兰台律师事务所龚柳方律师
印　　刷：三河市龙大印装有限公司
装　　订：三河市龙大印装有限公司
本书如有破损、缺页、装订错误，请与本社联系调换，电话：010-63131930

开　　本：710mm×1000mm　1/16	
字　　数：311千字	印　　张：19.25
版　　次：2023年9月第1版	印　　次：2023年9月第1次印刷
书　　号：ISBN 978-7-5194-7431-7	

定　　价：98.00元

版权所有　翻印必究

内容简介

从香港荃湾乡下迁到美国得克萨斯州，李锦星在半个多世纪里步履不停，一路的经历精彩纷呈，异乎常人。

他毕业于加利福尼亚大学伯克利分校商学院，却不敢告诉老板和同事自己会读写英语——他在两家中餐馆厨房打杂、抓码，学习掌勺。不到一年，他开了自己的餐馆，不久又转行做房地产经纪人，再转行做五金工具的销售和批发。他到美国闯荡，把中国工具卖到美国全境，进而在南美洲开分店，在短时间内成为阿根廷最大的工具进口商。在电商初露萌芽的年代，他尝试过创建电商网站。

在事业高潮期，他住在700多平方米的豪宅中。随即人生跌宕，他和5个家人搬进100平方米的公寓。公司业务不顺，银行以破产清算相逼，但逆风激起他再度振翅的决心，随后东山再起，再创新高。如今他住在24年前18万美元购买的房子里，现价不到40万美元，开着1999年产的SUV，像一个普通的美国中产。在原有的生意之外，他在得克萨斯州投资数百万美元的工厂逐渐成形，他仍乐此不疲地捕捉制造业中变幻莫测、稍纵即逝的势头与机会。

作者写这本书，是希望告诉子女他们的来历以及始自中国的家族如何有了今天的发展，希望他们能明白勤俭、节制、守信和努力不懈的益处。而对普通的读者而言，这段"个人史"从少见甚至是独有的视角映射着直至今日的数十年里，中国发生的诸般变化。这种变化如同作者的步伐，仍在当下继续。他亦已开始了新的写作，记录多年经商、为人的心得与体会。

前 言
PREFACE

　　年逾耳顺，回忆我这大半生，有大江大河的壮阔，也有曲径林荫的幽深。而更多的是，我被浓浓的亲情所包围，那来自我坚强而伟大的母亲、弟弟、妹妹，乃至儿女的亲情。因此，我心中萌发一个使命：将我的人生经历写下来。

　　我经历了太多的人生无常。我曾经失去一切，一无所有，但我又一点一滴地赚回来。在世态炎凉中，我深深品尝人生百味。为了家人，也为了真实地面对自己，我要将自己的责任承担起来。我曾经历过生命的剧痛，而伤痛过后我更加珍惜那些一直围绕在我身边的平凡、幸福。

　　我最年长的儿子已经成家生子，我最小的儿子已经上小学，我想这本书是我送给他们最好的礼物。我想让他们清楚地明白，我们李氏家族，他们的祖父母，乃至曾祖父母，是如何辛苦谋生的。怀着对未来的梦想，他们漂洋过海，举家移民，在不同的文化中刻苦学习，开疆拓土。

　　如今，我们李氏家族的子孙们大都学业有成、事业有成，他们有的在西方扎根，有的又回到东方。但在这近一个世纪的家族大迁徙中，我们李氏家族所经历的挑战，既不同于其他移民的经历，也是从未出过国门的同胞们无法想象的。我们所遭遇的文化冲突，是那么赤裸而尖锐，既然无法逃避，那么我们只能选择坚强面对。

　　1979—1989年，我在休斯敦艰辛创业。后来我跳出舒适区，进军南美，去另外两个国家创业。其间，我遭遇家庭巨变，事业由盛转衰。最后我逆转命运，重返坦途。这段历程的点点滴滴都充满了创业的艰难以及我对生命的觉悟和体会。

　　这本书不仅是我送给家人的礼物，还是我亲身经历的最真实的记录。我希望本书能够给后辈和广大读者带来激励——无论人生中出现何种逆境，都要永不退缩，勇往直前！

李氏家谱

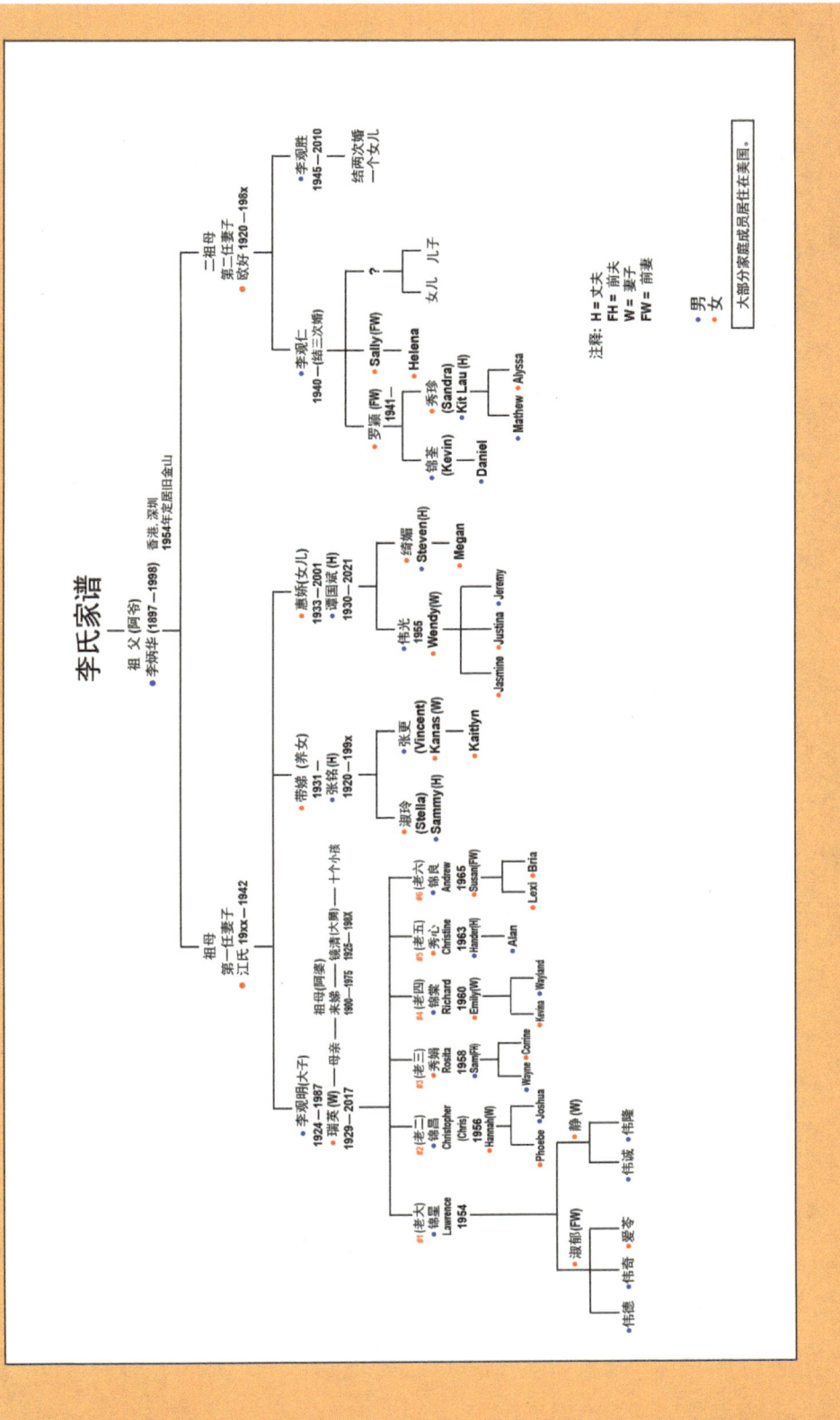

祖父 (阿爷)
- 李炳华 (1897–1998)
- 香港,深圳
- 1954年定居旧金山

祖母 第一任妻子
- 江氏 19xx–1942

李观明(大子) 1924–1987
- 瑞英(W) 1929–2017
- 祖母(阿婆) 未婚——母亲——十个小孩 1900–1975 1925–190X

①(老大) Lawrence 锦星 1954
- 洛莉(FW)
  - 伟德 · 伟奇 · 婆冬
- 静
  - 伟诚 · 伟樸

②(老二) Christopher (Chris) 锦昌 1956
- Hannah(W)
- Phoebe · Joshua

③(老三) Rosita 秀莉 1958
- Sam(H)
- Wayne · Connie

④(老四) Richard 锦棠 1960
- Emily(W)
- Kenia · Wayland

⑤(老五) Christine 秀心 1963
- Hander(H)
- Alan

⑥(老六) Andrew 锦良 1965
- Susan(FW)
- Lexi · Bria

蒂娜 (养女) 1931–
- 张铭(H) 1920–199x

谢玲 (Stella)
- Sammy(H)

张要 (Vincent)
- Kanas(W)
- Kaitlyn

惠妍(女儿) 1933–2001
- 谭国斌(H) 1930–2021

伟光 1955
- Wendy(W)
- Jasmine · Justina · Jeremy

绮娴
- Steven(H)
- Megan

二祖母 第二任妻子
- 欧好 1920–196x

李观仁 1940– (结三次婚)
- 罗颖(FW) 1941–
- Sally(FW) Helena

锦奎 (Kevin)
- Daniel

秀珍 (Sandra)
- Kit Lau
- Mathew · Alyssa

?
- 女儿 儿子

李观胜 1945–2010
- 结两次婚
- 一个女儿

注释：H = 丈夫
FH = 前夫
W = 妻子
FW = 前妻

· 男
· 女

大部分家庭成员居住在美国。

CONTENTS

一、童年时代（1954—1963）

童年时代之一：好奇好动的小孩 / 001

童年时代之二：双亲的典故 / 004

童年时代之三：搬到荃湾山上 / 011

童年时代之四：农村生活 / 015

童年时代之五：童年教育 / 018

童年时代之六：冰棒的滋味 / 020

童年时代之七：没有屋顶的家 / 023

童年时代之八：徙置区奇观 / 026

童年时代之九：过节的回忆 / 030

童年时代之十：阿爷家做客 / 034

二、少年时代（1964—1972）

少年时代之一：搬入市区 / 040

少年时代之二：公寓的生活 / 042

少年时代之三：学校生活 / 046

少年时代之四：批准移美 / 048

少年时代之五：父亲赴美 / 051

少年时代之六：同窗远足 / 054

少年时代之七：留港同窗的故事 / 061

少年时代之八：打暑期工，申请赴美 / 065

少年时代之九：学做烧腊，离港赴美 / 068

三、学习时期（1973—1978）

学习时期之一：到了梦中的旧金山 / 073

学习时期之二：社区大学 / 078

学习时期之三：周游美国和加拿大（上）/ 083

学习时期之四：周游美国和加拿大（下）/ 088

学习时期之五：决心自立门户 / 092

学习时期之六：学做中餐 / 094

四、初出茅庐（1979—1982）

初出茅庐之一：开中餐馆 / 098

初出茅庐之二：夜以继日经营 / 101

初出茅庐之三：餐馆出让 / 106

初出茅庐之四：房地产经纪人 / 109

初出茅庐之五：成家与集资 / 112

初出茅庐之六：摆摊卖五金 / 115

CONTENTS

五、创业时期（1983—1990）

创业时期之一：进口电风扇 / 119

创业时期之二：踏足中国内地 / 123

创业时期之三：进口工具 / 126

创业时期之四：走遍美国 / 129

创业时期之五：中国内地见闻 / 133

创业时期之六：中美洲开店 / 136

创业时期之七：新市场，新尝试 / 139

创业时期之八：锤子工厂 / 142

六、进军南美洲（1991—1995）

进军南美洲之一：问路新市场 / 146

进军南美洲之二：阿根廷开店 / 149

进军南美洲之三：阿根廷最大工具进口商 / 152

进军南美洲之四：阿根廷见闻 / 155

进军南美洲之五：扎根，开花 / 157

进军南美洲之六：乌拉圭分公司 / 162

进军南美洲之七：巴西分公司 / 165

七、由盛转衰（1996—2003）

由盛转衰之一：家庭巨变 / 170

由盛转衰之二：解脱、开店、网络 / 175

由盛转衰之三：全线挂红 / 179

由盛转衰之四：专利尝试与失败 / 184

由盛转衰之五：合作求存 / 188

由盛转衰之六：Handy和广交会 / 190

八、重生（2004—2014）

重生之一：救命产品 / 194

重生之二：乡土产品 / 197

重生之三：开发成功 / 200

重生之四：见利忘义 / 203

重生之五：街上都是钱 / 207

重生之六：应对变局 / 210

重生之七：家庭团聚 / 213

CONTENTS

九、万变时代（2015年至今）

万变时代之一：母亲的故事 / 220

万变时代之二：边境和遇险 / 225

万变时代之三：告别慈母 / 230

万变时代之四：中国崛起 / 236

万变时代之五：越南往事 / 238

万变时代之六：目睹产业迁徙 / 242

万变时代之七：中欧之旅 / 244

万变时代之八：美国建厂 / 248

万变时代之九：越南寻找转机 / 251

万变时代之十：昨日，今朝 / 256

回顾与致谢 / 272

附录 / 282

1999：写在母亲70大寿 / 282

2022：第23届家庭团聚 / 291

一、童年时代（1954—1963）

无论飞得多高、多远，穿过国界，越过大洋，我永远心系故乡，不离斯土。

◎ 童年时代之一：好奇好动的小孩

1954年，我的父母在香港结婚。

1954年，香港，父母亲的婚礼

1954年10月，我出生在香港九龙的红磡。这里距我父亲的故乡——广东

逆风高飞

省深圳市龙岗区南塘村李屋巷仅 100 公里，一个多小时的车程。

我在父母颠沛的步履中出生，在物资极度匮乏中度过童年和少年时期。母亲为了赚钱贴补家用，将她的视力磨损在缝纫机的针线间。我也曾目睹父亲为了给我们缴学费，向他朋友借钱。

生命像滚滚海潮一样一去不复返，生命也像我童年最爱的风筝一样逆风高飞。无论飞得多高、多远，穿过国界，越过大洋，我永远心系故乡，不离斯土。

在父系一支，我是长子嫡孙。母亲说怀我时，外婆经常给她煮鱼汤，姑姑经常给她炖鸡，祖母也不时买肉给她吃，所以我体形很大，她分娩时阵痛了一天，又用了 10 多小时才把我生出来。生第一胎，没有经验的母亲见到紫色的婴儿，以为是死婴，惊呆了一阵儿。但接生婆把我倒吊过来，拍打我的屁股，我大声地哭出来，母亲和众人才安心。一称之下，我竟然有 9 斤多重。母亲常对我说："你头部太大，生产时间太长，夹住出不来，所以头变长了。"在我小时候，家里人叫我"长头芋"，10 岁后，我的头部变得正常，也没有人再这样叫我了。

我的出生给父亲和母亲带来了初为父母的欣喜，也使原本不宽裕的日子变得更加窘迫。我出生的第二年，父母搬家到租金更便宜的九龙城。隔了一年，我的二弟李锦昌出生，我们举家又迁往月租仅 50 港元的钻石山。无论如何搬迁，属于我的空间，就是这全家挤在一起的斗室。

小时候的我是一个充满好奇心的小孩。白天大人外出工作，我和弟弟、母亲、外婆在空间狭小的楼上。刚会爬行的我，坐在墙角望着由窗外射在墙上的光影出神。等到屋角的蛛网、屋顶的漏痕，以及屋内简陋的家具再也满足不了我的好奇心时，另一个更广大无垠的世界从我的耳膜窜入——来自四面八方像潮水一样的声音：热情欣喜的寒暄声、讨价还价的争执声、父母打小孩的声音、小孩像尖哨一般爆起的哭声、小贩的叫卖声、自行车的铃声、金属跌落的哐当声、突然响起的犬吠声等。我的头向楼下声音的来处伸去，越来越低，越来越低，仿佛进入了那些声音的中心。突然一阵剧痛，我在昏迷片刻后发出尖锐的哭声，耳旁响起大人们的惊呼："哎呀！不得了了，锦星掉下来了！"

一、童年时代（1954—1963）

两岁多的我第一次从楼上掉落地面，那种头部着地的剧痛，我至今仍记忆犹新。

外婆经常用背带把我背在身后，以免我出事。外婆还经常说我多手多脚，有时她或者母亲带我买菜，回家后发现我手上握着一个鸡蛋或鸭蛋。原来当她们买菜时，菜摊上堆积如金字塔的鸡蛋或鸭蛋，让我这个一岁多的幼儿有机会顺手牵羊。对于我这种好动的小孩，她们也没办法。

有一次，到楼下的通道被父母封上，我和弟弟坐在屋内，没有玩具，没有娱乐方式，家中也没有任何访客，我们只能看着窗外。我的空间是静止的、空白的，而楼下是一个热闹非凡、像流水一样活络的世界。我又被那些声音吸引，拉过椅子，慢慢地爬上窗台，看到一排排屋脊和灰色的围墙。我的小手勾住窗，将头伸出去，终于看到楼下的滚滚人潮。一排排不同颜色的衣服，形形色色的人们，从三楼望下去，这些事物似乎都缩小了，我听不见他们在说什么。忽然汽车的喇叭声令我一震，我一转头，才发现我的头嵌在铁窗花中动弹不得。我紧张极了，拼命想要把头抽回来，却被两边的铁栏杆夹住愈卡愈紧，两只耳朵像被削掉般剧痛，我尖声大哭起来。

不知过了多久，一群人冲上来，我听到母亲欲哭的叫喊声。她找了其他房客和邻居，那些大人有的扳着我的头，有的扳着铁栏杆，有的拿来锯子，我看见锯子和铁栏杆摩擦时溅出的火花，哭的声音更大了，我的眼泪、鼻涕流了一脸。众人努力了好几小时，我的头才从铁栏杆间抽出。

我生命初始的好奇心让我吃尽苦头。3岁多的我，已成了家人，尤其是母亲，整日担心、牵挂的焦点。

> 我的故事，由此开始。

◎ 童年时代之二：双亲的典故

1. 父亲的故事

我的爷爷李炳华，1904年于广东省惠阳县横岗墟李屋巷（今广东省深圳市龙岗区横岗街道南塘村李屋巷）出生，客家人，家人不详。我们的族谱在内地遗失，我2010年回乡已找寻不到。爷爷从小离家跑船，有一次货轮在福建海岸沉没，他大喊"妈祖救命"，幸好有一块浮木漂来，得救后他很相信妈祖。

爷爷有两位太太。大太太是客家人，不懂文墨。我父亲李观明是大儿子，在乡下出生。祖母还生了两个小孩，但都夭折了，后来收养了一个女孩，名为带娣。之后，我父亲的妹妹李惠娇出生，也就是我的姑姑。父亲叫祖父为阿叔，称祖母为阿婶（当时的人认为小孩不能直呼自己的父亲、母亲，以免小孩不幸夭折）。

1935年，香港，祖父母和我的父亲（右一）、带娣姑（左一）、惠娇姑（祖母抱着的）

一、童年时代（1954—1963）

后来，祖父去香港跑船，把家人也接去香港，一家人住在中环区。生活稍有好转时，祖父娶了二太太欧好女士。她是广东南海人，不会客家话，比祖父小了16岁，也和我祖母一样目不识丁。1940年，二祖母生了我叔叔李观仁。

我父亲在香港有名的华仁书院读到中学三年级后退学。当时的生活极为困难，缺食物、饮水、日常生活用品、燃料等。饥饿之下，祖父在1942年举家回乡。

祖母、父亲和惠娇姑姑回横岗李屋巷老家，住在祖屋内。直系亲属那时多已去了香港，没有人照应，也没有田地。祖父安置好他们，便同二祖母回南海老家居住，那里有田地，又有二祖母的亲人照拂，温饱足以解决。

在李屋巷祖屋，生活重担落在不满18岁的父亲身上。家里没有田地，他要到处打零工，不到10岁的惠娇姑姑也得做家务。很多时候父亲找不到工作，赚不到钱，他们不得不吃树根、老鼠、番薯苗和其他农作物，在那时，一两天没有吃饭是很正常的事。但因为树根、粗粮等纤维太粗，父亲他们大便经常出血。

返乡不到半年，因数天没有进食，祖母被活活饿死，父亲与惠娇姑姑两兄妹只有把祖母的遗体用草席卷起，埋在屋后。在祖屋继续住下去只有死路一条，因此父亲决定外出求生。父亲会说英语，经朋友介绍，在桂林谋得一份翻译的工作。离开时，父亲将惠娇姑姑送往二祖母处投靠。

逆风高飞

1951年,香港,二祖母(右二)和她的妹妹(左二)、我的父亲(右一)、惠娇姑姑、叔叔观仁(中后)和观胜(中前)

父亲在桂林生活了两年多。那时懂英文的人不多,翻译的薪水比较高,如果父亲不会说英语,可能也就饿死了。所以父亲一直要求我们好好读书,做一个有用的人。

之后,祖父举家搬回香港定居,祖父重操旧业做了海员。1954年前后,祖父留在旧金山生活。早期华人在美国不谙英文,很多没有身份的华人,为了生存只能聚居在中国城,尤其要找同声同气讲方言的宗亲会做靠山,所谓团结就是力量。

祖父到了旧金山,一直住在华埠(唐人街),他大多数时间都在说客家方言的"崇正会"度过。在那里,他认识了很多朋友,他们帮了祖父很多忙,给他介绍工作,还帮他找到住的地方。没有工卡(社会安全号码)和合法身份,祖父只能从薪水微薄的餐馆和洗衣店小时工做起。

"崇正会"中有移民律师为没有身份的人办理合法化手续,祖父通过《难民救济法》取得永久居民身份。祖父怕年纪大没有人请他做工,便在登记时把年龄写小了几岁。

一、童年时代（1954—1963）

　　20世纪五六十年代，海员是一个好职业，薪水是餐馆小时工的两三倍，而且还有小费，还可以回香港探亲，可以说海员是许多背井离乡的移民梦想中的工作。适时"崇正会"有几位加入了美国劳工联合会和产业工会联合会（AFL-CIO）的海员，他们来往于美国西岸及远东，包括檀香山、横滨、基隆、香港及马尼拉等地。凭借朋友介绍及以往跑船经历，祖父考入海员学校，继而在远东客货轮上服务，担任管房（服务员）之类职位，这样他每两三个月便能返港一次。

1986 年的家信

逆风高飞

注：家信简体版内容如下

国槟（斌）哥和娇妹

　　你们大家好。由于我的文化有限，变成很少写信问候，请多原谅好吧。上次带娣回来香港，但由于他（她）要到广州，双方变成没有时间会面，如（而）只能用电（话）谈话，同样也明悉一切。现我也把煌娣的相片寄给你的，请多多指教，好吧。

　　另者你的侄儿锦燊回香港后也同我一齐横冈乡下行，他也印了好多相片回去美国给大家留念的，相信他给你看的。现因时间都大夜，加上本人文化有限，在此停笔，下次再谈好吧。

　　祝你们合家平安，万事胜意。

　　大妹名：煌娣

　　细妹名：伟兴

　　孩子名：伟煌

伟崇 草
1986.5.5

　　这是我父亲的一位堂兄弟，住在香港新界的李伟崇，1986年写给旧金山惠娇姑姑的信。

　　20世纪80年代初，他曾带领父亲在横岗乡下找到祖屋和疑似祖母下葬之地。1986年年初他陪我（信中所说的"锦燊"）到访家乡，去看祖屋和祖母墓。那里到处都是旧的村屋和农田，小孩子在田里抓泥鳅。

　　2010年回乡，已经没有伟崇叔给我带路，乡下没有农田，祖屋不见了，说客家话的远房亲戚也不见了，只有说四川话的外省民工和家属，真是沧海桑田。我想如果我不将过往经历写下来留作记录，我的同辈和子孙们，永远不知道我们从哪里来，也不会知道乡下是什么模样。

　　这封家信，是从我伟光表弟处得到。如果不是我们兄弟姐妹之间仍然联系密切，时常聚会，我不会得到这封信，信中所讲旧事也就早已遗忘了。也是

一、童年时代（1954—1963）

出于这个原因，我要把我的一生经历写下来给后人看，让祖先们走过的历史道路，不会被遗忘。

20 世纪 80 年代初，父亲（右一）在祖屋附近找到疑似祖母坟墓

2010 年，南塘李屋巷

逆风高飞

深圳市龙岗区横岗街道横岗社区南塘居民小组主任黄先生，客家人，我们向他打听祖坟情况

2. 母亲的故事

  我的外婆和外公均是客家人，他们在九龙城区何文田经营一个菜园，生有一儿一女：舅舅镜清和母亲瑞英。外公在母亲三四岁时仙逝，全家的生活压力都靠外婆一人承担，幸好有村里的其他亲戚帮忙，菜园又靠近市区，没有太多运输成本，所以外婆一家的生活尚且过得去。

  外婆非常注意子女的教育。我的舅舅镜清读到初中，母亲读到差一年半便小学毕业时，学校停课了，母亲的学业也就此搁置了。之后，外婆依靠菜园维持生计。大舅不念书后，经常带朋友回家吃饭，把外婆省吃俭用得来的粮食消耗光了。

  那时的生活比较艰难，母亲在外婆支持下把小学念完。那时的很多人在小学毕业后便会进入社会谋生，而母亲小学毕业后，坚持继续上学。在她的努力

一、童年时代（1954—1963）

下，外婆答应她白天帮忙做家务和学缝衣服，晚上可以读书。母亲考上了德贞女子中学，读初中夜校。

1949年，外婆把菜田建成多间木房子租出去。外婆和舅舅发了一笔财，生活得到了改善。舅舅因为钱来得太容易，没有长期打算，好为"阿头"（上司，大哥），经常花天酒地请朋友们吃喝玩乐。后来舅舅结了婚，有了两个孩子。

舅舅在香港认识了我的父亲。舅舅觉得父亲老实，便把父亲介绍给自己的妹妹。

好景不长，1953年圣诞节，香港石硖尾六村突发大火。外婆所在的白田村是最先起火的，她的半边房子都被烧毁了，另外半边勉强可住。后来，木屋区全部被迁，外婆一家人顿时无家可归。

为了解决住宿问题，母亲答应和父亲结婚，唯一的条件是外婆要和他们一起生活。外婆一家后来分到石硖尾徙置区（香港早期的公共房屋）的房子。

我的父母于1954年年初结婚，我在同年年底出生。我的故事，由此开始。

> **对我人生的影响：**
>
> 没有了族谱，双亲有必要对小孩细说经历，以及系统地记录，使家族史不致遗忘。

我像重返大自然的天之骄子，成天穿着睡衣在山间水涯飞奔。

◎ 童年时代之三：搬到荃湾山上

3岁的哭声，像是我童年时代对都市狭小空间最后的抗议。往后的7年，我的世界一下子变得广阔无垠，我像重返大自然的天之骄子，成天穿着睡衣在山间水涯飞奔。

我们家在1958年搬去荃湾。父亲听从住在荃湾和宜合村山上的同僚老林的建议，买村屋后没有支付房租，用450港元（约等于我们一年的房租）购买了一栋有院子的木屋。此后，在荃湾城门水塘的山上，我度过4岁至11岁的开心岁月。那是我们家物资最匮乏的一段时期，对童年的我而言，那时的生活却是那么丰富多彩。

我们在和宜合村山上买下的简陋木房子比较偏僻，下了巴士后，要走大半个小时才到家。那里没有自来水，没有电，周围也没有邻居，隐蔽的房子四周都是金塔（盛骨瓦罐）和坟墓。这时我父亲才知道上了当。

别的乡亲见我们被骗，提议我们在距离不远的山腰处新开发的路旁建房子。小山腰上下都建有房子，也有路通过，最终父亲决定在这里建房子。

父亲找到友叔的施工队建60平方米的房子和40平方米的厨房和柴房，中间加筑有上盖的走道，议价为800港元。当时父亲的月薪是300多港元，仅够生活之需，父亲的所有积蓄全用于购买第一处房子和置办家具了。无计可施，只有把母亲的结婚金首饰卖掉，外婆的金耳环也难逃一劫。东凑西借，好不容易凑够钱把房子建好，选了个良辰吉日我们便搬进去了。

没有水电、一房一厅约60平方米，厅占40平方米，放1张木板桌，4张木椅子，桌顶有个挂钩吊着煤油灯，也叫"火水灯"。这是我们每天吃饭、做功课、谈话，以及后来听收音机的地方。不远处放有一个多层实木橱柜，下层贮存日用碗碟，上层有纱门，把要做的食材、剩菜都放在纱柜内。贮米瓦缸在纱柜旁。

纱柜的另一旁放着母亲的胜家（Singer）牌缝纫机。为了贴补家用，母亲时常接下缝布鞋面的零活。她用缝纫机缝出一两百个连在一起的鞋面，外婆眼睛看不清楚，我们小孩子放学回家后要"剪线头"——把一个个鞋面分开，将多余的线剪掉、叠好，交还收货站。

外婆的床在客厅的左边角，吊纱蚊帐，床上铺有草席。外婆没有其他的爱好，只喜欢在吃饭时喝一杯自酿的米酒。她床下有3个瓦罐，两个是酿酒的，一个放酿好的酒，另有容器放糯米、红曲米和酒饼。外婆很会用酿的酒做菜，如酒酿汤圆、酒酿丸子等，但父母不许我们吃，以免"伤头脑"。外婆每天都穿千篇一律的客家服装，黑色的上衣和裤子，在室外有太阳时必戴客家黑色大凉帽。外婆从来没有化过妆，也不喜欢与人交谈，她是一位地道的客家村妇。

一、童年时代（1954—1963）

1960年，荃湾，穿客家传统服装的外婆

家后面是厨房和旱厕。紧邻厨房的是小柴房，堆放做饭的柴薪和杂物。厨房有3个柴灶，大灶每晚烧洗澡水，或有宾客到访时做菜用，两个小灶用于日常做饭。每天生火需要好几分钟，再等到柴火旺了才能做菜，最快也要一个多小时才能把饭菜做好，而把洗澡水烧热需要大半个小时。大灶上有烟囱把烟引出，小灶则没有，因此厨房顶有一层漆黑的油烟。在外婆和母亲做饭时，厨房内烟雾弥漫，我们在旁边上厕所，也习以为常了。

水井在100米外的山下，我们付钱请下屋洪哥把井水挑上来，每天要把3个大瓦罐和大铁锅注满水。我们一家人的生活全靠这一点水，除了做饭和洗衣服外，这些水还要用于洗鸡鸭寮（舍）、洗碗、洗脸等。用水最多的莫过于洗澡了，每晚母亲用柴火烧一大锅热水，每人用桶装半桶热水，兑半桶冷水，用一桶温水洗澡，用完便没有水了。

我们和邻居相处得不错，大家互相帮忙。父亲是村中唯一认识英语的人，村中有关学业或者其他不懂的事，村民们会过来请教父亲。

上屋的赵先生在我们搬入两年后决定养猪，以获得更多收入。猪的排泄物顺着山势流下，我们后屋的引水道变成猪粪渠，漂亮的后山一时臭气冲天。尤其大雨过后，泛滥的恶臭味儿，成了父亲说"山上空气好"的一个大讽刺。赵先生以前替我们申请这块地，又在乡中颇有人望，我们没有办法，只能委曲求全。

屋子的西面有一条上山的土路。上面还有一户人家水伯，他的房子后来卖给了上环九如烧腊店的老板，那位老板在那里养了大量的鸭子，以供店用。老板平常在城市生活，周末回来小住。再往上去的上山小道，两边都是坟场和金塔，平常没有人来，只有清明节和重阳节时人气比较旺。

母亲吩咐我们不能上山玩，说那里是先人安息之所。我小时顽皮，有一次和二弟偷偷上山"见识一下"。我看到广东人称为金塔的瓦罐，一排排放在小路边。我发现金塔上有瓷碟盖着，碟内放有石头压住的冥纸。我经常看见母亲给祖先们烧纸钱、元宝，我想省下买冥纸的钱，于是就把3个瓦罐上的纸钱拿回家交给母亲。没想到母亲不但不高兴，还勃然变色，把我痛打一顿，边打边骂。我噙着泪跪在地上，不知道母亲为什么会生那么大的气。

后来听外婆解释，才知道这是中国南方两千年的习俗。先人棺木入土六七年，待肉体腐化后，由家人请师傅开棺，把先人骸骨洗净，晒干数天，放入瓦做的金塔，以供后人供奉。子孙给祖先拜祭的冥纸是属于先人的。

对我人生的影响：

冥冥中有主宰。

一、童年时代（1954—1963）

> 我常痴痴地望着山外发呆：香港有多大？山外的世界有多大？

◎ 童年时代之四：农村生活

我们这个多子的家庭里没有什么值钱的玩具。我和弟弟只有一辆三轮童车，两人轮流骑。不上学的日子，上午我们需要做功课，下午是自由时间。我像一匹脱了缰的野马，成天和弟弟在山里闲逛。沿着山势有一条小溪，里面有泥鳅、小虾。一多半的休闲时间，我都在小溪里捉泥鳅、小虾，我全神贯注于此事，在小溪里一待就是整个下午。我运气好时，家里的晚餐除了固定的炒番薯（地瓜）叶和鱼之外，还会多出一盘河鲜。

那时候最便宜的是中小型海鱼，在荃湾海边，1斤以下的红杉鱼，只要几角，1两多的小鱼，只要一两角，现在这些鱼都要100多港元1斤了。

1960年，父亲、怀孕的母亲和我们三个小孩在荃湾山上，弟弟骑着唯一的大件玩具：三轮童车

我们经常把鱼用盐煎好，平放在纱柜中一两天。为增加收入，母亲还养了一些鸡、鸭，喂鸡、鸭的食物中掺了一些小鱼，鸡、鸭就会长得很快，而且下的蛋蛋壳很厚。

这些鸡、鸭是我们白天的玩伴。我在屋旁刨土玩，遇到土特别松软的地方，我立即兴奋起来，果然不多久，一只红蚯蚓就被我从土里拽出来，我赶忙将其送到鸡窝前。老母鸡一见蚯蚓，立即激动得"双眼充血"，不到一秒钟，就把蚯蚓吞下肚。有时我们把枧粉（皂粉）加水，倒进松软的泥土中，蚯蚓受不了枧粉的刺激，纷纷爬出洞外。

鸡、鸭有时也会受到惊吓。有一天晚上，我突然听到鸡叫，紧接着家里养的两条狗也大声吠起来。父亲从床上一跃而下，抓了墙角的竹竿就往鸡窝那里冲去。待我跑出去看，一条黑白相间的蛇，比我还"长"，在父亲乱棒挥打下"蹦"得好高，那条蛇终不敌父亲的狂打，倒在地上奄奄一息。父亲说这种蛇叫"饭铲头"，属眼镜蛇类，极毒，最爱吃家禽，稍不注意，鸡就被它咬死了。父亲用竹竿较细的那一头打它，而不用粗的那头。小时候我不明白，长大后才知道，那是怕"打蛇随棍上"。竹子软，蛇爬不上去，只能挨打。

有一年闹鸡瘟，早上听父母说山下洪家的鸡全死了，没想到才过中午，我们家的鸡也都一只只歪了脖子，腿也站不住了。黄昏时所有的鸡都躺下了，不能动弹。母亲把鸡全都宰了，拔干净毛，用盐巴腌起来慢慢吃。那一阵子每天都有鸡肉吃，我觉得特别幸福。一般而言，我们只有逢年过节时才有鸡肉吃，过生日时，我也只能吃到一个鸡蛋。母亲带我去上幼稚园，我心里还想着纱柜里那一大碗没吃完的红烧鸡。

除了养鸡、鸭外，我们还种番薯。我小时候最爱吃番薯，尤其是烤番薯。烧热水的柴火熄灭，但炭还有高温，把番薯放在炭旁，烤熟后可当夜宵，或者作为第二天的早餐。这嗜好一直到我长大也不曾改变，即使吃遍世界各地的山珍海味，烤番薯的香味仍然令我魂牵梦萦。炒番薯叶也是我们家餐桌上常有的一道菜。

因为住得远，所以我们家里很少有访客。偶尔有个外人上山来，习惯穿睡衣、睡裤（除了校服外，我只有这一套衣服）的我，立刻害羞地躲起来——跳进米缸，把盖子盖上，只留个小缝用于观察访客的一举一动。有一次上屋赵先生的亲戚从香港岛过来，赵先生带他们看看我们800港元的房子，客人太多椅子不够，一个大婶便坐在了米缸的木盖上。我被困在完全黑暗、无法正常呼吸的封闭环境中，只得用手敲盖子，大叫"妈妈"。大婶吓得跳起来，我连忙把盖子掀起，跃出米缸，冲出屋外。事后，我被父亲修理一顿，跪着思过一个钟头。但我想到那大婶听到"凳子"会叫"妈妈"，吓得魂不附体的表情，不禁偷笑。

下屋洪家的祖先是河南省洛阳人，因战乱迁往福建莆田，又在明朝嘉靖

一、童年时代（1954—1963）

年间迁往广东省惠阳地区赤石镇，历代经商，是赤石镇的大户。20世纪40年代，洪伯的家里派他带钱到香港去购买位于深水埗的田地。可惜洪伯好赌，把田地、财产输光，不得不和朋友在和宜合村租房子住，白天在荃湾工厂打工。洪伯有3个儿子，洪婶之后一胎生了3个女婴，他们家境不富裕，一家人节衣缩食。

我父亲介绍洪家长子洪潭源进入太古船务工作。他非常勤奋，白天工作，晚上读英文夜校，他的上司很欣赏他，因此他得以"扶摇直上"。潭源哥是语言天才，除了广东话外，他还会客家话、潮汕话（河洛语、闽南语相通）和普通话。他后来开船务公司，在珠江三角洲拥有自己的船队、货柜堆场、仓库和货柜车队。除香港总公司外，他在上海、广州、宁波、厦门等地均设有办公室，现在他在香港航运物流业界颇有名气，是我们的典范。

我们家附近有萤火虫，晚上我经常着迷地追着这种身体会发亮的虫子跑。后来父母亲不准我出去，怕我走丢，也怕我学坏。我后来很少出去，因为我被"丽的呼声"迷住了。"丽的呼声"是20世纪五六十年代香港最当红的有线广播电台，月费9港元，我家里没钱安装，我一有空就跑去邻居家听，附近的小孩也跑去听。所有中国的民间故事以及《三国演义》《水浒传》《西游记》《安徒生童话》《汤姆历险记》《鲁滨逊漂流记》，我都是从收音机里听来的。

我小学二年级时，父亲也买回来一台日本松下干电池原子粒半导体的无线收音机。收音机的体积只有两块豆腐大小，却可以收听香港电台和商业电台的24小时免费节目。从此，我不用再去别人家跟附近的小孩排排坐听故事了。我经常一边帮母亲剪线头，一边听着收音机里的连续剧。更多的时候，我望着那皮包的匣子发呆，想不透那里面怎么装得下那么多的人和事。甚至有一次，我趁母亲出去时，把收音机倒过来，找了半天，想看看我最喜爱的、声音最甜美的女主播到底躲在哪里。

收音机为我打开了一个世界，我常痴痴地望着山外发呆：香港有多大？山外的世界有多大？《汤姆历险记》里的密西西比河有多长、多宽？我几乎已经等不及长大，就想要跟汤姆一样离家出走，到外面流浪。

> 对我人生的影响：
>
> 虽物资缺乏，生活亦充实。

第一次见到贵族学校的中学生，他给我留下深刻的印象，如同另一个星球的访客。

◎ 童年时代之五：童年教育

父母很注重我们的教育。即使家里没钱，也要送我和弟弟、妹妹进荃湾市区的德范幼稚园。到我们念小学的时候，父母认为农村学校师资差，没有送我们去离家近的老围小学，而选了荃湾市区的全完小学。当时很少有家庭能负担得起孩子读幼稚园的费用，有了幼稚园的根基，我小学一年级考得很好，全班第二名。二年级后，因为小孩多，母亲照顾不暇，在九龙市区工作的父亲回家太晚，没法辅导我功课，所以学习上的一切事宜只有靠我自己。对于学习中的困惑，我不懂也没人可问，成绩一直在中间名次徘徊。

父亲每天早上走路送我们上学，他先送弟弟到幼稚园，再送我去小学。全完小学离我们家约有3公里，搭公交车只需5分钱，但父母还是嫌贵，于是我只好走路上下学。母亲中午给我们送热的午饭，然后去买菜、买肉，下午3点放学，她再带我们走路回家。她每天走七八公里的路，我小时候不觉得那段路很长，长大后重回故里，我带美国的朋友站在荃湾山上遥望当年母亲给我送午饭的路，所有人都惊呆了。而母亲竟然每周六天都如此，还不以为苦。我这才知道母爱的伟大。

除了衣食用度，父亲的薪水一大部分都用在我们几个小孩身上。我们上的是私立学校，除学费外，还有课本、校服、杂费等花销。我记得有一两次母亲在月底时不敢买米，待月初父亲领到薪水给我们缴过学费后才买。在那个月的

一、童年时代（1954—1963）

最后几天，我们天天吃番薯和稀饭，或者在饭中加入喂鸡用的赤米。母亲安慰我们说："书中自有黄金屋，请大家忍耐一下，以后自然会有好日子过。"这段日子很值得回味，这句话也成为我的座右铭。

只有买米的时候，我们才有车可坐，而不用晒着太阳走回家了。每次母亲买米，都请傅叔开车送我们上山，我们通常从荃湾众安街出发，除了米之外，母亲还会买很多杂货、油、肉等。傅叔白色的Hillman（希尔曼）是我小时候坐过的唯一的私家车。他没有钱买的士牌照，只能低价做熟客的生意，又称"白牌车"。

小学三年级时，父亲上司一家周末来我们所在的山上旅游，顺便参观我们的房子。父亲上司的儿子在喇沙（La Salle）书院读中学二年级。他戴着领带，穿着整洁的校服，而我穿着睡衣。他说学校的许多老师都是外国人，我让他说几句英语让我开开眼界，他一开口洋腔洋调，我羡慕极了。反观我们学了3年英语，还在学英文字母的阶段，每个老师教的字母读音都有差异，又都说自己的读音是标准的，别的老师教的是错的，因此我们也不知道什么是正确的读音。总之，第一次见到贵族学校的中学生，他给我留下深刻的印象，如同另一个星球的访客。

在我三年级时，有一天，中文课的赵老师让大家谈一谈"我的志愿"。我隔壁的小毛说他长大后要当科学家，就像发明电灯的爱迪生那样造福人类，老师点点头。问到前排的女生，她说立志当文学家，希望在几百年后，还有人读她的书，就像《西游记》《红楼梦》那样经久不衰，老师也点点头。同学们的志愿千奇百怪，还有人说长大后要当警察，因为警察很威风，专门抓坏人。

读三年级时，放学后，母亲第一次带我和弟弟去餐馆吃饭。那天母亲特别高兴，因为她卖了鸡，又收到缝鞋面的钱。我们点了两份叉烧饭分着吃。我从未吃过这么美味的饭，那天晚上都兴奋得睡不着呢。

> **对我人生的影响：**
>
> 启蒙教育非常重要。

> 我垂头丧气地坐回座位，静心等候讲台上的老师走过来，揪起我的耳朵，把我推到教室后面去罚站。

◎ 童年时代之六：冰棒的滋味

提起我的孩提时代，最五味杂陈的莫过于冰棒的滋味！

地处亚热带的香港，夏天总是炎热又漫长，冰棒成了学生们的最爱。每当下课铃响，班上一大半同学都"消失"了，大家以百米冲刺的速度，一溜烟儿冲到小卖部。不一会儿，我的"左邻右舍"都人手一支冰棒，在我面前呲溜呲溜地吃起来。我望着他们的冰棒，前方小邓的是黄色的，闻起来像凤梨口味，左前方小雷的是橘色冰棒，我旁边阿力的是淡紫色的，他告诉我是香芋味道的。

我两眼在这黄色、橘色、紫色间滴溜溜地转动，心想：如果能让我舔一下该有多好。我吞了好几次口水，最后索性站起来，到门外去倒杯凉开水喝。回来时他们的冰棒已吃掉一大半了，仍然是一个个口沫横飞，边吃边谈昨晚的广播剧。小雷手中的冰棒，已化作橘色液体，流到他的手臂上，他却还在滔滔不绝，简直把吃冰棒这档子事儿给忘掉了。上课铃声响起，老师即将踏入教室的那一瞬间，我看见一道橘光一闪，小雷居然把没吃完的半截冰棒丢到我身后的垃圾篓里，我失望得差点要落泪了。

那堂课上老师讲的是什么，我一点儿也没听进去，我心里一直惦记着垃圾篓里那小半截冰棒。终于等到下课铃响，我一个箭步冲到垃圾篓前，可是那里除了微微变色的纸张外，哪里还有冰棒的踪影。

我已经上小学三年级了，但我从未尝过冰棒的滋味。同学们从口袋里随便一摸就能掏出钱来，但我的口袋永远是空的。我的家里孩子多，父母养活我们已经很不容易了，哪里还有多余的钱给我作零用钱。

下课铃像魔咒，大家着魔一般拼命地往小卖部冲，这股人流如大潮般也推着我往前跑。还没到小卖部，我已看到一片黑压压的人头，伴随着叽叽喳喳、

一、童年时代（1954—1963）

七嘴八舌的叫喊声：

"华叔！我要买面包！"

"琴姐！老婆饼，我要两块老婆饼！"

"华叔！花生糖，花生糖，我来了半天了！"

"琴姐！这是我的冰棒钱！快找我零钱！"

一群小孩围着小卖部的华叔和琴姐。他们忙着高高低低地拿货、收钱、找钱，我站在旁边看了半天，他们也顾不上搭理我，我有些失望。华叔平常蛮喜欢我的，常常会主动拿一块糖给我吃，但今天他竟忙得头也不抬一下。我一转头，只见小卖部右前方的冰柜前挤了不少人，大家忙着去挑选自己想吃的冰棒。我迟疑一下，也好奇地挤上前去，冰柜里的冰棒已卖了一大半，我迅速抓起一支冰棒，很平静地走开，头也不回。

我不知道有没有人看见我，我只觉得抓在我手上的这支冰棒是我多日来的梦想。我急切地撕开外包装纸，一股凉气直冲我的鼻梢，我终于吃到了。一支花生味的冰棒，又甜又香，舌头舔到它时冰凉的口感，真是太过瘾了。但我不敢回头，我直直地往前走，我怕我一回头就被人认出我没付钱。我的自责使得这支冰棒的滋味消减了很多，我忐忑不安，最后那支冰棒我是怎么吃完的，我完全不记得了。

上课铃声响起，我最后一个走进教室，全班同学都望向我。我内心一惊，难道是我偷冰棒的事情被全班同学知道了？还是小卖部的老板把这件事报告给老师了？我垂头丧气地坐回座位，静心等候讲台上的老师走过来，揪起我的耳朵，把我推到教室后面去罚站。

但老师并没有这么做。今天似乎是老师的生日，他心情特别好，讲了几个警察抓小偷的笑话。班上的同学都笑弯了腰，只有我没有笑，我面红耳赤木木地坐着，不禁暗暗地想：难道老师是在说我？

一连几天都没有人提这档子事儿，我才几乎可以确认：只是我自己心虚，我偷冰棒的事并没有人知道。

过了几天，我又心痒痒地混在小卖部买零食的人潮里，看华叔和琴姐忙得看不到我时，我从容地打开冰柜，拿起一支冰棒，平静地走开。

我胆子愈来愈大，又连续偷了五六次，有时候还在冰柜前停留半晌，选一支最大、最贵的冰棒。

我走到走廊尽头，剥开冰棒的外包装纸，正准备好好品尝一番。忽然我身后响起一声："李锦星！"我一转身，顿时魂飞魄散。那是我的班长齐国华！

他望着我的双眼，又望向我手中的冰棒，眼中充满了严肃的谴责："从你上次偷冰棒我就看见了。你知道吗？我那天正巧就站在你旁边，你居然没有看见我，后来我又跟踪你好几次，我一直在等你良心发现、改邪归正。今天我实在忍不住了，我警告你，如果你再犯，我就去报告老师、报告学校，让同学们都知道我们班出了一个小偷！"

那时我真恨不得有个地洞让我立刻钻进去！我谢过班长，答应他以后改邪归正做一个好学生，他答应放我一马。

那支冰棒在我手中不再冰凉，它像一团滚烫的火球。我第一次感到自己如此卑微，如此卑鄙。我噙着泪，炽热的阳光下，冰棒在我的手中化为一滴滴水，我却再也无心去品味。

那天我很晚才回家。沉重的脚步，几乎要把我带向地狱。我心情沉重，早已过了晚餐时间，却不觉得饿。

还未推开门，我就被二弟锦昌的哭声震住了，原来父亲正在用棍子打二弟。

"好啊！你了不起啊！学会当小偷了？！"

"我辛辛苦苦地挣钱养你们，你什么都没学到，学会当小偷了啊？！"

"为了让你们过上好日子，我成天省吃俭用为了什么？"

"你以为你偷了钱没人知道，你知道我口袋里的钱每天都有定数，多一个子儿我都不带！"

父亲的责骂声，棍棒打在二弟身上的响声，混合二弟的哭声，使我心惊不已。

忽然传来母亲的哭喊声："你疯了！再这么往死里打，孩子就要被你打成残废啦！"

我推开家门，只见母亲紧紧抱着二弟锦昌，两人哭成一团。父亲痛苦地跌坐在地上，几乎快折断的棍子横躺在他的脚前，正如他的失落。

那是我们家里最黑暗的一夜！

从那天起，我们每个小孩的口袋里都有了一些零用钱，是父母额外节省出

一、童年时代（1954—1963）

来的。父母开始给我们零用钱，相对地，他们的日子过得更节俭了。天下父母心，可见一斑。我因此立志将来发愤赚钱，也要更加善待亲人、子女。

> **对我人生的影响：**
>
> 走正路，才能走得长久，走得远。

> 厅角处的屋顶被风掀起来了，都能看见天了。

◎ 童年时代之七：没有屋顶的家

台风，是香港最大的天灾。当大自然发出无穷的威力，当强风以摧枯拉朽之势横扫平日我们赖以避风躲雨的房子，我们才发现它是那么不堪一击。人的力量其实非常渺小，而人心的韧力又如此强大。

香港以1至10号风球来代表台风的强度。我8岁那年遇上的"温黛"台风，竟是香港遭遇的有史以来最强的台风之一，是众10号风球之冠。

香港有很多由钢筋混凝土构成的高楼大厦——我们称为"红毛泥，石屎楼"。每逢台风，这些高楼大厦就会有高空坠物和房屋进水的危险。在乡下，每逢刮台风、下雨，我们要穿雨衣、雨鞋，因为雨伞起不了很大的作用，地上的泥泞会把校服弄脏。

父亲在台风袭来的前一天，就为家里备好了干粮，如饼干、面包、梅林午餐肉、豆豉鱼罐头等。手电筒、电池、煤油和火柴也都是必备的。有时间的话，外婆还会准备"茶果"（糯米做的点心，甜口味的内包红豆，咸口味的内包花生、猪肉）。父亲忙着登梯上屋顶，检查哪些地方需要修补。每次下大雨，家里总有几个地方漏水。

1962年8月31日，"温黛"台风登陆。这一天父亲不用上班，我们不用上课。我们整天都在收听收音机里的台风动向。吃过午饭，风势、雨势转强，我们穿上雨衣，到后院去查看鸡、鸭。所有鸡、鸭都被我们赶回鸡鸭寮了，不准它们像平常一样乱跑。我看鸡鸭寮的屋顶一切稳妥，铁皮顶上又罩了砖瓦，才稍稍安心。鸡鸭们似乎感觉到大难即将临头，在笼舍里烦躁地走着。

我回到屋内，外婆已煮好一锅粥，煎了腌好的鱼，还炒了一盆青菜。我知道今晚没法做饭，只有吃煎鱼、粥和干粮了。家里传来弟弟、妹妹的喊叫声，原来客厅和房间内已经有多处开始漏水，我们急着搬搪瓷盆、水桶来接。

午后我听到一阵怪响，紧接着屋内卷起一阵风。我抬头一看，原来是厅角处的屋顶被风掀起来了，都能看见天了。大雨哗哗落下，我们赶紧把客厅的食物搬进房间里。天色还亮，外婆和母亲叫我们赶快在床边坐下，趁天黑前提早把晚饭吃了。

那真是食不知味的一餐。我们一边吃，一边看到屋外有树枝、什物飞旋而过，随即发出哗啦、哗啦的碰撞、摔掷声。

家里3个大人——外婆、怀胎4个月的母亲、父亲，4个小孩——8岁的我、6岁的锦昌、4岁的秀娟、2岁的锦棠，全都瑟缩在房间内两张床上。热水壶和塑胶水壶放在床边，但我不敢喝热水，那是留给母亲和外婆喝的。天渐渐暗了，父亲把小煤油灯点亮用来照明。

晚上八九点，房间的一角屋顶也被风掀起来了，雨水落下，一张床立刻就被淋湿了。我们赶快把被子、食物、水、火柴放到另一张床上。父亲用事先准备好的帆布把仅有的床顶盖住，我们7个人瑟缩在一张床上。旁边的小椅子上放着一个煤油灯，后来雨势太大，煤油灯也熄灭了。我们喝的水也所剩不多了，食物也仅剩半包饼干。一张床实在是太小了，每个人都伸展不开四肢，实在是太难受了。黑暗中2岁的棠弟在母亲怀中哭，娟妹也跟着哭了起来。风声雨声夹杂着母亲安抚棠弟和娟妹的声音，构成一曲令我惶惶不安、毕生难忘的交响乐。

父亲看情况不对，很快地跟母亲商量后，带着我和昌弟到前面小山坡上赵先生家的砖屋去躲一个晚上。父亲拿着手电筒，我们穿好雨衣、雨鞋，在10号风球里蹒跚前进。雨衣完全没有用，大风和暴雨几乎要将我们打晕，我和二弟几次跌倒在地。父亲紧紧地夹住我们，几乎是左右开弓，扛着我们前行。雨打得我睁不开眼，微眯的视线里，我已完全不认识平日熟悉的山野和暗风里狂

一、童年时代（1954—1963）

野摇摆的大树。赵家是离我们家最近的邻居，平时走惯的道路，在狂风暴雨里竟如此遥远。

终于连滚带爬到达赵家，我们用力拍着赵家大门，仿佛看到黑暗中的救世主。也许是风雨声太大，赵家的人竟然听不到。我们又跑去拍窗，狂喊狂拍了半天，赵家的人才开门。坚固的砖房，一屋的平静和温暖，完全不似我们家的狼狈和窘迫。他们很热心地招待我们，给我们热茶、零食和干衣服。但我们都没有心情享用，一直惦记着家里4人的安危。

事后母亲说那天晚上她整夜都没有睡，一直惦念着我们的安全。

在赵先生家，外面的风声、雨声呼啸着，照道理我是很难入睡的，但折腾了一天，我实在太累了，头一挨到枕头就呼呼大睡，一觉到天明。我醒来时风势已经减小了，雨也停了。我们该回家了。

山路上是昨晚可怕的暴风雨肆虐的遗迹。迎风的一排树几乎全倒了，还有几棵大树被连根拔起，横躺在路中间。我们左绕右绕，才走出这堆满树枝、石块、什物的泥泞。

我们回到家时，他们4人还靠在床上昏睡。我发现屋内突然敞亮了许多，原来房顶没了2/3。可怜的母亲和外婆，一夜未眠，饱受惊吓。床单和被子都被雨水打湿了，连米缸也浸水了。下午太阳出来，大家赶紧把米拿出去晒，床单和棉被也扛到前院空地上晾晒。外婆把鸡、鸭放出来，抓几把糙米撒在地上给它们吃。经过一夜风雨的折腾，鸡鸭寮也歪了，好在群畜均安。台风终于过去，而我们漫长的复建之路才刚开始。

我们又在赵先生家做了几天客。不过这次不是我们3位，而是我们一大家子。赵先生很客气，他看我家连屋顶都没有了，坚持要把我们全家安置下来，直到屋顶盖好为止。

父亲没有钱，母亲典当婚戒和外婆的金发簪，又和朋友借钱，这才买了建材。赵先生和父亲的朋友们免费为我们盖房子。我仰头望着他们在屋顶敲敲打打，忙得十分带劲儿。母亲和外婆给他们递茶送水，张罗餐点。为加快速度、减少支出，父亲向单位请了假，大家同心协力，不到一天时间就把房顶盖好了。我望着簇新的沥青纸屋顶及墙壁，禁不住雀跃。邻居赵先生和父亲的朋友们抹着辛劳的汗水，母亲请他们留在家里吃饭，他们连声拒绝，只是望着崭新的、坚固的屋顶，笑着扬扬手散去了。

"温黛"台风给香港带来了不小的灾害和损失，也让我们感受到了人心的温情和关怀。这才是抵挡天灾最大的力量。

后来听住在徙置区的表哥说，大风时他们隔壁家的窗户被插入的晒衣竹竿捅破了，雨从窗户进到屋内，于是隔壁的一家五口去了表哥家避难。我听了惊诧不已。表哥家已住有12人，再加上隔壁5人，共17人，全挤在约22平方米没有厕所的屋内，真不知道他们是怎么度过那漫长的台风夜的。

表哥还说，雨停后，他们在徙置区的排水沟内淘宝。那里本来很脏，现在却被大雨冲刷干净了。他们发现了许多经年累月积攒下来的铁钉、螺丝，可以用或拿去卖钱，他们甚至还在排水沟中捡到一些零钱、硬币。表哥喜滋滋地说，一场台风让他们发了一笔意外财呢！

> **对我人生的影响：**
>
> 患难见真情。苦是暂时的，家人要团结，众力能胜天。

> 表哥原来有3条裤子，现在只剩下两条了。

◎ 童年时代之八：徙置区奇观

我小时候住在荃湾山上的日子虽然贫苦，但比起大舅一家12口人住在石硖尾徙置区，我们实在是太幸运了。

20世纪40年代末50年代初，大量内地民众拥入香港。为了安置这些民众，尤其是1953年因火烧六村而无家可归的5万多名居民，徙置区就此诞生。

我的舅舅和带娣姑姑都住在徙置区。舅舅住在石硖尾徙置区，带娣姑姑住在黄大仙徙置区。

一、童年时代（1954—1963）

外婆、母亲和舅舅原本在何文田耕种面积不大的菜园，生活清苦。火烧六村后，舅舅一家安置到了附近的石硖尾徙置区。

住在荃湾时，母亲每年来看舅舅两三次，一次是过年期间，一次是中秋节前送月饼，其余不定。每次都由父亲先和舅舅约定好，再由母亲带着我和二弟前往，父亲和外婆则留在家照顾弟弟、妹妹。舅舅一家有12口人，全挤在22平方米左右的小公寓里，他们平常连吃饭也不能全家坐下来一起吃，也没法容纳很多的访客。舅舅说他们的房子在徙置区是最大的，大部分人只能住在十几平方米的斗室内。

每次一进徙置区，母亲就会立刻撑开雨伞，以防从天而降的杂物或"水弹"。我们去舅舅家时都是假期，好多次经过大楼时，有顽童从楼上扔下灌水的气球，运气不好会淋一身水，也不知是什么脏水。我们撑伞小心翼翼地走过漫长的楼间走道，终于到了舅舅住的这栋。

上了五楼，骑楼（一种近代商住建筑，建筑物底层沿街面后退且留出公共人行空间的建筑物）走廊上挂满晾晒的衣服，下面摆满煮饭的煤油炉和贮水器具，家家户户如此，无一例外。快到舅舅家时，舅舅家在骑楼玩耍的小孩通常会大叫"姑姑来了"，然后一窝蜂地冲过来接过我们带来的水果、糖果等礼物和雨伞。经过煤油炉和盛水的瓦缸，我们终于到了舅舅家。

舅舅家只有面向门外的厨房一面有窗，其他3面是水泥墙，家里暗沉沉的。

我们坐在进门的桌子旁喝茶，吃西瓜子。舅舅家的所有家当全在这一间屋内：有蚊帐的大床在左边，旁边是衣柜，屋子中间是祖先牌位，右边有两张写字桌、两张椅子和一张较小的双层床。

我好奇舅舅和他的10个小孩如何吃饭、睡觉。原来他们是分批吃饭，睡觉的地方也用尽了屋内的空间——舅舅、舅母和两个小孩睡在面朝大门的大床，有3个小孩睡小床，餐桌上睡1人，餐桌下睡1人，其他3人则在地上铺席而睡。

舅舅他们上厕所要到两座大厦中间的公厕。大表哥介绍，该公厕除了早上刚打扫好时比较干净外，其他时间都很脏。大部分居民没有钱买草纸或厕纸，上厕所都用报纸，厕所常常堵塞，臭气四溢，老远就能闻到。夜晚他们都是在

逆风高飞

家里用痰盂上厕所，不敢到外面上公厕。

洗澡房也是公用，还要排队。通常每人拎着家里烧好的一桶温水，到大约1米×1.5米的小格澡房内，掩好木门，打好肥皂后，一冲即出。女孩子洗澡要有家人把风，以免发生危险。

每层楼只有一个水龙头，所以家家户户都是用木桶取水后，把水倒入自家贮水缸内备用。

大表哥还带我们参观大厦顶层的天台小学。楼顶的一半为教室，一半为操场。小学一年级有八九个班，到了六年级只有一两个班，每班约40人。很多学生都由赞助人支付学费和书本费，赞助人会指定给某学生赞助上学费用，还会给学生送圣诞礼物。赞助人也会了解学生的学习进度、成绩，每次赞助人来校访问，学生们都会夹道欢迎。

天台小学夏天很热，老师素质不高。一、二年级学生较多，六年级的学生寥寥无几，能毕业的人不到一半。很多学生都去附近的工厂打工或帮家里做塑料花、缝衣服等。大表哥说，在天台小学课间休息时上下楼要格外小心，因为短短15分钟，学生会一窝蜂冲下楼，在士多小店买零食，又赶快冲上楼。一不小心被他们撞倒，都不知哪位是元凶。

大表哥小学未毕业，16岁时已在建筑工地工作好几年。二表哥运气比较好，找了一份跟车送货的工作，有机会到香港各地看看。他告诉我他曾到过香港仔、半山区、九龙塘、鲤鱼门等地。他描述的场景听得我们目瞪口呆，大家都很羡慕他。他是我们心目中伟大的旅行家。

舅舅给大表哥一些零钱，让他带我们两兄弟去吃隔壁楼楼下的牛什（牛杂）。香味扑鼻的牛什，是我小时候最高的享受之一。吃完后，我们就在旁边的书店看连环画，听收音机里的故事。一大群小孩子排排坐在木板凳上看书，这景象现在已经看不到了。

大排档也是小孩最喜爱的。烤面包、烤鸡翅、猪皮、猪红（猪血）、鱼蛋（鱼丸）、牛什、牛肺，应有尽有。还有冰室的多士（吐司）、通粉（通心粉），那是楼下最令人怀念的一排店铺。而舅舅一家，并非它们的常客。因为舅舅家里小孩多、开支大，最穷的时候他们用鹰粟粉（玉米淀粉）加糖当饭吃，有时猪油、酱油拌饭就是一餐。逢年过节，每位小孩才能加个鸡蛋。

一、童年时代（1954—1963）

学生半路遭劫，被人抢走零钱，更是常事。比我大1岁的二表哥有天傍晚一人下楼看书，回去时在隔壁楼楼梯角被3个比他大的小孩截住，把他仅有的一点零钱抢走了。因为二表哥的钱太少了，所以他们让他下次多带点。还有一次二表哥没带零钱，他们把他的裤子扒掉，打了二表哥一拳，让他以后不要忘了带钱。二表哥只有就地捡旧报纸掩住身子回家。回家后还被舅母打了一顿——他原本有3条裤子，现在只剩下两条了。

这里还有个行业叫"职业乞丐"：每天早上去工厂上班，下班换上破衣服乞讨。住在黄大仙徙置区的带娣姑姑，就有一位邻居是"职业乞丐"。下班后，他装成断腿的残疾人向别人讨要施舍，每个星期天和家里人一起饮早茶，然后再去行乞。

大部分人一辈子都走不出徙置区。因此，对徙置区的年青一代来说，最好的职业是跟车送货，这样可以看到外面的花花世界。在这里居住的人压力都很大，这里频发煤油炉失火事故。

虽然如此，徙置区内依然有着浓浓的人情味。如果我表哥、表妹经过某家门口时，这家正在煲老火汤，就会请他们坐下来喝一碗再走。有好几次我舅舅没钱买菜，我表哥、表姐就在邻居家吃饭。那时人与人之间的距离很近，串门的人很多，从来没听说过有人挨饿。

我们在舅舅家里待三四小时就回家了。我又回到"天堂"了！

> **对我人生的影响：**
>
> 身在福中不知福，要懂得满足。

> 每个人都是笑眯眯地拿着一把鲜花在手上，仿佛握着锦绣前程。

◎ 童年时代之九：过节的回忆

我出生在物资极度匮乏的年代，家里孩子多，虽不至于捉襟见肘，但仅够温饱。然而父母总是想尽一切方法让我们开心、满足，尤其逢年过节。父母浓浓的爱与关照，让我们在他们羽翼之下的每一天，都很幸福、美满。那段日子，在我长大后必须独自面对人生的风雨和打击时，显得格外温暖。

农历新年前后，是我小时候最开心的日子。

十二月初，年的气息便缓缓而来。母亲开始少接平常做惯的缝布鞋面的工作，缝衣机上放着新买的蓝色和粉红色棉布，母亲准备为我们做新的睡衣裤。我们很珍惜自己的睡衣，那是每个人仅有的三四套衣服之一。除了上课穿的校服和另一套去城里拜访亲友穿的"大礼服"外，我在家中，包括去邻居家串门、满山遍野地跑，一律都穿睡衣。我们每个小孩有两套睡衣。我们的衣服膝盖、手肘部位经常破损，需要经常修补，我们好不容易等到过年才有新睡衣穿。

新年从尾牙（我国东南沿海地区的民间传统节日，源于拜祭土地公的仪式）揭开序幕，那是每年的农历十二月十六。外婆循例要杀鸡，我们也跟着打牙祭。尾牙是一年一度老板犒赏员工的日子。大约10岁那年，父亲带我去开铜铁店的奀公店内吃尾牙，鸡、鸭、叉烧、活鱼、酒等十分齐全，工人们吃到酒醉饭饱才回家。对寻常百姓而言，尾牙是一年中最重要的节日之一。

过完尾牙，父母开始努力筹措过年的费用。大部分公司老板年底都发双粮（双倍的工资）给员工过节。口袋里有钱了，家家户户的年夜饭多半少不了农村饲养的"走地鸡"。因此，我们家里的鸡成为我们的"扑满"（存钱罐）。母亲在接我们下课之前，跑遍了荃湾市区，向所有旧客户兜售我们养的鸡。过年的前两天和年三十晚上，她用竹笼把鸡送到荃湾街市附近，等客人来买走，剩

一、童年时代（1954—1963）

下的鸡则在街市摆摊卖掉。卖鸡时，父亲也要请假帮忙。

卖鸡的钱和父亲的双粮用来置办年货、买爆竹、赎回典当的首饰，也给我们买新衣、新鞋。通常是我穿新衣、新鞋，弟弟妹妹们未必有，因为他们可以"继承"我的旧衣服。大年三十晚上的团年饭，是一年中最丰盛的一餐。父亲买新鲜的鱼、猪肉和腊味等，母亲做的炆花菇最好吃。

有一年过年前突发鸡瘟，尾牙后我们天天吃染疫而未死的鸡，而把精神好的鸡提早拿到街市卖掉。那年的三十，我们吃了一顿没有鸡也没有花菇的团年饭。虽不能过"肥年"（丰裕的年），但餐桌上一定有鱼，因为父母期待年年有余。

吃完年夜饭，父亲带我去逛花市。市场内到处都是花，桃花、梅花、水仙花、芍药花、菊花等，把年节的气氛装点得更加浓郁。每个人都是笑眯眯地拿着一把鲜花在手上，仿佛握着锦绣前程。未结婚的人大都买桃花，希望能走"桃花运"；有家庭的人则买月季花，希望花开富贵。逛了一大圈，我们也欢欢喜喜地买了桃花和水仙花，因为开花的时间较长。

大年三十晚上，邻居家的哥哥们开始玩爆竹、双响炮，我看了技痒，也赶紧跑回家去找火引。只见厨房里灯火通明，母亲忙完了年夜饭，又开始忙着蒸萝卜糕、甘蔗年糕和炸角仔（油角）。厨房的火自然比爆竹更吸引我。通常母亲会吩咐我看着炸角仔的锅，她去蒸年糕。这些点心在大年三十晚上不能吃，要等到大年初二开年后才能吃，但我的嘴岂能闲着？我混在母亲和外婆身边，她们边做我边吃，凡是形状不够好的炸角仔全进了我的"五脏庙"。而我仍目不转睛死死盯着刚出炉的蒸萝卜糕和甘蔗年糕。母亲告诉我，完整的点心等大年初二开年后才能吃，还要当作伴手礼带给亲友。

无论是蒸笼里透出来的烟霭和香气，抑或是油锅里的金黄炸物，都深深浸润着我的童年，令我感到生命的美好、富足和惊喜。而另一个惊喜，就是每个大年三十夜晚，母亲都会在我们枕头下塞一个压岁钱红包，祝我们年年好运。

那晚，我们睡得特别迟，因为太高兴，也为了给父母"守岁"。根据中国人的习俗，大年三十晚上儿女睡得愈晚，父母愈长寿。终于，在大年初一零时，我们听着收音机里的歌声，家家户户都兴奋地起来放鞭炮，迎接新年的来临。

大年初一早上，我们起床的第一件事，就是给长辈拜年，祝他们身强体壮、来年发财。按照习俗，大年初一的早餐和午餐均为素食，晚餐是大年三十的剩菜。我们在这一天向邻居、亲友拜年。

我们穿了新衣、新鞋，跟着父母到亲友家拜年。我们小孩子最高兴，因为不仅有红包拿，嘴巴一整天没停过。家家户户都摆出了糖果、瓜子、花生、糖莲子、糖冬瓜、茶水、可乐等，任凭我们吃喝。等我们口袋里的糖果塞得鼓胀，我们又跑去跟邻居家的小孩一起玩爆竹。双响炮、鞭炮炸开的声音既刺激又痛快，我时常想如果天天过年该有多好！我不用上课，不用做功课，可以天天放鞭炮，这实在是太好了。我们玩得正起劲儿，外婆突然跑来，说家里来了访客，我们便和父母回家了。这次轮到我们招待客人了。喧喧嚷嚷，一天就在欢欣中飞逝而过。

开年后，我们循例去拜访远方的亲戚。大人们事先说好时间，以免扑空。我最怕去徙置区的舅舅家，因为小孩经常从楼上扔下爆竹，爆竹会在我们头顶或脚前爆炸，我们每次去舅舅家都要打伞。我们最期待去荃湾或九龙市区，看街上的舞龙舞狮。虽然每家商店的舞龙舞狮表演都差不多，但我还是喜欢锣鼓喧天的热闹氛围，我挤在人堆里，看舞狮"采青"（传统舞狮活动的一个固定环节）拜年的大戏。

去看祖母也是一件大事。因为要坐车，还要乘船。在年节人头攒动的拥挤人潮中，父母要照顾我们排队，一个看前，一个顾后，生怕我们失散。

外婆没有收入，只给我们 2 角压岁钱，而祖母会给我们每人 10 港元的红包，父母不用给祖母红包。到山上来看我们的亲戚朋友不多，父母都是事先约好姑姑、叔叔们，在大年初二或初三一起到祖母家拜年，一待就是大半天，可以见到所有的亲戚。

我们家小孩多，每次全家一起出行总是父母的难题。我们总会穿上最好的衣服，以免被亲戚朋友瞧不起。母亲还不停提醒我们见到人要主动称呼，不能乱走、乱跑，吃饭不能掉饭粒，免得被别人说没教养。母亲总是说："你们要替我争口气，不要给别人看低。"

中国人过年家族团聚，代表亲人之间联系紧密。过年有给红包的习俗，却也引起一些人的利害计较。小小年纪的我，便早早看出端倪——小孩一定要嘴

一、童年时代（1954—1963）

甜，见人就说"恭喜发财"，否则没有红包，于是我从小就学会了"向钱看"。也有一些邻居、朋友家里孩子少，他们不希望我们去拜年，因为我们家小孩多，他们不划算。因此，我们只给亲戚及父亲最好的几个朋友拜年，以免遭"白鸽眼"。

我们陆续拿到红包，到元宵节为止。元宵是大节日，但为节省开支，都是草草度过。母亲把红包的钱存起来，过年后，每星期分给我们作为零花钱。过年时父母买了很多猪腩肉，外婆用酱油、盐巴腌过，串起吊好，在北风天里晾两个星期左右，就成了酱腊肉。酱腊肉用作蒸菜、炒菜，风味绝佳，这也成了红包之外，我小时候对过年最美好的记忆。

因为我们家祖先的坟都在内地，我们没法去，所以清明节、重阳节时我们就在家里用猪肉或鸡祭拜，父母也趁机告诉我们祖先的故事。端午节时，外婆和母亲一定会包肉粽。荃湾码头每年都举办龙舟竞赛，我们只去看过一次，因为家里孩子多，出行不便。

中秋节是一年中除了过年以外最大的节日，中秋节的活动多，还有好吃的月饼。

虽然银钱紧张，但母亲每月都会供"月饼会"[①]（香港旧时预售月饼的一种方法）。每年农历八月初从"月饼会"拿了月饼，一多半都是送给父亲的上司和平常对我们很好的朋友，我们自己吃到的只有两三盒。我们很少收到别人送的月饼。月饼的滋味至今仍令我回味无穷，我最爱的是双黄莲蓉月饼，外婆却对金华火腿月饼情有独钟。

农历八月十五前几天，我和邻居家的小孩就开始提灯笼。燃有蜡烛的纸灯笼用竹竿和绳吊着，我们提着灯笼满山遍野地跑，最开心不过了。兔子、杨桃、鱼、鸟等形形色色的灯笼，加上红、黄、绿、橙的图案，煞是好看。我最怕蜡烛忽然灭了，因为重新点燃挺麻烦的。如果不小心把蜡烛打翻，那么漂亮

[①] 月饼会：中秋节购买月饼送礼及自用，对香港普通人家而言是一笔较为昂贵的支出。制售月饼的茶楼、饼店发明了"预付月供"的月饼会。供月饼会的顾客得到一张"存折"，每月付约3港元，店家在存折上盖一枚戳记。供满12个月，顾客可以以6~7折的优惠价格购买一份月饼（10~12盒，视店家而定），包括多种口味。顾客也可以选择只供半份月饼。20世纪70年代，为月饼会鼎盛时期。

的灯笼会瞬时化为一团火球。有时烧了灯笼，我会和二弟轮流提着一个灯笼，也挺过瘾的。

中秋节的晚上，我们一家人一起望着天空中的明月。父亲一边给我们分月饼、杨桃，一边给我们讲嫦娥奔月的故事。全家人围坐的情景，常常出现在我的梦里。那是我的童年，那时的我是那么快乐、知足。那时虽然物资缺乏，也没有玩具，但我有父母的爱，所以我的童年什么也不缺。

> **对我人生的影响：**
>
> 有幸生于有父母爱的家庭，要珍惜。

> 一群服装整齐、比我们有钱的人坐在有靠背的椅子上，他们神情舒坦，风把他们的头发吹得蓬起来，阳光照在他们平静的脸上，和船旁的窗框上。

◎ 童年时代之十：阿爷家做客

一天吃晚饭时，母亲突然告诉我们下星期五向学校请假，不去上学了。坐在对面的二弟反应快："阿爷回来了？"我差点被嘴里的一口饭给呛到，咳个不停，含着泪水高兴地喃喃自语："阿爷回来了！阿爷回来了！"我看见父母微笑着交换了一个眼神，他们一定觉得我挺呆的，但我确实抑制不住我的狂喜。

阿爷就是我的祖父，他是我父系全家的偶像，也是大家的希望。父亲常给我们讲祖父的故事，给我们讲述祖父是如何勇敢迈步，从横岗乡下去跑船，继而举家迁到香港，又背井离乡，摇身一变成为美国籍海员。阿爷隔几个月便回香港探望家人，他的口袋里总装有许多美元。他在香港北角买了新房子，雇了两个用人。他回来是我们家中的一件大事，虽然我们家的人都不喜欢二祖母，但我们可以看到家族中最成功的偶像，听他说他的经历，而且祖父回来时我们

一、童年时代（1954—1963）

还能吃到游水石斑鱼、烧鸭等平常吃不到的美味佳肴。祖父会给我们这些小孩子发朱古力糖，还有大红包，虽然红包不久就会被母亲收回去。

从我懂事起，我就知道祖父在美国跑船，一年回来两三次。乡下孩子很少去别的地方，但是祖父回来时就不一样喽！父母带我们又坐车，又坐船，还要走路。提前一个星期我都很兴奋，恨不得星期五赶快到来。星期四下午放学回到家，我看到我仅有的一套吊带裤大礼服，已经被母亲洗好、熨好挂在床头墙上。这是我最好的一套衣服，平常那补了又补的睡衣，见祖父时当然不能穿了。

晚上我翻来翻去睡不着觉，只听到父母在门外轻轻的谈话声。我竖起耳朵仔细听，但总是断断续续地听不清楚，在我恍恍惚惚间，天就亮了。

我们很认真地在晨曦中的山路上走着。我和弟弟穿着吊带西裤、白衬衫，母亲抱着秀娟妹妹，父亲拉着我们兄弟两个，还带着我们的衣物和妹妹的奶瓶、尿布等。从我们住的城门道到青山道，需要30多分钟，我们还要再坐1小时的公交车到尖沙咀，下车后坐天星小轮去中环。

每次坐船我们都在楼下三等舱，和汽车、小贩同一层。我爬到船头去看海，海水"包裹"着高高的楼房。我才嗅到咸腥的海风味，只觉右耳一阵烫热，父亲已"三下五除二"把我揪回船舱。只见母亲抱着妹妹挤在一个座位上，二弟乖乖地站在母亲跟前。

父亲把我拎回来，母亲似乎松了口气，责备我不要乱跑。"这里好闷好热！"我不耐烦地顶嘴。母亲耐心地解释道："楼上一等舱是2角，楼下才1角，我们一来回可省6角钱呢！"我还来不及回应，身旁两个小贩已为了抢座位大声吵起来，连身边的扁担都抢起来了。我左躲右闪，害怕被打到，只好坐到前面角落的地上去，闭上眼，用双手捂住耳朵。

然而刚才船头所见的景象已瞬间印在我脑海里。一群服装整齐、比我们有钱的人坐在有靠背的椅子上，他们神情舒坦，风把他们的头发吹得蓬起来，阳光照在他们平静的脸上，和船旁的窗框上。还有船行过处，激起的一排排白色浪尖……

我们在中环下船，搭乘有轨电车到北角，下车后再步行15分钟。当四周的电车、人力车、手推车、各色店铺、匆忙的人群，一一从我眼前走马灯般地晃过后，一排排整齐的白色楼房迎面扑来。空气安静得有些突然，父亲豁然朗声说："阿爷的家到了！"

阿爷的家在一栋7层洋楼的4楼。我几乎是欢快地跳上楼的。我喜欢听我的皮鞋踩到瓷砖地板上的清脆响声。还没有数清是第几层，我已听到上面父母和阿爷热情谈话的声音了。

阿爷穿西装、白衬衫和吊带裤，笑呵呵地站在门口迎接我们。他差不多比父亲高出一头，面膛红黑，讲话很快。二祖母站在他身后，面带微笑，很少讲话。阿爷摸着我的头，嚷着说我长高了，又一把高高提起二弟，把二弟窘得脸红。父亲连忙说："乡下孩子就是这样……"

"所以你要常常把他们带出来见见世面。"阿爷说。我这才发现他和父亲说客家话，和我们小孩说话时一半说客家话，一半说粤语。阿爷从口袋里拿出备好的红包分给我们。我接了红包，一溜烟儿跑到门外，大人们被我突然的动作怔住了。我又一溜烟儿跑回来，把红包交到站在阿爷旁边的母亲手里："妈！有40块钱，够我们家一个星期的吃喝呢！"

母亲局促地红了脸，拒也不是，收也不是。阿爷忽然朗声大笑："锦星会算账，将来会是个生意人！"大人们便也都高声笑起来。

这是我阿爷头一回为我的人生下了注。我不知道阿爷的这句话对我的人生有多大的影响，身为他的孙子，我有阿爷的血脉，在日后的因缘际会中，我是否也会步上他的后尘？

阿爷家没有什么玩具，但我们可以听"丽的呼声"，听电唱机。到阿爷家太兴奋，我们哪里肯乖乖坐下来听广播？我们喜欢在楼梯间追逐，整栋楼都是我们的叫声、笑声，有邻家打开门骂两句，我们才安静几秒钟，之后又开始嘻嘻哈哈地在楼梯间跳跃、奔跑。

幸好，我两位姑姑的小孩不久后也来了。大人们围坐在一起聊天，姑姑的小孩也加入我们的楼梯间追逐游戏。表弟伟光比我小一岁，他是城里的小孩，比我们聪明。他的英文比我好，身体也比我壮，但在楼梯间赛跑，他总是跑不过我，被我远远甩在后面气喘吁吁。我平常在山里跑惯了，这种小比赛一点儿也不过瘾。

可是，我马上就开始过瘾了。

一、童年时代（1954—1963）

1963 年 5 月，香港，祖父、二祖母与全家

注：前排左起：伟光表弟，我，二祖母与二叔的女儿，祖父与我二妹秀娟，大妹秀媚，表妹绮媚，二弟锦昌；中排左起：三弟锦棠，二叔的儿子；后排左起：二婶，母亲，父亲，三叔，国斌姑父，惠娇姑姑。

  阿爷看我们都到齐了，就叫用人打开一盒朱古力糖给我们吃。这深咖啡色的糖是何玩意儿？我丢了一颗到嘴里，只觉得这又苦又甜的玩意儿实在是太奇妙了。我从来没有尝过这种滋味，我让它在舌尖停留很久，拼命要享受这滋味。我越吃越快，一盒朱古力糖快被我抓光了，只剩下最后一颗，我飞快地出手。3 只手抢在一起，我抬眼看见二弟和表弟伟光，我在他们的眼底看见同我一样的疯狂。

  阿爷似乎看出我们的饥馋，他指指一旁的柜子，上面摆了 4 盒绑着红缎带的朱古力糖："别急！都给你们预备了！待会儿带回家去慢慢吃吧！"

  大家又是一阵哄笑。我望着柜子上那 4 盒朱古力糖发呆。

  阿爷家的晚宴在叔叔观仁和观胜放学返家后开始。他们是我二祖母生的孩子。

  两位叔叔都在香港圣保罗英文书院读书，他们穿着整洁的校服，举止斯文。他们和英国的小孩一同上学，我看到他们厚厚的英文书，三年级的我傻眼了。

思念已久的烧鸭、贵妃鸡、黑椒牛仔骨、游水石斑鱼、脆皮金猪、鲍鱼扒豆苗……在大圆餐桌上一一现身。我正要举筷时，父亲一双筷子立刻挡了过来："你够不着，爸爸帮你夹！"

我想父母是怕我吃相难看！

说实在的，看到这么多平时难以吃上的好菜，我是很难记得我们家"看菜吃饭"的庭训（父亲的教诲）的。我只好任凭父母给我夹菜，吃我应吃的那一份。

这些菜有些是从外边买回来的，有些是家里用人做的。阿爷精于厨艺，菜的味道特别好。无论是油润脆香、滋味无穷的烧鸭，肥嫩的贵妃鸡，大块焦香、咬劲儿十足的牛仔骨，还是鲜美的游水石斑鱼，我都吃得津津有味。我特别着迷脆皮金猪那一片脆脆的金皮，既有嚼劲儿又油香四溢。在那个很少能吃到肉的年代，这对我有致命的吸引力。每回吃完，我都会狠狠地想它大半年。

至今，我的记忆深处仍残留着那些好菜上桌时的惊喜和难以言喻的回味。

等到我的肚子圆鼓鼓再也塞不下任何东西，大人们在餐桌上把一整年的话都掏光了，妹妹在母亲的怀里沉沉地睡着时，我们家和两位姑姑家才起身向阿爷道别。阿爷抱了抱每一位大人、小孩，当他搂到我时，忽然想起什么："快！把那4盒朱古力糖给我拿过来！"他吩咐一旁的用人。

用人很快回来了，4盒绑着红缎带的朱古力糖被轻轻地夹在腋下。他用客家话很快地向阿爷回话："盒子都在，里面的朱古力糖都没了。"

真恨阿爷家到电车站的路这么长，刚好给了父亲足够的时间打我和二弟。我们哭得很伤心，刚刚吃完一顿美食所收获的好心情，在父亲的一顿狠打中烟消云散了。

我怎么知道朱古力糖这么好吃！我原本只想再偷吃一两块解馋，没想到二弟加入后我胆子神奇地变大了，竟一发不可收拾。我敢发誓这是我从小到大吃到的最好吃的东西。我们只是在大人不注意时偷偷地吃了它，没想到父亲会生这么大的气，母亲也很生气，不断骂我们兄弟干的"好事"让她和父亲在阿爷家脸丢大了。父亲重重的拳头不断挥过来，我和二弟左右闪躲。我的脸被打

一、童年时代（1954—1963）

得红通通、烫热烫热的，但是父亲好像还是没有消气。唉！电车怎么还不快点来！

两位姑姑各有两个小孩，我家则有4个，后来母亲又怀孕了。我家的小孩年龄都比较小，老三爱玩电插头，老四刚出生半年，很爱哭。我和老二爱吃用人端出的、平时吃不到的零食、糖果，果皮、饼渣掉到地上，给用人增加了不少的工作量。吃晚饭时，刚满3岁的老三坐在母亲旁，边吃边掉饭粒，站在不远处的用人视而不见，抱着婴儿的母亲只有一点点地将米粒从地上捡起来。二祖母和两位用人时常给我们白眼，瞧不起我们一家人。二祖母总说我们是农村小孩，不懂礼貌，要母亲好好地管教我们。母亲只有逆来顺受。母亲时常告诫我们要好好地做人，为家人争气。这一幕在每隔几个月阿爷回来时，便要重演一次。

> 对我人生的影响：
>
> "努力做人，好好读书"成为我毕生的座右铭。

> **童年铭记：**
>
> 没有屋顶，室内风雨交加，一家七口瑟缩在仅有的一张双人床上；黑暗中，孩子的哭声与风雨声混合的恐怖交响乐，令我毕生难忘。如今回想，我此生力争上游，努力为自己和家人创造更富足的生活条件，这难忘的经历是最初始也最重要的起因。

二、少年时代（1964—1972）

俗语说："上屋搬下屋，不见一箩谷。"

◎ 少年时代之一：搬入市区

我少年时，有两件大事影响了我们家每个人的命运：其一，搬去九龙，回归城市；其二，父亲申请去美国。

1963年年初，在父母的恳求下，祖父母答应帮助父亲申请移民美国。这是父母仔细商量后的决定。父亲先一个人去美国，和祖父同住，这样祖父可以照顾他。如果我们一大家子一起去人生地不熟的美国，真不知从何做起。于是父亲先去旧金山打头阵，为我们日后去美国铺路。

城门水塘附近的山区交通不便，教育也比市区落后。那时候荃湾只有两个不太好的中学，大部分小学生一毕业便进工厂打工了。父母想让我们受到良好的教育，为了父亲出国后我们的生活较为便利，于是父母决定举家迁到城市。住在市区，读书、买菜都在附近，确实比较方便。

二祖母于1963年在九龙油麻地渡船街文蔚楼17楼3号买下一间实际面积不到40平方米的公寓，面对油麻地避风塘。这个房子比我们荃湾的房子小了一半，也没有前后院。二祖母原本答应由他们出钱简单装修一下，并暂免我们前两年的租金，等父亲赴美后再慢慢还。但母亲坚持要把房子买下来，父亲日后打工把房子的欠款还清。祖父母同意后，我们于1965年夏天搬去九龙市区。

那时候父亲每个月的工资仅700多港元，还要靠母亲缝布鞋面和养家禽补贴家用。如果我们5个小孩一起上学，家里的钱是不够用的，更遑论让我们读

二、少年时代（1964—1972）

大学。因此，父亲去美国赚钱用于我们在香港的开支是唯一的途径。祖父以前在旧金山唐人街打工，每月能赚300多美元。后来祖父当海员，每月的工资加上小费，有1000多美元的收入。当时1美元大约可以兑5港元，1000多美元几乎等于我们在香港一年的总收入了。对当时的我们家来说，美国实在是太吸引人了。

父亲在1965年年初就到处打听我们上学的学校，父亲心中满意的学校要符合以下几个条件。

（1）离家近，步行20～30分钟能够到达。我们家有5个小孩，有4个是5～10岁，母亲不能带我们坐公交车，因为她在1965年年初又怀孕了。学校离家近，中午母亲可以给我们送饭，我们也可走路回家吃饭，以节省开支。

（2）学费不能贵，4个小孩的学费负担实在太重了。

（3）易入学。当时有名气的学校都要有人推荐，或者学生出自同等声望的小学才能被录取。我们读的是三流的郊区小学，想要进入名校，尤其是英文小学，根本是天方夜谭。

（4）幼稚园、小学、中学都要在同一处，这样送我们上下学时父母不用东奔西跑。

在诸般限制下，父亲只有选择了离家不到1公里、步行15～20分钟就能到达的丽泽中文学校。该校的中、小学在同一栋建筑内，楼下是礼堂、操场、小商店和篮球场，幼稚园在不远处的另一栋楼内。学校看过我们的小学成绩单，又经过一次简单的面试，我们4个人都被录取了。小学毕业后我们不用再找中学，可直接升丽泽中学一年级。父亲怕我赶不上城市学校的水平，再加上我提早一年上学，即便复读一年，也不会影响毕业年龄，于是父亲让我重读小学五年级，而弟弟、妹妹则可以升学。

俗语说："上屋搬下屋，不见一箩谷。"搬至市区要花费一大笔钱，厨具、家具、学费都需要钱。原本我们希望有人买我们荃湾的木屋，但价格降到500港元也无人问津。旧家具，如床、桌子等都太大，小小的新公寓摆不下，只好送人或很便宜地卖掉。母亲无奈卖掉所有家禽，就连跟了我们五六年的大公鸡也卖给了市区的客人。最后外婆卖了她的首饰，我们才凑够钱搬去九龙。旧居空置了，数月后，低价卖给了周末度假的城市居民。

我最不舍的是养了多年的白色母犬波比。波比和我们一同长大，通人性。我们住的大楼不能养大狗，因此我们搬到市区，将她和她的儿子"波比仔"留在旧居。我们每两个星期回来整理东西和煮饭给他们吃，第一次回来时，她的儿子就已经不见了。波比每次都等我们回家，摇头摆尾地跟前跟后，在我们之间穿来穿去。她非常高兴，不时发出"汪、汪"的声音，好像在告诉我们她很想我们，也好似在质问我们去哪里了，为什么让她孤零零地守在家里，为什么不带她去，为什么让她挨饿。每次我们离开时，她都跟到公交车站，目送我们上车，再跟着车跑一段路才返回。我和二弟都哭了……

后来，波比病了，见到我们也懒洋洋的。最后一次回家，波比已病死在柴房。我们很伤心，把她安葬在前院。我们在新公寓也给波比立了一个牌位，在祭拜祖先时，一同祭拜她。

> **对我人生的影响：**
>
> 为了理想，离开舒适区是值得的。

> 无事可做时，我们便眺望楼下的油麻地避风塘、远处的大角咀和最远处的昂船洲。

◎ 少年时代之二：公寓的生活

从小在山野里徜徉惯了，起初我们很不习惯公寓中的生活。我们家住17楼，上下楼要等电梯，有时电梯停电，我们得走上17楼。家里很小，没有前后院。父亲周末才有时间带我们去公园玩，平常我们都是乖乖地窝在家里听收音机，从收音机里去了解外面的世界。我们买不起刚面市的黑白电视机。

我们每星期需要上五天半的课。早上父亲带我们去上学，中午母亲来送饭，傍晚母亲再接我们放学。

二、少年时代（1964—1972）

　　买菜的市场离家 5 个街口远，母亲不让我们去。平常我们只能在公寓的走廊玩耍，在 16~18 楼之间跑上跑下，邻居们都来向我双亲投诉。我们一向没钱，也没有吃零食的习惯，肚子饿时，我们会问母亲要几角钱上街去买菠萝包或鸡尾包充饥。上街时，我们也是穿补过的睡衣、胶拖鞋。我们知道这样会被别人瞧不起，但我们早已习以为常，因为家里穷，没有办法。

　　上学后不久，班上有位同学给我他家里的电话号码。我向面包店老板陈叔叔借电话，他看在我是老主顾的分儿上，便答应了。我看见一个有 10 个小孔的金属轮盘，陈叔叔用钥匙打开小锁，把电话递给我。在那之前，我只看过电话，从未打过，也不知道怎么用。我怔了一会儿，陈叔叔说："打呀。"我只能告诉他，我不会打。他接过我给他的电话号码，把半公斤多重的听筒拿起，递给我，他用食指在轮盘上把数字拨出，我听见很神奇的铃声在我耳边响起。

　　接电话的是我同学。11 岁的我太慌乱了，一下子不知该说什么好，只听同学"喂，喂，喂"数次之后，见没人回应，他就把电话挂了。我也不好意思请陈叔叔再替我打，谢过他后，我便飞奔回家。我静观别人如何打电话，过了两天，我又壮着胆子向陈叔叔借电话，这次是我自己拨通的。这次之后，我有信心了。之后每天回家我都想找同学聊天，我已经有两个同学的电话号码了。有一次，我讲了 3 分多钟，都是一些无聊的话，陈叔叔告诉我这是生意电话，没事不要聊天，我只好挂了电话。

　　半年下来，我们家和邻居也熟悉了。17 楼 6 号住户新买了一台 RCA 牌黑白电视机。那时天热，每家都打开房门透风，只关上铁闸。我们几个小孩子便坐在外面走廊上，透过铁闸的间隙看电视，因为实在太吸引人了。我们着迷于"神犬拉茜"、怪兽片、武侠片等。

　　久而久之，那家邻居吃过饭，就让我们到他们家里做客，让我们在那里看半小时或 1 小时电视，很有人情味。

　　无事可做时，我们便眺望楼下的油麻地避风塘、远处的大角咀和最远处的昂船洲。

　　油麻地避风塘内停了很多趸船，就是带起重机的长方形铁壳船，没有马达，平常靠拖船来拖。还有一种装有马达的木渔船，很多"水上人家"都住在这种木船上。刚搬到九龙时，父亲带我们去坐人力小艇游览避风塘。晚上有些装有桌椅的大木艇上还有艇仔粥、炒菜、海鲜等美食，改装疍船上还有唱歌、表演大戏的，俨然是另一个世界。"水上人家"的衣服一排排晾在甲板的绳子上，我们叫"挂万国旗"。父亲在热闹的氛围中买了两碗艇仔粥，我们大家分着吃。

避风塘的水有异味。听说"水上人家"都在船上挖一个孔，将厕所和生活废水直接排入避风塘内。防波堤的兴建阻碍了塘内海水流动，水质变差。没有风的日子，我在17楼都可以闻到奇臭的异味。

过年时，数条疍船并排泊靠在一起，就成了广东大戏的舞台。我们在楼上住，锣鼓声清晰可闻。母亲每次都说要带外婆去看戏，但从来没有去过。因为我们家里有五六个小孩要照顾，绊住了她们娱乐的脚步。

刚搬入新公寓时，为了省钱，我们兄妹几个都在西贡街街头理发。那是一家没有门，也没有围挡，宽不到2米，长4米，只有两个成年人座位的理发店。老板在店外放了4张折椅专为小孩理发，店内也放了不少连环画。剪发的小孩颇多，常常要等待，大家就排排坐在小木凳上看连环画，有时剪发时也可照看不误，这就成了我们当时最大的享受。理发大约5角，但不包洗头。如果刮大风，自己的和地上的碎发会吹得我们浑身都是。

我们的一日三餐大多在家里吃，偶尔也会去大排档吃一碗稀饭和肠粉。家里难得有访客，因为我们家小孩多，又没钱，亲友大多敬而远之。偶尔姑姑或祖母到访，对我们来说则是一件大事。她们的经济条件好得多，除了带一些水果和手信外，姑姑和祖母通常还会带我们几个小孩子去吃点心、牛腩粉、云吞面、叉烧饭等。对我们来说，这些已经是顶级食物，足以让我们大打牙祭了。

父亲时常带我们去庙街逛夜市。白天时，庙街是很普通的一条街，晚上街两边摆了很多摊位，多半卖假货、翻版唱片、书籍，以及便宜衣物、二手日用品。这里也有许多卖小食的地摊，以东风螺、田螺、海鲜为主，小炒、牛什、猪血、粥粉面也应有尽有。我们口袋里没钱，只有吞口水看的份儿。

庙街尽头靠近油麻地的榕树头，常有几位"讲古佬"（讲故事的人）把煤油灯点好，在那里讲故事。我在那里听了"赵子龙单骑救主""苏武牧羊""薛仁贵征东"等典故。他们的讲述传神生动，每次都能吸引我们坐一两小时，舍

二、少年时代（1964—1972）

不得回家。

回家路上，父亲最喜欢买凉茶喝。每次经过西贡街和庙街的"单眼佬凉茶"，父亲通常会买两碗廿四味凉茶分给我们喝，这种凉茶可以降火。如果我们没有上火，他会买两碗五花茶。廿四味凉茶味苦带甘，五花茶则带甜味，都只卖1角左右。2010年，我的儿子伟诚在香港出生，我在香港停留一个月，再度光顾"单眼佬凉茶"。可惜父亲已不在了，兄弟们都在美国等地定居。廿四味凉茶已经涨价至6港元了。

外婆有时会帮母亲去买菜，通常去油麻地街市或旁边的菜摊。外婆只会说客家话，光顾的都是会说客家话的几家摊贩。母亲每次都说外婆买的菜比较贵，也不太新鲜，但也只好这样。

在市区居住除了上学、上班、买菜等便利外，最大的好处是家里有了电灯、自来水和油气炉，而且再也不用去挑水，母亲做饭、炒菜可以节省不少时间。我们小孩子可以挑灯夜读，也有电风扇，晚上不用在蚊帐里先打蚊子再入睡。

父亲工作的太古仓码头（又称蓝烟囱货仓码头）距家约2公里，早上他带我们去上学，也可以顺道走路去上班。下午6点前父亲已下班到家，晚上有时间陪我们。周末他还会带我们去觉士道公园打秋千、玩滑梯，我们很快适应了城市的生活。

对我人生的影响：

从简单的农村生活进化到复杂的城市生活。

> 公告栏中大约是这样记载的:"小六甲班学生王××和李××因考试作弊,记大过一次,以示警诫。"

◎ 少年时代之三:学校生活

香港的教育分中文和英文两种系统。中文学校除英文一科外,其余科目均以中文授课。而英文学校除了中文和中国历史用中文授课外,其余学科均以英文教学。香港著名的中文学校有培正、金文泰、真光等,英文学校则以英皇、华仁、皇仁、拔萃、喇沙等为代表。

中文学校采用"6334"学制,即6年小学,3年初中,3年高中,4年大学。英文学校则采用"63223"学制,即6年小学,3年初中,2年高中,2年预科,3年大学。中文学校的学生可入读香港中文大学,也可以去海外留学。英文学校学生则为入读香港大学,以及英国、美国、澳大利亚、加拿大等国的大学做准备。

1970年,香港实施小学六年强制义务教育。1978年,香港实施包括初中的九年义务教育。20世纪60年代末至70年代,应届中学毕业生考入香港大学和香港中文大学的机会有10%~15%,占适龄青年人口不足2%。因此,对香港的学生来说,考入本地的大学非常困难。

我就读的丽泽学校是一所成立于1929年的中文学校,丽泽学校的著名学生之一是明星谢贤。

为了实现中学毕业考合格率95%以上、高考录取率80%以上的目标,我们学校采用"金字塔"式教育模式:小学六年级有4个班;中一(初中一年级)有7个班,中二(初中二年级)有6个班,中三(初中三年级)有5个班;中四(高中一年级)有4个班,中五(高中二年级)有3个班(分为2个文科班和1个理科班),中六(高中三年级)则是文、理科各有1个班,每班35~40人。

我升小学五年级时已感到压力:语、数、英3科中如果有1科不及格,就要参加暑期补考,如果补考没过,便要留级;3科中有2科不及格,则直接留

二、少年时代（1964—1972）

级。为了应付考试，我们小学五年级时就有学生作弊。

学生作弊的方式大致有以下3种：

（1）"写纸仔"：把答案大纲写在小纸条上，考试时抄入卷中。

（2）偷看：请邻桌帮忙，把答案移近，以便抄写；如果邻桌不帮忙，则偷看四周同学的试卷，希望看到答案。

（3）抄书：有时候老师会在监考时备课、改作业，没空去看学生。部分学生会趁机把书本从抽屉拿出打开，放在大腿上抄写。

不论学生采取何种作弊方式，一旦被老师发现，大多会被记小过。3个小过为一个大过，如果一个学生被记了3个大过，就会被开除。如果上述（1）、（3）有证据，大多会被记大过。

我小学六年级时曾作弊过一次。那是一场语文考试，我忘记温习课本了，但如果我考试不及格，很可能会留级并遭母亲打。当时老师在批改学生作业，没注意我们。我看见隔行的两个同学在互通消息，我前两排的同学更离谱，他把抽屉里的书包打开，把课本拿出来放在腿上，翻到有考试答案的那页，把答案抄写上去。我抄过两三次"纸仔"，从来没有出过问题，但这一次我没有准备。这次期中考试非常重要，我必须及格。我只好大胆地把课本从抽屉里拿出来翻阅，将答案抄入考卷。没过几分钟，坐我身后隔行的副班长看不过去，举手把我和另一位抄书的同学举报了。

这次真是把我害惨了。老师当场把我和那位同学一起揪到黑板旁罚站，考试成绩计为0分。刚好训导主任巡班经过，看到我们罚站，问明详情后，立即给我们记了大过，并要请家长。父亲已离港赴美，我回家把这件事情告诉母亲，被她用鸡毛掸子毒打了一顿。第二天，母亲去见我的语文老师、班主任和训导主任，请求他们念我是初犯，能网开一面，给我一次补考的机会。老师和班主任同意了，但要求我在训导主任面前写下一份声明书：如果再作弊便会被赶出校门。

每周我们上五天半的课，星期六上半天。晚上回家我要做一大堆功课，还要背诵和准备考试。记大过后，母亲罚我星期一到星期六放学后都要在家中读书，以免再犯被赶出校门。我半年都"隐居"在家，哪里也不去，并且答应母亲再也不作弊了。

逆风高飞

每周一学校都有例行周会，全校所有的中小学生都要参加。星期一一大早，我们平时玩耍的场地放满了折椅。站着唱完校歌后，校长梁逸芬女士致辞，然后由叶副校长、训导主任等人通报学校近况。训导主任会通报近期学校有多少位学生记大过以及事由，详情还会刊登在礼堂后面玻璃窗的公告栏内。公告栏除了报道学校日常近况外，有一半以上的地方是公布近期被记过的学生名单。我记得当时公告栏中大约是这样记载的："小六甲班学生王××和李××因考试作弊，记大过一次，以示警诫。"布告上虽然没有写名字，但大家只需要问一下小六甲班的其他同学，就知道谁作弊了。我作弊的事情一下子便全校皆知了，这件事使我毕生难忘。

那一天我什么心情也没有，心想我的大过全校皆知，真是无地自容，立誓再也不在考试中作弊了。

后来，经过我的努力，我的补考过了，我顺利升入中一。

对我人生的影响：

校严出君子，竞学出高徒。

在亲友的担忧中，连一向乐天派从没想这么多的父亲，也不禁忧虑起来。

◎ 少年时代之四：批准移美

1966年年初，祖父申请父亲赴美获准。同年夏末，祖父给父亲买了"威尔逊总统号"的船票，父亲赴美国旧金山。这是我们李家发生历史性转折的一年。

父亲辞去了太古仓码头仓库经理职位。他在太古仓码头从文员做起，后来得到上司的赏识，升为出纳，继而成为仓库经理。他和下属负责货物入仓、出仓和存货的管理。他在太古仓码头工作了近20载，先后介绍了我的堂叔李观麒和潭源哥进入太古仓码头工作，他的朋友圈也以公司同事为主。

二、少年时代（1964—1972）

1948年3月，太古仓同事聚餐为退休同事送别（图片由 Robert Tatz 授权使用）
注：前排右四为我父亲；最后一排右六为我的堂叔李观麒；第二排左二为父亲好友李雄标，中间着白衬衫者为主任会计师威毕先生，右四是我父亲的上司沃曼先生，右五是组长哈利·布雷克，李观麒的上司。

临行前父亲带我们去向亲友告别。好友如奀公叔、陈治华、潭源哥、李观麒堂叔、李雄标叔叔等，都担心父亲不能适应美国生活，担心母亲是否有能力照顾10个月到12岁大的6个孩子，以及不通文墨、不会说广东话的外婆。在亲友的担忧中，连一向乐天派从没想这么多的父亲，也不禁忧虑起来。

父母向来没有什么积蓄，为了这次家庭的转变，在1965年父亲就已经开始筹划储备他离家后前4个月的家庭开支以及我们的学费。

钱的来源包括：

（1）做会：参加公司同事们的"标会"[①]。到我父亲离开时差不多供完并可将钱拿出来用了，以前供的死会也完结了。

[①] 标会：民间合会的一种，是一种民间互助的理财方式。标会由发起人（会头）邀请若干人（会脚）参加，约定时间按期举行，每期各缴一定数量的会款，以投标竞争方式决定取用汇款的次序。会头优先无偿使用第一期会款，以后按期由愿意付一定利息的会脚取用会款。急于用钱的人，可在自己承受范围内支付一定的利息，不急着用钱的人可以分得一定利息。

（2）父亲在太古仓码头工作时积攒的假期可以兑换成钱。父亲很少缺勤，我们又从来不去度假，于是他可以获得一笔"假日补偿金"。

（3）虽然父亲在1966年没有干满一年便辞职了，但他的上司很喜欢他，给他多发了几个月的薪水。

父亲请求亲友平时多照顾我们，恳请他们万一母亲有困难时能施以援手，如果我们家经济拮据，希望各位亲友能予以接济，等他汇款回来时会予以归还。父亲的朋友中有一位中医师萧东林，有一次我们6个小孩轮流生病，他便没有收诊费，有时他连中成药的药费也给我们免了。

父亲挚友奀公叔，知道我们从没看过足球，特地送来3张球票，让父亲、昌弟和我去看一年一度著名的"南星大战"。他是南华队的球迷，父亲则喜欢星岛的张子岱、张子慧兄弟。我们只在父亲买的星岛报上看到过足球新闻，现在居然有机会亲临现场，我和昌弟连续两晚兴奋得睡不着。比赛那天，我们3人坐船、搭车，到香港岛的政府大球场。比赛门票早已卖完，球场边插了许多红旗表示"爆棚"，山坡上坐了很多买不到票的观众。场内万头涌动，呐喊声、叫卖零食声、交谈声，不绝于耳。

球赛开始了，奀公叔替南华队呐喊助威，父亲和我们则为星岛加油打气。虽然我们坐得比较远，但能目睹张子岱、张子慧的踢球风采，也算是值得了。我印象中那场比赛星岛好像输了，但平生第一次看到如此大场面的球赛，我们已心满意足。

看完比赛后，我们走出球场去坐公交车，人行道上，突然有个大号空酱油瓶从高楼坠下，坠落在父亲前方左侧约1米处，碎玻璃四溅。我们跟在父亲后面，幸好走慢几步，否则后果堪虞。父亲对我们说："大难不死，必有后福。"

对我人生的影响：

对未出过远门、背着大包袱的父亲来说，亲友的鼓励是"及时雨"。这也是30多年后我们每年都要举办家庭聚会的原因。

二、少年时代（1964—1972）

> 那天母亲心神恍惚，忘记带菜了，我们只有汤和饭。

◎ 少年时代之五：父亲赴美

父亲的上司沃曼先生和他上海籍的太太，周末请我们一家到他家喝下午茶。父亲在太古仓码头工作了近20年，上司从来没有邀请他去家中做过客，我们也从未到过外国人家里，因此我们一家尤其重视这次邀请。赴约前一个星期，父亲带我去庙街夜市，给我买了一套半新的蓝色西装。我12岁，差不多每年都要买新衣服，西装穿的次数不多，于是就买了一套看起来还不错的二手西装。父母还特别叮嘱我不要把西装弄脏、弄坏，弟弟们以后还要穿。

母亲要在家里照顾不足半岁的小弟弟锦良、3岁的妹妹秀心和另外两个弟弟妹妹，父亲只能带我和10岁的弟弟锦昌前往。父亲每晚下班回家都和我们练习简单的日用英语，如"Good afternoon""How are you"，以免失礼于人。他希望沃曼先生能为他争取到双薪和"假日补偿金"。

那个周末的下午，父亲带上祖父给的、我们家仅此一瓶的洋酒"Johnnie Walker"（尊尼获加），和我们两兄弟转了两趟公交车，抵达了九龙塘。白色的二层小洋楼，车库里泊着一辆白色的SIMCA（西姆卡）轿车。按了门铃，一位用人给我们开了门。她引我们进入客厅，让我们在沙发上坐下，便上楼请沃曼夫妇。我环顾四周，他们的家具是西式的，墙上挂的却是中国字画。

沃曼先生是一位中年男子，身材魁梧，身穿衬衫和西裤，后面跟着比他矮小、身穿旗袍的太太。我们3人立即站起来，沃曼先生很亲切地叫父亲"Koon Ming"（观明），并和我们握手。父亲向他们介绍我和弟弟，我们好不容易才说出"Good afternoon, Mr. Warman！"他微笑着请我们坐下，和父亲聊起来。他太太则用广东话问我和弟弟饿不饿，她去厨房准备下午茶。

我们兄弟俩穿了西装、打了领带，又转了两趟公交车，在大太阳下走了一段路，早已满头大汗，又饥又渴，当然想吃下午茶。

逆风高飞

我们俩乖乖地等了一会儿，不明白父亲和沃曼先生在讨论什么，只见女用人推了3层的四轮点心车出来。上层是漂亮的英国茶具和一壶红茶，中下层有漂亮的糕点和饼干，我们都要流口水了。她给我们3杯茶，但要自己加牛奶和糖。我口渴极了，狠狠地喝了一大口，却不知茶水那么烫。我想立即吐出来，却发现父亲看着我，我不敢吐，只好忍着烫含在嘴里，等到稍凉后才咽下去。我只吃了一块蛋糕，因为太干了，吃不下去，但又不好意思跟主人要水喝。最后实在没办法，我只有走到洗手间，请用人阿姨给我们俩水喝。在父亲严厉的目光下，我喝完水只吃了一块夹心饼干便不敢再吃，弟弟也一样，免得做错事回家被父亲打一顿。

坐了半个多小时我们便告辞回家，我和弟弟如释重负。后来父亲告诉我们，沃曼先生知道我们家里小孩多，家里要用钱的地方多，他说他会尽量帮忙。我们这才知道父亲带我们去的原因。父亲说沃曼夫妇想在旧金山退休，因为英国的冬天实在太冷了。父亲还称赞我们表现很好，没有乱吵、乱吃，很有礼貌。

日子过得很快，在我快升小学六年级时，父亲要去美国了。出发那天，父母带着我们6个小孩、两件行李，雇了两辆的士，前往离家只有1公里的尖沙咀海运大厦。父亲的同事以及我们的亲戚二三十人到场送行，几乎每个人都说："明嫂带着6个小孩，没有先生在旁，又没有钱，真了不起。如果有困难，我们会帮忙。"大家都有说有笑，直到父亲要上船了，抱着我们说再见，母亲忍不住哭了起来。我们几个大的小孩也哭了起来，不到1岁的锦良，3岁的秀心也吓得一同哭。最后，我"乐天派"的父亲也哭了。祖父是船员，本应该早一些上船的，但来送父亲的亲戚太多，祖父又要安慰母亲和我们，只有等到最后才和父亲一同登上"威尔逊总统号"客轮。

父亲登上客轮，站在船边依依不舍地挥手，我们也向他挥手。突然间响起长笛，登船梯推走了，客轮要出发了。在登船梯推走时，岸上送别的亲友和已上船的旅客互相抛出事先备好的一卷卷彩纸带，把岸和船连起来，表示大家"藕断丝连"。一时间，海运大厦的扶手和船舷扶手挂上了无数五彩缤纷的纸带。送父亲的同事中，有两位把纸带抛向船上，但都落空了。我远远地看到父亲站在船舷倚着扶手，心事重重地向我们挥手。系船缆绳松开，烟囱冒出股股

二、少年时代（1964—1972）

1966年，尖沙咀海运大厦，我们全家与亲戚送父亲登船赴美

黑烟，客轮在带水船引领下，徐徐驶入维多利亚港。母亲早已泣不成声，她带来的多条手帕都已湿透了。连"铁石心肠"的二祖母也哭了，她也答应会经常过来看我们，如果经济有问题她可以接济我们。这些话对我们非常有用，在我们心中，她是最有力的靠山。

1966年，尖沙咀海运大厦，父亲（前排着深色西装）与前来送别的同事与朋友

逆风高飞

父亲赴美的第二天我们便照常上学了，母亲中午给我们送饭。通常是汤、菜、饭分开用保温壶装好，给弟弟锦昌、妹妹秀娟和我，但那天母亲心神恍惚，忘记带菜了，我们只有汤和饭。母亲的眼睛又红又肿。家里的小孩中我最年长，母亲和我商量，要我帮忙看管弟弟、妹妹，因为她一个人没有能力支撑起家庭。

父亲与家里的联络非常重要，家里贫穷，没有电话，只能靠书信。国外到香港的信有平邮（船运）和空邮两种，平邮耗时约40天，空邮也要1周左右才到。

由香港到檀香山约15天船程，20天左右到旧金山。父亲离港20天后母亲便天天看信箱等信。一个月后，我们终于收到父亲从檀香山寄来的明信片，又过了一个星期，我们收到他从旧金山寄来的信，父亲说他和我祖父同住在格林街的公寓里。再过了一个星期，父亲说他在"崇正会"友人的帮助下，暂时找到一份在唐人街餐馆洗碗的工作，一天工作10小时。

> **对我人生的影响：**
>
> "此地一为别，孤蓬万里征。"年逾40的父亲启发了我以后的人生之路。

> 我们家里从此富裕了起来，家里装了电话，买了黑白电视机、电唱机、新冰箱、电饭煲等电器，我们也有钱去餐馆吃饭了。

◎ 少年时代之六：同窗远足

父亲离港时只带了50美元。他和祖父同住，尽量把钱留给在香港的我们。怎知他离港两个半月，我们还未收到他的汇款。我们住在二祖母名下的房子，

二、少年时代（1964—1972）

说好父亲离港两个半月内要向她支付第一期房款。

二祖母按时到我家问母亲要房款，母亲只有告诉她未收到汇款，请她宽限一个月。怎知二祖母破口大骂说父亲没出息，又说母亲生了一大堆，无益于家中生计，如果一个月内拿不出钱，就要收回房子把我们赶出去。荃湾老房子已贱卖，我们也已就读新家附近的丽泽学校，哪里再经得起折腾。母亲非常激动地痛哭，在祖先牌位面前发毒誓没有收到父亲的汇款，如果收到肯定会给二祖母。二祖母离开后，母亲告诫我们要争气，好好读书，出人头地。

当晚大家都吃不下饭，母亲写了一封航空信问父亲汇款一事。

半个月后父亲回信，讲明事情原委。原来父亲第一次发工资的半个月薪水，支付了分担的房租，还了祖父垫付买床、日用品等的费用，而且还不够。祖父上船工作回了香港，父亲没钱去银行开账户，等到月底发工资时，才开户把支票存入。从美国的银行汇款到香港要支付10多美元的费用，约等于父亲一天的工资。父亲计算着，待过几天祖父回到美国时把房款给他，这样可省了电汇费。但他忘记写信告诉我们了。

祖父回到旧金山后，收到了父亲的钱，不久后便又上船工作返回香港。我们收到父亲的信时，祖父已抵达香港，此事也平息了。

自此以后，父亲不再省电汇费，而是直接把钱汇给母亲。但我们和二祖母的关系变得很紧张。我们这"没出息"且小孩多的一家人，没有父亲撑腰，经常受二祖母和她的用人的气。于是除了大节日外，我们几乎不去祖父母家里做客了。

1966年年底，父亲在旧金山换了餐馆企台（服务员）的工作。他在每封信内都说，很想念我们6个小孩，想成为海员回香港见我们。他存够海员学校两个月的生活费，1967年如愿以偿进入海员学校，后来加入国际海员工会，1967年秋便跑船回香港了。

和祖父一样，他跑美国总统轮船公司（President Line）的3艘船：克利夫兰号、罗斯福号、威尔逊号。父亲的职位是"管房"，即负责客舱的床铺整洁和卫生，这样的工作能够获得不少薪水和小费。父亲每两个多月回香港一次，母亲非常开心，每次父亲回来都做很多菜，其中甜酸肉和菠萝排骨最合我们小孩的口味。轮船沿途停靠日本、马尼拉等地，父亲给我们带回美国的糖果、日本的电器和菲律宾的杧果等。父亲还会在沿途买一些翻版唱片，一时间我家的唱片有近一米高。我们往往拿一些热门歌星的唱片当作手信送人。

父亲回到香港后才告诉我们，他很感谢祖父能帮他申请去美国，又借款给我们买房子。但是，对于刚到美国时和祖父同住在一个房间，他颇有微词。

原因是祖父非常节俭，家里没有电视机，客厅用的是40瓦的灯泡，卧室和厕所内则用25瓦的。父亲很爱看报纸，这是他唯一的娱乐活动，但灯光太暗没法看。只有等祖父上船后，他才能换上大瓦数的灯泡，看报纸和写信。祖父的朋友不多，大都是"崇正会"的老乡，由于他太刻薄，经常占别人便宜，没人喜欢和他做朋友。

我们家里从此富裕了起来，家里装了电话，买了黑白电视机、电唱机、新冰箱、电饭煲等电器，我们也有钱去餐馆吃饭了。

虽然物资不缺了，但我们缺少了父亲的教导和带领。父亲拜托旧同事陈叔叔每周给我和二弟锦昌补三天课，更小的弟妹功课有问题就问我们。二弟非常努力，晚上还去读玫瑰英文夜校。我则每天晚上在家读书，还去附近同学家里温习功课，和同学一起写作业。久而久之，大家都成了好朋友。

因为小孩太多，父母从不在周末时带我们外出游玩，我只好跟同学出去。带头的是李日生同学，他家里开餐馆，家人忙着做生意，他也只能自己玩。他曾叫我去浅水湾游泳，当时我才13岁，读中一，因母亲反对便作罢了。13岁的我看着同学们去游泳、烤肉，每个星期天都有新地方去，而我和弟弟只能待在家里做功课，因为母亲怕没有大人陪同，我们会出事。不久后，我们不顾她的反对，坚持和同学一起去郊游。

从中一到中六，一同温习功课的同学出游，多由李日生同学负责寻找新的郊游地点，大家一起前往。我们都是乘车或坐船出行，花费不多，餐食则大多是自带三明治、干粮，或者简单地吃一顿炒饭。中三以后我们自带帐篷去露营，因为周六还要上半天课，所以我们大多选长一点的假期去露营。李日生同学有一部徕卡相机，他给我们照相，留下很好的回忆。郊游中曾有数次有惊无险的遭遇，或许这也造就了我日后喜欢旅游、冒险及做生意的个性。

二、少年时代（1964—1972）

滑倒落水

中二时，有一次我们去沙田红莓谷郊游。这个景点距离市区较近，坐火车转巴士，再步行20分钟即可抵达，我们已去过数次。但那次前一天刚下过雨，溪水暴涨。平常我们踏着石头渡过溪水是很容易的事，但那天石头湿了，比较滑。弟弟锦昌拿着竹竿的一端在前面走，我拿着竹竿的另一端在后面，我不小心滑了一跤跌落水中，幸好弟弟把我拉上来，否则我可能滑入10多米高的乱石小潭内，后果不堪设想。感谢我的弟弟！

1969年，香港，我（右二）和李日生（左一）等同学郊游

跨过塌方

另一次在大屿山露营，我们走过狭窄山路，去凤凰山看日出。山路有一处塌方，砂泥较滑，一旁是数百米深的陡峭斜坡，如果不小心跌下去，一定会受重伤。别的同学已加快脚步跳过去了，我落在最后，心里紧张，再加上背包里的食物很重，我踏上那块塌方地时后脚一滑，幸好前脚已安然着陆。我躲过一劫，却已跪在山路上，真险！

1970年，中三，和同学们在香港大屿山扎营

弃艇而逃

中二时，班上6位同学一同去沙田划小艇，2人一组，分坐3只小艇，向远处的马鞍山出发。李日生和另一位同学领先，我和谢同学随后，第三只艇上的同学刚学会划，跟不上，小艇一直在岸边打转。

出发后不久，到了吐露港中心，突然间风浪大作，我们两只艇的4人都不会游泳，非常害怕，只能返回。但遇到大浪逆风，我们在海中央划了大半小时，已经筋疲力尽了，无法返回沙田。我们只能把小艇驶向最近的马料水岸边，弃艇而逃，坐公车回家。

回想起来，不会游泳，亦没有救生衣可穿，那次我们没有出事，实在是万幸。

二、少年时代（1964—1972）

单车撞货车

初中时，我和几位同学到沙田租了两辆自行车，在公园里轮流学着骑。从车上摔下来，摔破裤子、手脚受伤，是家常便饭的事。学骑了3次，我们便满怀信心，认为可以骑车"远征"了。

第一次长途骑车，是从新界大埔墟出发，沿林锦公路，经锦田到元朗。全程来回约40公里。

我们8位同学列队前进，大部分同学都是刚学会骑车，车技有限。路肩比较窄，但公路上车辆稀少，于是大多时候，我们在路中间骑车。

林锦公路是双向单线公路，快到锦田的时候，来车方向交通堵塞，一辆小货车见对面没有车来，便驶入逆向车道超车，向我们正面冲来。同学见状，纷纷从路中间骑回路肩，但我在最前面，离货车最近，躲避不及，只好紧急刹车。慌乱之中，我刹了前轮，车子差点向前翻。

货车也急刹车，但来不及了。货车把我撞离自行车，我倒在地上，长裤破了，膝盖和手肘都在流血。自行车前轮弯曲，无法再骑。货车司机大吃一惊，帮我用手帕包扎伤口。见我受伤，3位同学陪我返回还车，由货车送我们和4辆自行车回去。在大埔墟，货车司机买了药包扎我的伤口，再在自行车店附近把我们放下。

我们一次性还4辆自行车，店里又有顾客租车，租车店的老板没有细心检查自行车，便把抵押的学生证还给我们。

在这次意外中，我仅受皮外伤，真的是有惊无险。

游泳抽筋

同学们都没有正式学过游泳，一个人会了，就教另一个。那时候，我们大都只会"狗爬式"泳姿。

中学四年级时，一班同学到青山道十一哩半（丽都湾）游泳。那时，我只会以"狗爬式"游三四米，没有用游泳圈，就随着几位同学用"九牛二虎之力"游到近岸浮台。休息一会儿，我便想游回沙滩，但半途脚部抽筋，也没

逆风高飞

1972年，中五，和同学们骑车郊游和烧烤

有同学在身边。我整个人没有力气，身体垂直下沉，幸好，脚板碰到约一米深的海底，我用身体的力量，弹上水面呼吸，就这样一浮一沉的，终于到达了岸边，脱离了险境。

对我人生的影响：
路是人走出来的，相信自己。

二、少年时代（1964—1972）

> "我是秋天，也是一片花斑斑的云彩"是她贴切的自我形容，也是我们那一辈人的写照。

◎ 少年时代之七：留港同窗的故事

每个人都有他独特的故事，留港的同学如是，决定出国学习者也如是。我也是因为不同的因素而变成今天的我。

留在香港的同学有着不同的际遇。

1. 苏同学的故事

不是每个人都能拥有一个完整、温馨的家。我小学六年级时一位姓苏的同学就是一个例子。1953年她在上海出生，小时候她的家庭挺富有，后来她的家里没落了，一无所有。

幸好她有位舅舅在香港尖沙咀开裁缝时装店，她父母希望把小孩送往香港，以减少家里的开支。最后，她父母决定将排行老三、9岁的苏同学送到香港舅舅家。

苏同学的父母为她买了单程火车票，买了两套新衣、两双新鞋，又给她2元人民币，送她坐上了去广州的火车。她身穿旧衣，带上新衣、鞋子、两袋干粮和一只搪瓷杯，与一个比她大一些的男孩小黄同行。为了省钱，在火车上她只买了一顿饭，其余仅吃带的干粮。三天两夜，火车抵达广州。抵达广州后，她在那里歇息了一夜。第二天，她外公来接她，将她带到香港。

她的舅父母怕身材纤瘦的苏同学营养不良，特意买了鱼和肉给她补身体。但是吃惯了上海家中的稀饭和杂粮的苏同学已不习惯吃干饭、鱼和肉，她吃完第一顿便感觉胃疼。胃疼一直持续了一个月左右。

苏同学只会说上海话，不会讲香港的广府话（广州话），英文就更不用说了。因此，她的舅父母在家用广府话和苏同学对话，以提高她的语言能力，他们还抽时间教她学习英文。后来，苏同学在丽泽小学上二年级，对她来说，第

逆风高飞

一学期非常困难，但第二个学期她便适应了。苏同学的舅父母非常疼爱她，也对她非常严厉，如果她功课不好或者偷懒，就会招来鸡毛扫（鸡毛掸子）的抽打。苏同学知道父母不在她的身边，舅父母对她严格也是为了她好，于是她学习非常努力，每次考试均在前10名，小学六年级时还成为演讲冠军。为了取得好成绩，她常常早上4点半就起床读书。

苏同学的舅父母对她管教严格，除了上下学外，苏同学不能外出，平时只能看店和学习。每个学期的全年级学生郊游她都不能参加，每年一次的校运会也不能去。只有中学一年级那年她成绩特别好，得了全班第一，才被获准参加校运会。

中学三年级，苏同学放学后回家时和同班一位谢姓男同学同行，被她的舅母看见了，便认为她交了男朋友，没心思读书，对不起她父母的托付。中三下学期苏同学便不得不转去九龙塘某英文女中读书。苏同学觉得自己放学后和男同学同行的自由也没有，心中不甘，可是在香港除了舅父母，她又再没有人可以投靠。再加上英文中学的教学方式、课本和中文中学的大不一样，她每天要拼命学习才跟得上同学的进度，有时她学习到凌晨一点才休息。她心中十分烦闷，但想到在上海的父母，苏同学还是下定决心好好学习，做个好学生。

在20世纪60年代和70年代，有很多外国人到香港定制衬衫和西装。苏同学放学后在店内温习功课，有外国顾客进店，舅母便让她一起去解说布料的种类、尺寸和出货时间等，她有不懂的英文功课也可以向顾客请教。很快她读完英文中学，因为要帮舅父母照看时装店，便没有出国，毕业后便进入嘉诺撒圣心商学书院读书。由于成绩好，她做过校长助理、教员等职位，逐渐能接济远在上海的父母的生活。

苏同学在1978年结婚，育有一子一女。1987年，她移民加拿大，2012年退休回香港小住。2018年，苏同学一家长居于温哥华。

二、少年时代（1964—1972）　　063

2022 年 6 月，温哥华，苏同学（右二）和她的丈夫（右一）与我们一家

2. 张同学往事

张同学在 7 个兄弟姐妹中排行老大，她从小住在上海街一座距离丽泽小学步行 20 分钟的唐楼（混合了中式及西式建筑风格的一种建筑）内，她每天由祖母接送上下学。小学三年级时，张同学家中遭遇变故，他们一家人不得不迁往黄大仙木屋区租房子住。

不满 10 岁的张同学每天要乘一个多小时的 11 号竹园巴士，从黄大仙区到佐敦道巴士总站，下车再走路 10 多分钟才能到达学校。坚强的她就这样一直读到小学毕业。她的家境每况愈下，不务正业的父亲无法维持一家人的生计，他们一家都靠在婆罗洲做建筑生意的祖父接济。黄大仙木屋拆迁，她的父亲、祖母和其他 6 个小孩迁往距市区 3 个多小时车程的元朗木屋。张同学则和母亲在新蒲岗一家制衣厂工作，两人在工作地点附近的亲戚家借住。

张同学从剪线头做起，后来做缝衣服的工作。16岁时，她离开工厂在一家诊所做杂工，后来升为助理护工。为了迎合上晚班的工人的求医需求，私人诊所从中午12点开始营业，一直到凌晨2点，张同学小小年纪便在诊所全天工作14小时。她16岁时结识后来的丈夫，22岁结婚，育有两个小孩，拥有幸福的家庭。张同学的两个儿子都很争气，学习很好，都是硕士研究生。她很欣慰最近得了个孙儿，带给全家喜乐。

3. 朱同学的故事

丽泽中学每年都淘汰一批学生。朱同学中四后没有升学，而是辍学做了邮差，负责派送信件。他工作了43年，到60岁退休。

他的人生座右铭是："昨日已过，明日是谜；活在今朝，尽力而为；做好今日，迎接明天。"

4. 余同学的故事

我的另一位同学——余同学，则在中学毕业后进入养和医院护工学校学习。后来她在嘉诺撒医院手术室工作，30岁便当上护士主任，直到60岁退休。

"我是秋天，也是一片花斑斑的云彩"是她贴切的自我形容，也是我们那一辈人的写照。

> **对我人生的影响：**
>
> 昨天已过，将来更好；充实自己，确定目标。把握时机，勤劳尽己；做好今朝，迎战明天。

二、少年时代（1964—1972）

> 工人们都非常讨厌蘑菇，时至今日，我也还是不敢吃蘑菇罐头。

◎ 少年时代之八：打暑期工，申请赴美

父母忙于生计无法陪同玩耍，对我们这些小孩而言，两个多月的暑假，的确是无聊的长假。我大部分时间都在家里看书、看电视，有时还会和弟弟妹妹们打闹，偶尔也会去朋友家里和朋友一起玩。

我非常羡慕一位姓黎的同学，他暑假及周末可以去他父亲的印刷厂工作。他16岁时就已经看管机器，他的父亲给他支出薪水也给予他工作上的教导，他以后可以接手父业。我多么希望我的父亲也能这样教导我！

20世纪70年代，经济发展得很快。国外订单如雪片般飞来，飞机已成为外国人进入香港的主要交通工具。抵达启德机场的乘客大幅增加，旅馆业、餐饮业极为兴旺，到处都是招聘的广告。

1971年暑期，我刚从中四升至中五，我和母亲商量，希望父亲能帮我申请赴美读书。我有这个想法是出于以下几个原因：其一，我在丽泽学校的成绩中等，能进入香港中文大学的机会很渺茫，因此我想趁早去美国把英文学好然后在美国上大学。

其二，我到了美国后，惠娇姑姑可以照顾我。姑姑一家比父亲晚一年到美国，姑父在一家餐馆厨具工厂当炉具技术工人，后来成为炉具安装经理，专为中国餐馆安装他们工厂生产的新式炉头。老板和老板娘很器重他，虽然他不谙英语，但到美国4年便买了房子。姑姑建议我父亲让我去美国读书，我可以先住在她家。

其三，我在美国可以上社区大学。根据父亲打听到的消息，美国的社区大学不论是其本国的初中毕业生，还是外国的初中毕业生都可入学，且学费非常低，两年即可毕业。英文水平不会成为入学的障碍，学生可根据成绩申请本科大学。当时父亲给我选定的社区大学是旧金山城市学院（City College of San Francisco）。

其四，未满18岁申请去美国读书较为容易。由于我父亲获得了永久居民身份证（绿卡），如果我过了18岁，申请去美国读书就比较难。

1971年秋天，父亲正式申请我移民美国。1972年5月，我17岁，香港中学会考后，学校便放暑假了。我是否能够升中六要根据我的会考成绩而定。我们学校的中五有两个文科班、一个理科班，到了中六就只有一个文科班、一个理科班。我们学校有90%以上的中五生会考合格，会考后即毕业的学生占40%；继续读中六，并报考香港中文大学、香港理工大学等学校且被录取的学生，以中一时的250名学生计算，只有5%~6%的比例。

5月中下旬，我第一次出来工作。我知道我明年会移民去美国读书，因此我希望通过工作赚钱以及增加社会经验。我比较喜欢去葵涌新工厂区找工作，那里不像新蒲岗、观塘区工厂大厦那么拥挤，而且我上下班都可以坐公交车，空气也比较好。

我在工厂区逛了一会儿，快下班时来到一家外表较新又漂亮的大楼前，门前招聘广告纸上写着"罐头厂高薪招聘学徒，朝九晚五"。我足足考虑了10分钟才进去，我小心翼翼地问两位下班走出来的人哪里可以找到主管。一位10多岁的少年带我去找黄管工（主管）。

黄管工一听我刚考完中学会考，非常高兴，很热忱地让我进办公室坐下，这令我受宠若惊。原来这里20多名员工皆没有中学文凭，我算是学历最高的。他告诉我在这里好好工作，我有学识可以帮助他管工人，以后还可以在办公室学习，前途似锦。工厂是将粗加工的蘑菇做成罐头，在香港出售或出口。最后谈到薪水，他告诉我，学徒的底薪一律为400港元，朝九晚五，加班有加班费，如果升为技工，薪水有500多港元。我被他的话打动，答应第二天上午8点45分上班。他带我到厂内转了一圈，工人皆已下班，工厂还算整洁，通风设备不错，但厂内隐隐有一股臭味。

第二天8点45分，我准时到工厂，黄管工交给我T恤制服、水鞋、厚橡胶手套和一条厚厚的黑色橡胶围裙。其他20多个员工也陆续到厂，打卡上班。黄管工指派一位姓陆的和我同龄的小伙子做我的"导师"。

我跟小陆和其他工人去贮藏室拿货。那是一包包25千克重的巨大透明胶袋，里边装的是泡在黄色液体里的黄色蘑菇片。我跟小陆把胶袋打开，将蘑菇

二、少年时代（1964—1972）

倒入大容器内过滤掉汁水，汁水奇臭无比，听说是防腐药水。我们用水冲洗蘑菇片，装罐，加调味汤，蒸煮过后，再加盖封罐。整个生产过程都使用输送带，每个人要根据输送带的速度工作，这很是累人。但我们10多岁的小伙子，没觉得很疲累，很快便下班了。

工厂全然不担心我们会偷蘑菇或偷吃，因为蘑菇味太浓太臭。蘑菇泡过防腐药水后，鲜味和质感都没有了。负责调味的师傅在调味汤里加了味精、防腐剂等，在我看来，这些蘑菇罐头根本不能吃。工人们都非常讨厌蘑菇，时至今日，我也还是不敢吃蘑菇罐头。

工作了一天，我的衣服、身体上都是臭味。我坐公交车回家时，没有人愿意坐在或站在我旁边，一些阿姨更是对我退避三舍，好像我刚从粪池里爬出来似的。一位老太太问我在哪里打扫公厕，弄得我啼笑皆非。我进入我们所住的楼的电梯，邻居们都立刻拿出手帕掩鼻，所以我都等没人的时候才上电梯。我身上有臭味是事实，所以慢慢地我也不介意别人反应激烈了。

我一回到家，母亲便立刻让我换衣服、洗澡，然后我才能吃饭。母亲将我的衣服单独泡洗，以免把弟弟妹妹的衣服弄脏、弄臭了。

表姐是美国 Amway 的推销员，那时 Amway 在香港被称作"篮威"，现在被叫作"安利"，是一个直销公司。我和母亲、外婆到她家做客，在她的推荐下，我也成为安利推销员。入职后，我把在罐头厂获得的薪水都买了安利产品，我希望能够将这些产品推销出去，能赚到钱。我学表姐把安利的洗洁精加水去擦墙上的污渍，回家后表演给妈妈看。妈妈很高兴，让我把家里所有的墙都擦干净，我擦了一整天才把一道墙擦干净。我去同学家里把他们家的墙擦得花斑斑的，但他们不买。后来我才知道，原来我的衣服和身体太臭了，头发里的臭味数天不散，同学的家长不相信我卖的洗衣粉、洗洁精可以洗净衣物。我买了两年用量的洗衣粉、洗洁精，但是都卖不出去，最后全部自用。真倒霉！

暑假一晃而过。8月初，学校通知我会考合格，准许我升上中六。我提前一个星期通知了黄管工，他还是竭力留我。我只好告诉他"蘑菇太臭，不宜久留"。

> 对我人生的影响：
>
> 学会走自己的路，没办法也不需要讨每个人喜欢。

> 有一家粥粉面店常打电话订烧腊，我第一次送外卖时还觉得奇怪：餐馆为什么还叫外卖呢？

◎ 少年时代之九：学做烧腊，离港赴美

同窗数载，中六是我和同学们最后一年聚首，也是我们生命里程的转折点。中五会考一过，我们已算是中学毕业，部分同学加入就业大军。中五理科班的 35 人减少到中六理科班的 23 人，中五文科班则由两个班缩减成中六文科班一个班。

立志要去美国、加拿大的同学在课余自学托福，以便申请大学，目标是香港中文大学、香港理工大学的同学都在温习旧试题。

我在中学会考时太紧张了，没有考出比较高的水准，因此成绩平平。学校知道我会到美国求学，准许我升入中六，但劝我不要报考香港中文大学，以免影响考入香港中文大学的成功率。

美国领事馆在 1973 年 3 月已批准我移民美国，我可以在之后的半年内赴美。父亲已问过学校，旧金山城市学院不用考托福，8 月底正式上课。我暂定 7 月初抵达美国。

4 月中旬的大考过后，我们便放假了。我的同学们大都家境不富裕，我们这群打算出国留学的学生，都希望趁此机会去学厨艺或调酒，以便在课余时间赚些外快，补贴生活费和学费。我想到了同窗好友李日生，他们家是开饭店的，我请他收留我到厨房做学徒，我不拿工资。李日生的父亲刚过世，他们饭店的烧腊部需要人手，于是他便答应了我的请求。

二、少年时代（1964—1972）

1973年4月底，我去李日生家的饭店帮忙，学做烧腊。我的师傅小吴大约16岁，比我还小一岁多，他跟着学艺一年多的师傅刚离职。小吴以前是打杂的，也就是做烧腊的准备、帮忙烤好烧腊、取出挂好并切盘等辅助性工作。真正做烧腊、油鸡的卤水配方都是师傅的秘密，但他依然有办法学到手。现在没有大师傅，小吴就升为烧腊部的"掌门人"了。饭店卖得最好的菜品是豉油鸡，他又是饭店里最年轻的厨师，所以大家都叫他"油鸡仔"。

饭店的经理是一位身材肥胖的中年人，我们都称他为贤叔，他在店前负责收钱、管账。李日生的父亲和母亲皆目不识丁，但他父亲凭着毅力加上太太及几位亲戚的帮忙，竟然将这饭店开了20多年。李伯去世后，饭店传给了他的大哥，但李伯的大哥没有管理经验，于是他请李伯的生前挚友贤叔管理店务。贤叔告诉我，烧腊大厨师刚离职，小师傅年轻且脾气不太好，让我小心一些。

他带我到饭店后面的烤炉旁，一位身材瘦小的少年在腌制叉烧。这就是"油鸡仔"。我和小吴年纪差不多，因此我们很谈得来。他很羡慕我是应届中学毕业生，得知我来鸿图饭店工作是为去国外读书做准备，不是来抢他饭碗的，他就答应收我做学徒。

"油鸡仔"的父母都是工人，他们一家人住在徙置区。他读到中学二年级，成绩不好，便辍学找了一份工作。他为人很仗义，平时很喜欢为朋友打抱不平。

"油鸡仔"平时满口脏话。我告诉他脏话和骂人只是内心空虚的表现，他虽然说会改变，但还是照样污言秽语。我们合得来，他交代的事我都能做到，我减轻了他的许多负担。我问他的卤水秘方从哪里来，他解释说，以前的师傅最爱喝酒，中午他就买酒给师傅喝，下午要做卤水、油鸡、叉烧时，师傅没有精力做，便教他做，又把卤水等秘方全给他，让他去药材店买料。"油鸡仔"把秘方一点点地抄下来，终于知道全部的方法了。一个星期前，大师傅因为薪金问题与贤叔争吵后离开，他便成为大师傅。"油鸡仔"也把秘方给了我。

平时烧腊部有两个人，一个人负责备料，即切肉，另一个人把炭炉点着，用钢叉叉起鸭子，然后坐着用手旋转钢叉，以使鸭肉受热均匀，直至鸭皮变红、松脆。

鸭子一般已在炉子里烧到半熟，只需再手持钢叉旋转烤制20分钟即可，这堪称饭店的"卖点"。我们用这个方法吸引顾客进店品尝新式烧烤，并以此带动堂食的生意。我是新入行的，所以每晚都在店外烤鸭子，我一晚上要烤5~10只鸭子，累得我胳膊发软，手掌起泡。

白天我大都在做准备工作，做叉烧、卤味，腌制白切鸡、豉油鸡。我一直不了解为什么叉烧挂在架子上一整天都不会坏，直到我做叉烧时才知道，那是因为放了大量的硝盐腌制，所以才不易腐坏。后来我又得知硝盐在高温下会产生致癌物质，于是之后我就不敢再多吃烧腊。饭店的豉油鸡味道很好，每天都能卖20只以上。

因为饭店缺人手，所以我也负责送烧腊外卖。贤叔一见我有空，便叫我去送外卖。有一家粥粉面店常打电话订烧腊，我第一次送外卖时还觉得奇怪：餐馆为什么还叫外卖呢？原来楼下是餐馆，楼上是一个会所。

李伯去世后，鸿图饭店的生意一落千丈，资金短缺，很多货支付不出货款，常有债主登门。李伯的哥哥"炳哥"为了躲避债主，常常不在店内，因此债主上门时，大多是贤叔和我"挡驾"。有一次一位债主打电话来找炳哥，我说炳哥不在，但他坚持要在电话上等，一转身我忙于杂事就忘了这档子事儿了，害他在电话那头等了半个多小时。第二天，他冲到我们店里，开口大骂了我一顿，但幸好没有揍我。

很多价格较贵的食材，如海鲜、山珍类，饭店里都没有，因此营业额也就一直无法提高。贤叔和炳哥商量，与其"等死"，不如放手一搏。因此，有一段时间饭店里进了大量海鲜，如石斑鱼、黄脚鲗、基围虾等。当时饭店经常缺货，很多老顾客因为点不到心爱的菜品，于是大部分都不来了，而被海鲜吸引来的顾客也不是一朝一夕就成为饭店的忠实顾客的。有两三个星期，我们员工每天晚上下班前都吃死掉的基围虾、各种名贵鱼类，我们吃得津津有味。

离港前两三个星期的一个星期日，我和同学去郊游，下午五六点回到鸿图饭店时，没有看到我的师傅"油鸡仔"。厨房里有腌制好但未烧制的叉烧，鸡还是生的，鸭子已用开水淋过，上了酱料在吊着晾干。我不知发生了什么事，但没有"油鸡仔"在，当晚的生意怎么办。贤叔说，"油鸡仔"因为个人私事影响到了饭店营业，所以他把"油鸡仔"辞掉了。

那天晚上，我忙坏了。除了烧制叉烧和准备油鸡外，我还要烤制鸭子。我

二、少年时代（1964—1972）

正在店外烤鸭子时，"油鸡仔"突然出现在我面前，他警告我说："师傅有难，做徒弟的不能抢师傅饭碗，今天当你不知情，明天如果你还在接我的位置的话，就别怪我不客气了！"我立即告诉他，我过两三个星期就要离开香港了，不用担心我抢他的位置。我还把我去美国的飞机时间和美国地址给了他。

当天晚间，我就向贤叔提出辞职了。我知道烧腊部因缺人手而关闭是鸿图饭店的损失，但为了我的人身安全，我只有向李日生同学说一声对不起了。

10多天后，我乘波音707客机飞往美国。我是我们班上第一个去美国的，当天有30位同学来机场给我送行。很多同学在纪念册上题词和签名，李日生同学赠我一句话："进两步，退一步，必事事如意。"这句话成了我日后的人生座右铭！

"油鸡仔"也穿着西装打了领带来和我告别，他还送了我一个红包。我感动得几乎哭出来。他的牙齿是黄色的，我把红包还给他，让他去买真的高露洁牙膏，不要再贪图便宜买假牙膏了。大家都笑起来，我们拍了合照以作留念。

从小照顾我的外婆因为行动不便，没有来机场送我。我内心难过不已，母亲在机场泣不成声，弟弟妹妹也哭了。我答应他们每个星期都写信回家，并嘱咐弟弟妹妹要好好读书，将来为家人争一口气。和同学、家人拍了很多照片后，我不得不登机了，我是最后几位登机的。在飞机上，我看见亲友和同学们隔着玻璃窗不舍地望着我，我在心里说："谢谢你们，我不会辜负你们的期望，我要好好努力。"

我终于飞离了香港。

对我人生的影响：

有幸目睹餐馆的兴衰，作为日后做生意的借鉴。

逆风高飞

少年铭记：

"近朱者赤，近墨者黑"，同窗好友互勉互励，使我具有合群、自强、自立的精神。与同学、好友结伴郊游，是我第一次离开舒适区（家里）、自主行动的成功尝试。我享受这自己做主的自由感觉，后来的暑假打工、赴美求学，乃至创业，无不受益于这迈出舒适区的第一步。

三、学习时期（1973—1978）

> 这真是一份很好的工作，直到如今，我还记得旧金山唐人街附近每条街的名字。

◎ 学习时期之一：到了梦中的旧金山

1973年7月初，我乘坐飞机从香港直飞旧金山。空姐只会说普通话和英语。虽然我在香港时听过很多中文歌曲，也看过多部中文电影，但我仍听不太懂也不会说普通话，我只能在纸上用中文与她们交谈。她们很热心地帮我转机，照顾我饮食。我暗下决心日后一定要学会说普通话。

飞行中我思绪万千。过去惠娇姑姑和母亲相处得不太融洽，现在我投靠她，她会帮我吗？我摸摸口袋内仅有的20美元，依靠这些钱，我能生活多久呢？爸爸能同时负担我和香港的家人的生活费吗？我已立志以后要做生意，在学校要选读商科，但我的英语不好，如果成绩不好有何脸面去见亲戚朋友，如何向父母交代呢？我愈想愈担心，想哭，但流不出泪来。我吃了两顿饭，睡了一觉，飞机已抵达旧金山了。

在机场过了移民局，到输送带拿了行李，很快我便出关了。惠娇姑姑及国斌姑父都来接机，姑父把我的行李搬上棕色福特Torino两厢房车。我从未坐过这么大的轿车，以前总听人家说美国的车子大，现在我总算见识到了！

旧金山的空气很清新，7月毫无暑气，甚至还要穿上薄夹克。我打开车窗，阵阵凉风扑面而来，令我心旷神怡。姑父特地带我去看著名的金门大桥。红色的金门大桥以青翠山峦为背景，在蔚蓝色天空和浅蓝海水衬托下美丽极了！姑姑晚上还要做饭，我们看了一会儿便回家了。原来从我们住的28大道近加利福尼亚街的房子，步行四五个街口，便可看到三四公里之遥的金门大桥了。

姑姑住白色两层的独立房子，楼下是客厅、厨房，楼上有3间卧室和两个卫生间。姑姑、姑父睡主卧，表妹睡一个房间，我和伟光表弟住一个房间。姑姑特地买了双层床，我睡下铺，表弟睡上铺。我刚把行李搬上楼，表弟拿了个排球回家了。高中放暑假后，表弟在唐人街打零工，下班后和朋友一起打排球。他说有从广东台山来的前职业排球运动员做他们的排球教练，因此他们打得非常认真。表弟和表妹用流利的英语交谈，我只大概听懂一半，更遑论说了。我不禁在想：什么时候我才能用英语和他们交谈呢？姑姑让他们说广东话，以免忘记母语。

姑姑晚餐做了很多菜，她让我安心地住，努力读书，她会尽力帮我的忙。她安排我第二天去社区大学报名，第三天去见祖父母和她的一位朋友——"家庭计划中心"主任克里斯蒂娜，第四天去暑期ESL（语言课程）班报名。姑姑的真挚令我感动，我已不怕在陌生的美国无依无靠。

由于时差，我吃完饭后倒头便睡，第二天很早便起床给家人写信报平安。我告诉家人姑姑、姑父对我很好，让他们不用担心。吃过姑姑做的早饭，我陪她去32大道的公园遛狗，在那里我又看到半藏在雾中的红色金门大桥。姑姑告诉我"只需努力，世上无难事"。她以姑父为例来激励我。姑姑告诉我，姑父只受过初中教育，对英文一窍不通，但是他凭借毅力和机智，1967年到美国后，在易象球炉具公司（Robert Yick Company）从技工做起，一直做到安装经理，一个人工作养活全家四口。而我没有家庭负担，又有人照顾，只要努力必定能成功。

20世纪60年代至70年代，旧金山湾区是新移民聚居首选之地。新移民开了很多中餐馆，中餐馆需要中式炉头，而每家餐馆大小不一，炉头要求也不同，于是中式炉头公司应运而生。易象球炉具公司是继承到第二代的老字号，有一定的客户积累。当时美国的电视上经常有中餐佳肴出现，这掀起了一股"中国热"的狂潮，旧金山唐人街成了热门景点，是很多美国人必游玩之地。姑父的收入很可观，有时周末也要加班，帮多家餐馆维修炉头，姑父是大忙人一个！

回家把狗安置好，我和姑姑便乘公交车到社区大学。在香港，较大型的学

三、学习时期（1973—1978）

校都是由数幢相连的多层建筑物组成，美国这所学校却是由多栋单层房子、花园组合而成。我们好不容易才找到入学处拿到申请表，我需要填写一些资料。申请表上有的内容我看不懂，我便翻阅口袋内的英汉字典，好不容易拼拼凑凑填好了，却被退回。原来我把日期填错了——香港的日期顺序是年—月—日，美国的日期顺序是月—日—年。改了一次，我的申请表总算填写无误了。我的英文程度考试定在7月底。

第二天一早，我们姑侄俩搭公交车去中国城找"北岸区家庭计划中心"的主任克里斯蒂娜，让她帮我找工作。她是在美国出生的第二代华人，30多岁，会讲广东话，我和她聊我在香港时的学校生活，我们相谈甚欢。这个"家庭计划中心"的目标是向唐人街居民和附近制衣厂的工人推广"家庭计划"。我的工作就是寻找制衣厂的地址，然后克里斯蒂娜会派中心的两位工作人员给女工们解说"家庭计划"的重要性。"家庭计划"包括家庭财务计划、堕胎求助及避孕方法等。中心的工作人员会告诉女工：一家最多生两个小孩，这样才能使小孩有良好的教育环境，以后能在社会立足。

20世纪30年代至50年代，许多华侨帮助相熟的年轻人申请移民美国。这些新移民没有机会学英文，很多人只能在唐人街打工维持生活，然后找到另一半成家，再帮她移居美国。这样一家人都不谙英文，也没有一技之长，男的多在洗衣房、餐厅做收入很低的工作，女的在制衣厂或餐馆打工，没有时间也没有条件教育子女。

旧金山市政府针对这些低收入、低教育程度的家庭设立了"北岸区家庭计划中心"，帮他们做出家庭计划。"北岸区家庭计划中心"的工作人员找到这些开设在唐人街附近的制衣厂，向女工宣传"家庭计划"，以减少生育，使其下一代能有良好教育，能够更好地融入美国的主流社会。

我每天只早上工作四五小时，每小时的工资有1美元70美分左右，这对我来说已经很高了。由于找制衣厂这份工作不需要用英语沟通，他们便录用我了。

谢过克里斯蒂娜，我和姑姑步行10多分钟来到祖父母的住所。祖父母住在唐人街中的格林街，一栋在山丘上4层楼的公寓，这是祖父做海员时的同事陈先生的房子。少时，祖父母是我眼中至高无上的偶像，全家的救星。他们在香港的家是4间卧室、两个大厅的公寓，家里有两个用人。我不明白为什么他们来美国只住在有两个卧室、两个卫生间，比香港的房子小一半的公寓里。

我和姑姑到时，祖父在家休息，祖母在做饭，家里没有整理、打扫的用人。祖父母住一个房间，表弟锦荃、表妹秀珍和离了婚的二婶住在另一个房间。我忍不住问姑姑，祖父母这么有钱为什么不买房子呢？她说祖父母一直想回香港定居，为了儿孙们有稳定的生活，才安排一家又一家移民美国。他俩希望等到儿孙们都适应美国的生活后，再回香港定居，安享晚年。

"家庭计划中心"给了我认识旧金山的机会。每天早上，我从哥伦布大道出发，走遍唐人街的大街小巷，以及渔人码头、北滩（小意大利）等。一个多月的时间，我了解了每条街、每栋建筑物，也发现了十几间新的华人制衣厂。我最喜欢去科伊特塔游玩，站在塔上我能把整个旧金山尽览眼底。我还喜欢去漂亮的九曲花街，或去渔人码头看海狗。这真是一份很好的工作，直到如今，我还记得旧金山唐人街附近每条街的名字。

最可笑的是，当年18岁的我要帮工作人员把放映机拿到工厂，放避孕知识短片给女工看，还要给她们发放传单和避孕套。那时我还不知道避孕套是什么。

每家制衣厂的面积都不大，有10多台缝纫机。女工有年轻的新移民，也有50多岁的中年妇女，她们每天要工作10多小时，没有假期。工人们挤在狭小、光线不是很充足的房子内缝衣服。而我就是循着缝纫机的嗒嗒声找到这些制衣厂的。

每天下午，我在唐人街上ESL班学英语，但作用不大。因为同班大部分同学讲广东话，大家相处得极为愉快。学校曾组织我们去红杉森林和到金门桥底钓石斑鱼，让我们这些新移民也能感受到加利福尼亚州的美好。我们坐船到金门桥下钓两三小时鱼，每次大都有石斑鱼上钩，有时一竿还会有两条，我们每个人都背着一麻袋的石斑鱼回家。

姑父为了吃到新鲜的叉烧、烤排骨和烤鸭等美食，特地在工厂做了一个不锈钢烧烤炉。每星期六早上，我们准备好猪肉、鸭肉、鸡肉等，在上边刷好酱料和蜂蜜，由我烤制，给全家及姑父的朋友吃。我在香港烧腊店学的本事终于派上了用场！当时旧金山的烧烤店水平很低，我烤制的比外边店里卖的更新

三、学习时期（1973—1978）

鲜、美味，尤其是脆口的烤鸭皮和蜜汁烤排骨，几乎令所有人垂涎三尺。就这样，我和姑姑一家相处得非常融洽。

而英语仍是我的一大障碍。有一次烧烤时没有炭了，我去四个街口外的 Safeway（西夫韦）超市买，但寻遍市场也找不到炭，我用英语问"Charcoal"（木炭），但没人听得懂。一位老先生非常有耐心，想尽办法帮我忙，他找来店员，又找来几个顾客想弄明白我要的是什么。他们一会儿拿 Taco（墨西哥卷饼），一会儿拿 Chalkboard（黑板），一会儿拿几款碗来问我要哪一种。五六个人把我团团围住，我一紧张，连 Charcoal 怎么拼都忘了。

我从口袋拿出最后"武器"——英汉字典，在众目睽睽下翻找。由于紧张我拼命地翻，反而吸引更多的购物者看热闹。我手忙脚乱不知翻了多久，终于翻到了。我把字典指给身旁的一位女士，她大喊一声"Charcoal"，店员马上拿一袋炭过来。"谜底"揭晓，10多位热心观众也散去了。回到家我把这件事告诉不谙英语的姑姑，她教我事先把需要的东西用英文写好字条放在口袋里，随时问人，这样就可以避免这种尴尬。

我早上上班，下午读 ESL，周末陪姑姑、姑父，很快一个多月便过去。8月底，学校开学了。

> **对我人生的影响：**
>
> 亲情不是钱能衡量的。要珍惜、维系亲情，彼此都要付出。

> 她启发了我，让我知道学校学习只是一个阶段，终身学习才是正确的人生态度。

◎ 学习时期之二：社区大学

我立志要两年从社区大学毕业，四年从商学院本科毕业。我本科首选伯克利加州大学（加利福尼亚大学伯克利分校）的商学院，次选为旧金山州立大学的商学院。对我们这些没有背景、家境贫寒的学生来说，旧金山湾区只有这两所公立大学是最佳选择，因为学费便宜，又可以住在家里，能够节省不少钱。其他著名的私立大学，如斯坦福大学、常春藤名校，我们只有望洋兴叹。在香港时，我看过达斯汀·霍夫曼的电影《毕业生》，从那时起伯克利加州大学就是我向往的大学。

美国大学制度弹性很大，只持有初中文凭（包括国外的）便可进入社区大学。社区大学一般是两年制，毕业后学生便可进入四年制大学，继续读两年，就可以获得本科学历。旧金山城市大学里除全日制学生外，还有半工半读生。这些半工半读生有辍学多年想继续读书的，还有想学习特定知识的各年龄段学生。就读社区大学的学生知识基础参差不齐，因此竞争比名校小，考高分也比较容易。而且社区大学的大部分经费由纳税人负担，学费低廉，是美国造就人才的一个重要基地。

第一个学期，我选的都是比较容易的课程。由于入学考试英文成绩不佳，我选了程度较低的英语班。而微积分我在香港已读过，不过是重修而已。我一口气选修了18个学分，而当时全日制学生只需修12个学分。到美国的第一个学期就修18个学分，对我来说是一个很大的挑战。

一个学期后，我感觉英文课程相当容易，而每次微积分考试我都是班上第一个交卷的，而且每次都得满分，同班同学对此目瞪口呆。在班上我听到同学们在议论数学得高分的秘诀："不要选有太多亚洲学生的数学班！"课程相对轻松，我上完课，晚上还有时间去打工。在学校我认识了一位同学，他的家人在

三、学习时期（1973—1978）

唐人街开了一家古董店（礼品店），他们要找一位晚间及周末的售货员，每小时的薪水是 1.5 美元，我欣然接受。

我从家里到学校坐公交车只需 5 美分，午餐是从姑姑家带的饭，多为三明治，我还会带一个水果和一个水壶。当时一杯咖啡是 10 美分，但我舍不得喝。我有时会带茶包，在食堂接一杯热水，将茶包放进去，然后再吃三明治。麦当劳的汉堡包是 25 美分一个，对我来说这太贵了。在我上社区大学期间，午餐我从没光顾过麦当劳等快餐店。如果晚上还要上班，我通常会在唐人街买一个面包充饥，9 点多回家后，我就可以吃姑姑留给我的晚饭。

第一学期很快过去，除了物理我没有时间做功课得了 B 外，其他各科都得了 A。第二学期我不敢再修这么多学分，只修了 15 个。英文和微积分都很容易，但我选的高级程序设计语言 COBOL，则花费了我很多时间。当时全校只有一台 IBM 360 电脑，我们每次写完程序，都要排队等候用打卡机：拿买好的纸卡把程序打上去，卡上便会出现许多小孔；把打好的卡纸叠起，写上姓名，交给运作 IBM 360 的学校员工，电脑便按程序的指令印出各种表格、报表或图形。如果写错了程序，就要重新排队打卡，而这要耗费 1 个多小时。有一些人彻夜不眠，只为将程序写对。

计算机行业是一个热门行业，收入相当高，因此，COBOL 程序语言设计这门课的竞争非常激烈。我的英语欠佳，又因晚上要工作而无法完成功课，因此我的这门课能拿到 B 已经很幸运了。

美国的教育不分年龄，概率课上，有一位 60 多岁的老太太。她每次上课都聚精会神，问老师很多有趣的问题。她启发了我，让我知道学校学习只是一个阶段，终身学习才是正确的人生态度。如果有机会，退休后我也想回学校学习我感兴趣的科目。

我在暑假时学习最难的必修课——心理学。因为我的英文基础不好，所以几乎整本书我都要翻字典查生词，很多内容读了 3 遍我都不明白是什么意思，不过幸好最后的考试我合格了。

我的两位香港同学在华盛顿州北西雅图社区学院读书，1974 年夏天，他们邀请我北上游玩。我第一次坐上美国国内航班飞去西雅图，在那里玩了 4 天。

我们一行 4 人，其中还有两位女同学，但我们都没有车。西雅图社区大学

逆风高飞

位于郊区，公交车很少，每次我们要到另一个地方，都得伸手竖起拇指站在路旁搭顺风车。每次都是女同学出面拦车，停车的大都是男性，运气好时我们只用等几分钟，运气不好时我们得等多半小时。我们去了著名的太空针塔、派克市场，而其他景点如动物园等，都因没有车而作罢。他们还去斯波坎看世界博览会，又去温哥华游玩。我的资金不足，买好的机票不能改，只能望洋兴叹。

同为没钱买车的留学生，和他们相比，我住在旧金山是非常幸运了，因为公交线路四通八达而且只需 5 美分。在我上学期间，有几次公交车停运，我才用自行车代步。自行车没有专用车道，汽车速度很快，从我身边呼啸而过，比较危险，所以我只偶尔骑车上学。搭顺风车在 20 世纪 60 年代和 70 年代初很流行。20 世纪 70 年代后期，美国很多城市纷纷立法把在公路上拦截顺风车的行为定为非法行为。20 世纪 90 年代后，"Hitchhiking"（搭顺风车）成为历史名词。

1974 年，西雅图，和曹仲荣、邹勤官、黄小敏（由左至右）等同学在公路旁等车经过，然后竖拇指搭顺风车

三、学习时期（1973—1978）

我并不喜欢会计这门学科，因为太枯燥。但这是一门很容易找到工作的学科，每家公司都需要会计，我自己以后做生意也需要，因此我选修了这个主科。很幸运的是，"会计Ⅰ"课程的老师是一位华侨注册会计师，他常常很风趣地列举一些日常生活中的会计实例，我慢慢地喜欢上这门学科了。

第二年我选的课程比较难，还要选计算机 FORTRAN 语言。那段时间，我获知李日生同学去了加拿大读书，而魏仕恭同学就读于印第安纳州的一所社区大学。我们之间彼此鼓励，一有空便写信。电话费昂贵，大家都是清贫人家的子弟，只好用书信传达半工半读的学习情况。同班有一位香港来的女同学看我一本英文课本全变成中文，劝我不要太用功，容易神经衰弱。我只能说"读好书是我唯一的出路"。我的中学同学都很努力，我天资一般，英文又没有别人好，所以我更要加倍努力，别无他法！

父亲加入美国国籍后，1974 年年初本想申请让二弟来美国，但二弟刚进入香港浸会大学就读，所有弟弟妹妹的功课都是他在监督。如果他离开香港来美国，妈妈一个人恐怕很难照顾年迈的外婆和 4 个顽皮的小孩，而且父亲也担心我们两兄弟一起住在姑姑家太麻烦姑姑了。二弟坚持不要自己一个人移民，他请求爸爸申请全家来美国。父亲听从他的建议，申请一家人移民美国，于 1975 年获准。

母亲在 1975 年年初把香港 40 多平方米的公寓卖掉。父亲看中 48 大道一处独立的 3 个卧室的房子，以 3.75 万美元买下，我和他一起去签约过户。1975 年 4 月 15 日，我们一家人终于在美国团聚。可惜把我们从小带到大的外婆因患有糖尿病，父亲没有申请她来美国。我们一家人离开香港后，外婆和我舅舅同住，母亲来美国半年后，外婆就与世长辞了。

她的坟地背靠青山，面向大海，好像是远眺着她心爱的外孙，盼我们不要忘记她。因为母亲和我们来美不久，经济、学校等都未稳定，外婆病重和去世，我们都没法回去，这实在是我们生命中的一大遗憾。我那离了婚的舅舅常常抽烟，不久染了肺病，也与世长辞了。

二弟原本在香港浸会大学读工程专业，到美国后他在旧金山城市学院读化工专业，其他弟弟妹妹也转入当地中小学就读。

我被伯克利加州大学的商学院录取了，还幸运地获得 3000 多美元的奖学金。这真是一个天大的喜讯，不过有一个条件：暑假要修读英语能力课程一级A册。

　　来美国的第二年，因为功课太多，我便辞去了唐人街古董店的工作。那时加利福尼亚州的中餐馆生意很好，听说企台（前台接待员）的薪水加上小费一天收入可超过60美元，这对我来说是天文数字了。我没有经验，又只能做半天，很少有餐厅录用我。我找到学校附近一家周姓老板中餐馆洗碗工的工作，每天下午放学工作3小时，到餐馆洗堆积起来比我还高的碗碟。为了生活，为了自给自足存钱上学，每一个碗碟似乎都在提醒我：一步步走下去，我的梦想终有一日会成真。有两次在洗碗时我实在太累了，竟然闭上双眼，站着睡着了。老板娘看我半天不动，把我叫醒，这成了我在餐馆同事间的笑柄。

　　在我空闲时，我也做打扫卫生的工作。学校数学老师请我打扫他家里，又陆续介绍我去其他老师家里打扫卫生。我每次工作四五小时，能够赚取20美元，这已是很不错的收入！我最讨厌的是清洗烤炉，将清洁剂喷在热的烤炉上，那气味令我反胃，我的双眼不能睁开，鼻子不能呼吸。

　　来美国第二年我考了加利福尼亚州的驾照。待母亲他们也来美国后，父亲用2000美元买了一辆白色AMC Rebel的二手车。不久后，二弟也拿到了驾照。

1976年，家里买了第一辆车，AMC Rebel

三、学习时期（1973—1978）

1975年6月，我从社区大学毕业，还因成绩优异而获得奖状。

> **对我人生的影响：**
>
> 勤俭，不怕劳苦，一步一步迈向目标。

> 母亲到美国不久，听说我要到3000多千米外的加拿大东部去看奥运会，父亲又上船工作不在家，她快晕倒了，她不资助我一分钱。

◎ 学习时期之三：周游美国和加拿大（上）

在伯克利加州大学读书期间，第一年我和3位工科同学合租了一个公寓，我的室友是老实的谭柏溟。第二年，我和香港丽泽的区姓同学及另外两位从香港来的留学生合租了离学校走路仅10分钟的公寓，一个房间住两个人。

读工科的外国留学生，学费和杂费都比本地生高一倍多。但他们家里做生意的，有钱接济他们，不像我这个清寒学生要靠打工、奖学金、助学金才能读书。两位香港顶尖学校的毕业生，资质高，很容易便可拿高分，不像我读的会计、市场学，一定要多看书才能合格毕业。多年以后，室友谭柏溟这样说起对我的印象："他很努力读书。睡眠中，我曾有数次遭话声弄醒，留心细听，原来是Lawrence（我的英文名）在睡梦中说什么Credit、Debit会计学的名词。"

奖学金加上积蓄，够我在学校第一年的费用，我不用再去打工。但同屋3位有钱人家的同学，有时间便打麻将，三缺一时常拉我凑数，周末我有时还跟他们去滑雪。所谓"近朱者赤，近墨者黑"，我一星期有两三天陪他们打牌。

周末伯克利加州大学有很多舞会。当时，伯克利加州大学是美国较为开放的学校之一，而喝酒和舞会是分不开的。

由于误交损友，我的成绩一蹶不振。幸好在广告学的班上认识了邓先生（Luke），他和我常去图书馆看书和研读，我们也做了毕生的好友。

逆风高飞

他买了一辆生锈的红色大型双门汽车——62年的通用庞蒂亚克Bonneville，这辆车以前是在废旧汽车处理场内堆放杂物用的。邓先生用75美元买回来这辆车，但它的刹车不灵敏，车窗、车门也关不紧，但邓先生没钱修理。每个周末邓先生都开车去戴维斯加州大学看他的女朋友康妮。我大四时交了一个女朋友，有时他不用车我就借他的车子。有一次在80号公路出口，我忘记减速，遇上红灯车子停不下来，差15厘米就撞上卡车了。当时刹车片冒烟了，至今我仿佛还能嗅到那个味道。

我（小图中左一）的挚友邓干诚（车旁和小图中中间）花费75美元从废车场买来刹车不灵敏的庞蒂亚克Bonneville

1976年夏天，加拿大蒙特利尔开奥运会。我香港中学的同学遍布美国伊利诺伊州和加拿大多伦多一带，这是我既可探望同学又可畅游美国和加拿大的大好时机，再过一年我大学毕业开始工作，就没有机会了。

1976年5月，我买了一辆状况不错又省油的二手车——73年的雪佛兰四缸双门Vega Sport。这辆车的特点是耗油量少，可载重物，4个车轮的钢轮圈

三、学习时期（1973—1978）

都是新的。我花费了 1300 美元购入这辆车，仔细一算，我只剩下 200 多美元。母亲到美国不久，听说我要到 3000 多千米外的加拿大东部去看奥运会，父亲又上船工作不在家，她快晕倒了，她不资助我一分钱。幸好二弟把来美国后打零工仅有的 100 多美元借给我，我凑足 400 美元再加上一张 300 美元额度的信用卡，便准备上路了。

我先通过书信和长途电话与美国、加拿大各地同学联系妥当，又参加了美国汽车协会，获得了各地区的行车地图，之后我还将车子送去保养。1976 年 6 月 26 日，是期末考试结束的次日，我把行李收拾好，带上妈妈特地做的一罐我喜欢的棉花糖米通便上路了。临行时她特别叮嘱我，每到一个地方都要给她寄明信片或打电话。

我开车经 80 号公路到内华达州，为了省下晚餐的钱，我就吃棉花糖米通、喝自带的水充饥。又开了数小时，我实在太累了，便停在路边一家加油站旁把座椅放倒睡觉，直到第二天早晨被工作人员的谈话声吵醒。加油站的工作人员给我的车子加完油后，我检查车子才发现机油不够了。原来雪佛兰 Vega 的引擎密封性不佳，每 1200 多千米便要加约 1 升机油。如果我不检查机油的消耗情况，车子引擎便有可能报废了。当时的汽油价格为 50 多美分一加仑，每次加满油箱要七八美元。

早上我驾车穿越一片白色无际的盐湖。一个多小时放眼望去尽是雪白的盐和蔚蓝的湖水，天上有无数海鸥飞翔。车子没有空调，天气炎热，我不得不整天开着窗，呼吸带腥味的空气。

我的眼前慢慢出现各种高楼大厦，我抵达了盐湖城。我吃了一个汉堡包，喝了一罐可乐，继续行驶在 80 号公路上。进入高速公路时，我看到一位背着行囊的年轻人竖起拇指搭便车，我停下车让他上车。他叫约翰，要去丹佛市，我刚好顺路，便载他一程。

我驾车一路穿过白雪覆盖着山头的落基山脉，忽然，我的眼前出现一片无际的大平原，平原的远处高楼林立，近处则是一片片麦田及漂亮的庄园，这便是丹佛市了。约翰下车后我又继续前行，我在大平原上开了一天的车，累了就在州际公路的休息站停车过夜。出发后的第 3 天中午我终于抵达南伊利诺伊大学卡本代尔分校，这是张同学的学校。

休息过后，她提议第二天和她男朋友及两位同学一起去有着两小时车程的圣路易看大拱门。当时的留学生多为中产家庭出身，不是很富裕，且留美的费用相当高，很少有学生买得起车，更遑论在假期外出游玩了，因此大家想借着我开车的机会外出旅游。

我像一只井底之蛙，第一次看到了宽阔的密西西比河，登上了雄伟的圣路易弧形拱门。这是一个63层楼高的不锈钢拱形建筑，是圣路易的地标。我们坐上垂直升降的电梯，整座城市和雄伟的密西西比河尽览眼底。

我们吃完快餐回到卡本代尔时已是黄昏。我忘记车子汽油不足，回程半路上油标亮起红灯，但加油站都已经关门了。又行驶了一段距离，怕车抛锚，有人建议从路边庄园的农户处买汽油——农户有代步车、农用拖拉机，一定有汽油。

与其将没汽油的车子停在荒山野岭，我不如试试这个办法，于是我便将车停在一栋亮着灯的农庄前。我按响了门铃，一位身穿蓝色吊带裤的农人开了门。我告知来意，他跑进车库拿了一桶15升的油出来，他说他所有的车辆都加这种油，我的车应该也可以用。我毫无选择余地，给了他3美元，把油灌入油箱。

继续行驶了大约0.5千米，我们进入了一个小镇，车身突然颤抖起来，后来车子一动不动，也启动不了了。我们合力把车子推往几个街口外已经关门的加油站处，把车锁好，5个人在一个旅馆订了一个大房间。第二天一早，我去加油站请技师修理车辆，原来昨晚加的是柴油。我花了20美元把柴油抽出，洗净车子化油器和油路，再注入新的汽油，这真是"劳民伤财"。从那以后，我都在汽车油量少于一半时便加油，以免重蹈覆辙。

逗留两天后，我开车继续北上，经过底特律进入加拿大。在哈密尔顿我探访久违的李日生同学，我们阔别3年，有说不尽的故事。他家里破产后，他在香港太白海鲜舫洗了一阵子碗碟，后来和朋友借了一些钱，辗转来到加拿大半工半读。

还有几位在多伦多的同学也放暑假了，但他们都没有买车，他们有空的或放假的便乘我的车出去玩。我们最喜欢去美国和加拿大交界处的尼亚加拉大瀑布，我们还在大瀑布旁边的苹果园里采摘苹果。美国的物价比加拿大稍低，我

三、学习时期（1973—1978）

们便在瀑布旁往返美国和加拿大，这样既可看风景，也可以去美国纽约州购物，一举两得。瀑布一泻而下，巨大的水花升入空中，我们坐船在下面看水柱迎面冲来，头顶上有常年不灭的彩虹，再加上震耳欲聋的水声，真是惊心动魄、美不胜收！在苹果园自摘的苹果价格和超市的差不多，我们在园内吃饱了苹果，便又摘了十几斤苹果送给同学，这实在是太划算了。

1976年，与李日生同学（左）在尼亚加拉大瀑布

旅途中我都在同学家里打地铺，每次出去玩，他们都会向我支付汽油钱。

在多伦多我和3年前来加拿大的表姐巧莲见了面。她在香港教书多年，同时推销安利产品，我曾是她手下的推销员。她经朋友介绍从香港来多伦多工作，可惜公司不久便关门了，她请老板帮助申请移民的希望也成为泡影。经过朋友介绍，表姐和一位加拿大人结了婚，生下一个女孩。他们住在郊区，交通很不方便，表姐并未融入加拿大社会，她很想回香港的家。但是老家每个人都认为她住在天堂，她不敢向家人和朋友诉苦，只有每天向两岁多的孩子说客家话和广东话，以倾诉心声。

> **对我人生的影响：**
>
> 毫无牵挂、无拘无束的人生经历是多么可贵，是我一生中最自由、快乐的时光。我这个有车的人顿时变得奇货可居。

> 这是我毕生难忘的旅行。我独自驾车近3万公里，历时93天，经过美国21个州，加拿大的10个省，横跨美国和加拿大东西岸。

◎ 学习时期之四：周游美国和加拿大（下）

在多伦多，我们还在林同学家中庆祝同学会成立4周年。我和同学们去过渥太华、蒙特利尔游览，买了奥运会入场券，也去了加拿大国家电视塔等旅游景点。我"骗吃骗喝"地在安大略省度过了两个星期。

有一个周末，李日生借了一顶双人帐篷，周五下午我们带了厨具、钓具和食物，两人开车北上两个多小时到阿岗昆公园露营、钓鱼。我们在傍晚抵达公园，租了一艘独木舟。租独木舟时我们听说公园内有黑熊出没，要当心，我们不以为意。

当晚我们划独木舟到一个渺无人烟的半岛上，我们把营帐搭好，生好火。因为太晚了，我们只能烧热水泡方便面吃。野外的蚊子非常多，生火时我们故意把湿草木放在火上产生浓烟以驱蚊虫，但寡不敌众，我们的头部、手脚多处挂彩。我们吃完方便面便躲进帐篷呼呼大睡，也顾不得欣赏星月清晰的夜景。

第二天日出时我们就起床了，烧好水喝过茶、吃过面包，我们便出发去钓鱼。李日生钓了一条约两公斤重的鲈鱼，我只钓到两条小鲈鱼。独木舟在许

三、学习时期（1973—1978）

多漂亮的小岛及半岛间穿梭，到太阳快下山时，我们凭着指南针找到扎营的地方，准备好好做一顿烤鱼大餐。靠岸时我们却发现帐篷已倒下，我们赶快把独木舟绑好，上岸去一探究竟。食物、厨具、衣服、杂物撒得满地都是，帐篷破了个大洞。60米之外，站了一头大黑熊，它正在吃我们带的一包糖！

黑熊看到我们，便转身朝我们走来。我以前听说熊不吃死人，正想问李日生要不要躺下装死，只见李日生非常生气地拿着柴斧朝黑熊奔去，我见状也拿了一根独木舟的船桨，跟李日生一同叫喊着冲向黑熊。黑熊可能是被我们吓到了，转头便跑得无影无踪了。

因为不知道晚上黑熊是否还会再来，我们又没有帐篷可住，于是我们便决定返回多伦多。我们把破帐篷、散落四周的各种杂物、食物和渔具收拾好，全部放上独木舟后，便划船离开这里了。

1976年7月16日，我离开了多伦多。我和李日生、郑则勇三人，计划在蒙特利尔看完奥运会后顺便去魁北克市游圣劳伦斯河，再去纽约和华盛顿。李日生特地请了一个星期的假。在蒙特利尔，我们带的钱有限，不能看奥运会开幕或闭幕仪式，只能看一场排球赛和一场田径赛。郑则勇在蒙特利尔和华盛顿都有亲戚，我们这几天都住在郑则勇的亲戚家。

在魁北克市，我们看到五湖流入大海，看到了圣劳伦斯河。我的英文名字Lawrence便是用此河命名的，取融汇所学、川流不息的意思。从魁北克开车去纽约，我们沿途经过许多小镇，加油时发现小镇居民只用法语交谈，不谙英语，我们只能用手势沟通。

纽约市是美国最大的城市，物价较高，幸好李日生同学有认识的朋友在纽约，我们三人得以免费入住唐人街一栋楼上的一个房间。那里的条件并不好，地铁就在窗外不足30米的高架桥上呼啸而过，白天和晚上都很吵，有时我们根本无法入睡。李日生的朋友说，幸好我们是夏天来，如果是冬天，厕所的水会结冰，厕所根本无法使用，也没有自来水。还好那里有厨房可以做饭，我们能省下不少钱。

在纽约，我们到无线电城看《纽约纽约》的踢腿舞，畅游了自由女神像等必到之地。由于停车场及路边停车的费用太高，我每天都将车到处乱停，仅三四天时间就拿到20多张违规停车罚单。

逆风高飞

在时代广场逛街时，在一家卖照相机、手表的店里，我看到一只很漂亮的金色瑞士手表。店家开价200美元，我顺口说20美元，戴小黑帽子的店家居然说"成交"，并把手表包起来伸手向我要钱，这把我吓了一跳。我身上全部现金不到50美元，连回家的路费也不够，哪有能力买一只20美元的手表？我只好说没带钱，赶紧离开。从这以后我再也不敢随便还价了。

我们继续南下，途经新泽西州时我们又载了一个搭便车的人去费城，条件是他支付10美元的汽油费，他答应了。我们四人有说有笑继续前行，也可以消遣旅途的寂寞。我们在费城看过自由钟，又马不停蹄驶向美国首都华盛顿。

到华盛顿唐人街郑则勇同学的五叔家里时，我口袋里只剩5美元和一些零钱。郑则勇的五叔非常好客，因为郑同学的关系，他招待我们到他家里吃住，不收我们一分钱。第一天我们去一些著名景点游玩了一番，第二天我就去找工作赚钱了。五叔答应收容我在他家中暂住几星期，做"厅长"睡客厅。1976年8月8日，李日生同学回加拿大时，我已工作数日了。

华盛顿的唐人街华人不多，新移民也少，但"中国热"令餐馆生意十分兴隆，到处都有招工广告。企台是餐饮行业中高收入而且不需要高技术的工作，薪水加上小费，一个企台每月能收入1000美元到2000美元不等。大家都想去生意好的餐馆当企台，而招人的工作大都是辛苦的busboy（收盘子、碗的杂工、清洁员）、厨房工和洗碗工。我没有企台经验，只能到一家新开的餐馆做午餐企台，一周工作5天，每天4小时。下午我到唐人街生意最好的"红宝石餐厅"做busboy，每周工作6天，每天从下午4时到午夜，共8小时，每小时薪水约1美元，我往往要到凌晨1点才能回家。

新开的那家餐馆生意不太好，老板自然心情不好，他经常骂人。我不会说普通话，和他沟通不畅，为了挣钱我只好逆来顺受。而"红宝石餐厅"有40多名员工，企台和同事都很照顾我，busboy可分到一定比例的小费，因此我的收入不错。"红宝石餐厅"的生意很好，差不多每个周末门前都排着长队，因此我的工作量很大，回家后我累得不能动弹。

午间空闲时和放假时间，我又去了一些著名的旅游景点，这些景点令我大开眼界。我就这样工作了21天，每天都很累也很开心。我的午饭、晚饭和消夜都是在工作的餐馆吃，不用付钱，我口袋里的钱很快从5美元变成700多美

三、学习时期（1973—1978）

元，我可以继续旅行，也有钱回家了。

在阿尔伯塔省的谢同学和多伦多的潘同学约好来华盛顿和我会合，连同我的新朋友阿耀，我们四人开车南下去新开的奥兰多迪士尼乐园玩。平常大家都省吃俭用，在奥兰多我们住在乐园内的新酒店，那是我第一次住五星级酒店。迪士尼和环球影城中有很多好玩的地方，我们四个大孩子玩得相当痛快，逗留了两个晚上我们还意犹未尽，但我们的时间和钱也不够了。我们去了迈阿密滩后，就沿95号公路返回了华盛顿。

车上只有我一个人有驾驶执照，我开累了便将车停在路旁或加油站休息。车上没有空调，很闷热，我们走走停停的虽然累，但是很开心。到了华盛顿，我们和阿耀告别，再谢过五叔的收留，之后我和潘同学北上到多伦多，在那里同学们还特地为我开了一个送行会。送行会后，我和谢同学沿加拿大1号公路行驶，去往阿尔伯塔。

加拿大的天气已经转冷，树木纷纷变成红色和黄色，一片缤纷，景色迷人。沿途都有我的同学认识的留学生，我先打电话和他们联系好，晚上到他们的住处打地铺度过一夜，他们都很乐于帮忙。我们分别在里贾纳、萨斯卡通、曼尼托巴省的温尼伯如此度过一晚。

到了卡尔加里，谢同学带我去著名的度假胜地班夫国家公园游览。学校快开学了，我独自经西雅图由美国5号公路回加利福尼亚州。1976年9月27日，我抵达旧金山家中，那一日也是伯克利加州大学的开学之日。

这是我毕生难忘的旅行。我独自驾车近3万公里，历时93天，经过美国21个州，加拿大的10个省，横跨美国和加拿大东西岸。旅途中我幸得各地同学、朋友的招待和收留，对此我不胜感激。旅途中我曾多次遇险，露营遇到黑熊是第一次，第二次是在加拿大曼尼托巴双向单线公路上坡时想超过货车，但汽车动力不足，差点和迎面而来的车撞上，还有无数次开车打瞌睡差点出事。虽然我每个星期都在各地公用电话亭给母亲打昂贵的电话，但她还是见到我回来才安心。二弟给我说母亲为我这次旅行还担心得生过病。

到家后我还剩下400美元，还了二弟的100多美元，我还剩余200多美元。我住在学校附近，不用开车去学校，因此我以1100美元的价格把车卖掉了。我这次出行行驶了将近3万公里，其间车子没有换过轮胎，也没有大修过。卖车和买车的价差为 200 美元，再加上保险和汽油，这次旅行一共用了约 1200 美元，每天约花费 13 美元。旅行中同学们资助了我约一半的费用，即 600 多美元。我在旅行中得到的友情、经历和美好的记忆，是我毕生永恒的资产。

> **对我人生的影响：**
>
> 勇于不断地挑战自己，不浪费青春，充实自己。

> 于是我暂时不准备读 MBA（工商管理硕士）了，因为老板鲜有高学历的。

◎ 学习时期之五：决心自立门户

1976 年秋，朋友介绍我到核桃溪一家中餐馆做星期六晚上的企台。餐馆的生意很好，每周末客人都要排队，我每天的薪水加上小费有将近 100 美元。

在餐馆我认识了一位数学博士，他毕业后找不到工作，在这里做了两年多企台。因为收入颇丰，慢慢地他也放弃寻找与所学专业相关的工作。而餐馆的主人只是初中毕业，这更加使我坚定了信念：我一定要自立门户，自己当老板。于是我暂时不准备读 MBA（工商管理硕士）了，因为老板鲜有高学历的。

在餐馆中，我认识了一位漂亮的中学生，她 17 岁，是一位新移民，周末在餐馆工作。我们常常在一起，周末我们四处游逛。由于自我放纵，我没有好好温习书本，也没有认真做功课，导致我的成绩大幅下跌，而我的同学们成绩都很优秀。为了学习，我们不能常常见面了，不久后我们便分手了。

如今，很多大学生在毕业前一年都要找公司实习，以期毕业后立即获得公司录用，这种方式在 20 世纪 70 年代并不流行。我们只是毕业前半年左右，去学校"求职中心"看各大公司招人的告示，若有合意的，再和招聘者商定面试时间。

三、学习时期（1973—1978）

1977年，我从伯克利加州大学毕业了，我的许多同学找到了会计的工作。我觉得这个工作太枯燥，我的理想是当餐馆老板。毕业前两个月，我看到一则招聘"餐馆助理经理"的广告，这份工作上班时间长，薪水也只有会计的一半，可是当时经济形势不太好，我只能接受这份工作。于是我在旧金山Tanforan（坦弗兰）购物中心里的一家三明治快餐店做起了助理经理的工作。

1977年，我从伯克利加州大学毕业，在校园和家人合影

快上班前，我和挚友Luke开车去拉斯维加斯玩了一周。我们开的还是旧房车Bonneville，它的刹车不太灵敏，也没有空调。我们行驶在沙漠里日间温度达41℃的高速公路上，尽管打开了车上所有的窗户，但我们还是汗流浃背，而且脸上、嘴巴、鼻孔里都有沙粒。

我们住在星尘酒店，这是当时比较好的酒店。当时拉斯维加斯只有一条主街、一些酒店和一些购物中心，给我的印象是一座空荡荡的城市，并没有我想象中那样繁华和美丽。附近的胡佛水坝风景秀丽，沙漠中有一片深蓝的米德湖，美不胜收。

我工作的快餐店老板，也是一位移民。他在多家大型购物中心都开了快餐店，仅在 Tanforan 商场他就拥有三明治店、Swanson（斯旺森）冰激凌店和汉堡店各一家。三明治店的店长弗兰克，有 60 岁左右，他不愿做疲于奔命的老板，因此 20 多年来都只当经理替别人经营快餐店。因为我比较勤奋，且能吃苦，所以他对我的印象很好，我们的关系很好。我们手下还有 1 个全职工人和 3 个兼职的中学生。经营这家餐馆很简单：卖货，进货，烤牛肉，焗肉饼，准备蔬菜、沙拉，计算成本等，弗兰克将这些都教给我，慢慢地这些事情都由我来负责，他便可以提早下班。我三四个星期便全都学会了。空闲时我还会到对面冰激凌店和汉堡店帮忙，也学习如何经营和管理。

我的一位香港朋友陈先生很想开餐馆，但他的儿女不愿意帮他，他们还嫌他啰唆、不会讲英文。我在放假时和他到处寻找开餐馆的合适地点，帮他做翻译跟地产经纪人谈判，我从中获益不浅。我发现当时旧金山的中餐馆愈开愈多，但中国厨师供不应求，甚至有中餐馆因为大厨离开、找不到合适的厨师而关门，尤其是远离城市的村镇餐馆。当时生意最好的是中国城两家口味偏辣的四川、湖南餐馆，每天的客人都排起长队。我意识到，如果自己不会厨艺，那么想要开一家餐馆是行不通的，于是我立志去学厨艺。

> **对我人生的影响：**
>
> 年轻是本钱，应该勇敢去闯、去体验！

> 我的刀工和厨艺就这样在血泪中锻炼出来。

◎ 学习时期之六：学做中餐

在中文报纸上，我看到一则广告：离家只有 20 多分钟车程的戴利城的一家中国餐馆寻找有工作经验的助理厨师（帮厨），我便去应聘。这是一家有着

三、学习时期（1973—1978）

100多个座位的广东菜中餐馆，两位老板是姐弟，他们的父母是南京人，是第一代美国移民。

弟弟杰克面试我，用普通话问我从哪里来、来了多久、在哪里做过、做过什么职位等。我告诉他我不会英语，我用广东话回答：从香港来了1年多，在首都华盛顿做过busboy和帮厨。他说一个星期上6天班，每天上10小时，薪水为600美元。我计算了一下，他给出的时薪比最低时薪还低，但我还是答应了。我的工作是在厨房里切菜和炸制食物。他们让我一周内辞工来上班，我辞去工作了半年多的三明治店助理经理职位。

我上班第一天，广东大厨看我不会切菜，也不会炸春卷，便告诉杰克把我辞掉。

餐馆中有1位大厨、3位帮厨，其中一位帮厨是老板杰克的弟弟建名。餐馆的生意很好，负责炸制食物的岗位缺人，如炸春卷、云吞、炸咕咾肉等。炒锅距离油炉约6米之遥，上客时厨房里很忙碌，大厨和帮厨很难同时兼顾油炉，老板又没办法一下子找到人，便让我留下来试做几天。建名对我很好，教我如何控制炸食物的时间，如何根据颜色判断生熟。美国不锈钢电油炉都是自动控制的，很容易上手，没几天我便做得非常熟练，加上建名帮我切菜，大厨也不再嫌弃我是生手了。

昔日生意兴隆的加州戴利城玉龙酒家，于2021年结业，现已人去楼空

逆风高飞

　　建名是大专毕业，因为哥哥的餐馆人手不够，所以他来美国帮哥哥的忙。从下飞机那天起，他就在哥哥的玉龙餐馆工作。因为不懂英语，他只有在厨房学厨艺。他与广东大厨虽有语言隔阂，但相处得还不错。建名性情刚烈，经常因为厨房和企台之间的小事和另一位做企台的哥哥大吵，有几次甚至动武。

　　建名的父亲早逝，他的母亲把家里5个小孩养大，他的大姐很照顾他们4个弟弟，他排行老四。

　　建名脾气比较暴躁，在校时就常因为同伴打抱不平而和别人打架。他的哥哥、弟弟也很容易生气，因此他们几个兄弟之间不太能合得来。建名想自己开一家餐馆，但他的钱不够，也不会英语。我也想开一家餐馆，需要一位厨师和出资的合伙人，因此我们一见如故，成了好朋友。每到放假我便和他到处闲逛，我们也讨论许多前景，空闲时他教我一些厨艺，我教他英语。

　　在厨房工作的，大多是低等教育水平的人，绝大部分人都不懂英语。读过书、会英语的基本不会做这种薪水少、体力消耗大、工作时间长的工作。在厨房中每天需要工作约10小时，每星期5到6天，每个月的工资是500多到600多美元。我从来不敢跟厨师们说我是伯克利加州大学的本科毕业生，否则他们会感觉我高他们一等，这样我就很难和他们交往了。

　　有一次放假，建名带我去他一位厨师朋友家里做客，我认识了小路——当时做湖南菜很有名气的路师傅的20岁的儿子。经过小路介绍，我进入唐人街杰克逊街的会宾楼餐馆做帮厨。

　　我辞去做了两个多月的炸油炉工作，到会宾楼做了真正的帮厨。老板岳伯伯一家原籍山东，20世纪70年代初期移民美国，开了这家餐馆。岳伯伯出身餐饮世家，本身就是大厨，他开过多家中餐馆，现在年纪较大，只在人手不够时才到厨房帮忙。平时厨房的工作都是他太太岳妈妈和从香港来的二厨（主厨的助手）冯师傅负责，炒菜、调料和采购则由他的儿子小岳负责。

　　我每天跟着岳妈妈学切菜、切肉、包饺子、腌肉等杂活。好几次切菜时我都不小心把手指切伤了，在岳妈妈的督促下，我给受伤的手指贴了创可贴后便继续工作。最近我在一家餐馆吃宫保鸡丁，吃出一个卷成圈的胶布，我便想起了我学厨时手指伤口被酱油腌痛的往事。我是从来没有吃过饺子、锅贴的广东人，岳妈妈督促我一个人和面、分剂、擀面，供岳妈妈和洗碗杂工两个人包饺

三、学习时期（1973—1978）

子，我手慢一点就会挨她的骂。

我菜切得不整齐，速度也不够快。为了锻炼我，她给我的工作是白天切餐馆全部要用的菜码和用机器切肉，晚上则是抓菜码给冯师傅和小岳老板炒菜。由于手脚不够快，岳妈妈常说我"手软"。我将肉切得太大或太小都要挨骂，肉腌得太咸或不够有味，岳妈妈也会说我一顿。我一个人抓码难免会出错，因此也时常受两位厨师的气。餐馆晚上的生意比较好，周末有时客人还要排队。如果我在白天准备的菜不够多，晚上上客高峰期临时切菜，就会拖慢出菜速度，这样我就会被整个餐馆的人臭骂一顿。我的刀工和厨艺就这样在血泪中锻炼出来，最后我切出的蔬菜粒大小一致，整个餐馆的用菜原来要五六小时我才能准备好，两个月后，我只需要两三小时就能全部搞定。

4个月很快过去，我在众人的责骂、督促中练就了基本的厨艺，我能够很快完成切菜和抓码的工作并很少出错。在空闲时间，小岳师傅教我掌勺，冯师傅还教我如何调制炒菜的料汁。

陈先生来找过我几次，我们去旧金山寻找开餐馆的店面，但本钱需要四五万美元。我打工1年多一共赚了七八千美元，最后只剩下5000多美元。我没有经济条件出一半的本钱，因此无法占股50%，但是如果只占股20%，我还是要负责餐馆的运营等事宜，这样实在是得不偿失。

对我人生的影响：

基本的功夫要通过磨炼获得，努力工作、任劳任怨，是达成目标的必经之路。不气馁，继续为理想而奋斗。

学习铭记：

锁定目标，打好基本功。名牌大学商科专业毕业的我，却装作不懂英语在餐馆厨房打杂，每天工作10小时，薪水微薄。餐馆中的每个人都可以吩咐我做事，尤其是老板，没事便拿我出气，我毫无尊严。直到厨房不懂英语的厨师们知道我懂英语，他们向我请教的事我都可一一解答和帮忙，情形才有所好转。

四、初出茅庐（1979—1982）

> 我们决定每周营业 7 天。

◎ 初出茅庐之一：开中餐馆

1978 年秋，我偶然在旧金山《星岛日报》上看到：得克萨斯州新发展的城市休斯敦市中心附近，有一家中餐馆出让。这家中餐馆原来的装修成本为 4.2 万美元，现在只售 2.4 万美元，价钱还可再面议。旧金山的餐馆已经趋于饱和，很多餐馆只能保本，而休斯敦是石油中心，需要大量新移民，餐馆的售价也在我和建名能负担的范围内。刚好我读社区大学时打工的那家餐馆的周老板也搬去休斯敦开中餐馆，我联系他们后，便坐飞机去休斯敦。

我按照地址找到韦斯特海默街 224 号，这家中餐馆距离休斯敦市中心大约只有 2.4 公里，人流量很大。老板是方先生和陈先生两对夫妻，他们各占一半股份。4 位老板都有正职在身，实在无暇兼顾这家餐馆，餐馆只在下午 6 时至 11 时开门，白天关门。这家餐馆原本不是一家中餐馆，一年多前由这 4 位合伙人出资买下，并将餐馆重新装修了。餐馆中有 3 个从旧金山运来的全新炒锅炉头、大冰箱、洗碗机等一应俱全，有 80 多个座位，桌椅、地毯等情况都非常好。他们把 4.2 万美元的装修单据拿给我看。

其中一位合伙人陈先生在银行工作，每天下班后，他便到餐馆工作，直到打烊吃完晚饭，他才能回家，那时已是午夜了。据他们说，每晚的营业额有 200 多美元，除去员工的薪水和租金，每个月只能收支持平，有时甚至稍有亏损。那一晚我在餐馆逗留到打烊，一晚上只有十几桌客人。陈先生和方先生白

四、初出茅庐（1979—1982）

天工作 8 小时，晚上还得在餐馆工作五六小时，就这样他们坚持了一年多。餐馆的营业状况不佳，他们还得受厨师的气，又不敢多聘请员工。方太太还得带着不到 1 岁的孩子在餐馆工作，这实在使他们疲惫不堪。

我对 200 多美元的营业额半信半疑。如果每天的营业额只有 150 美元，餐馆每天的租金约 55 美元（1 个月的租金是 1700 美元），食材成本是 50 美元，厨师的日薪是 40 美元（月薪为 1200 美元），再加上企台的薪水、电费、杂费、税费等，那么每个月至少要赔 1000 多美元，这家餐馆确实很难继续经营下去。据他们说，幸好每年 4 月和 10 月有艺术节，就在韦斯特海默街举行。餐馆地处艺术节的中心区，仅是卖啤酒和春卷，周末两天便可收入四五千美元。

我计划聘请两个厨师、1 个企台，午餐时间大概可以有 100 美元的营收，晚上大概可以有 250 美元的营收，这样每天的营业额是 350 美元，每个月的总营收大约是 1 万美元，这样我们就可以获得盈利了。

我只有 6000 多美元存款，但我有的是时间。建名还没有看过这家餐馆，还价时我只能说一个我负担得起的数字，于是我便还价 1 万美元。付款方式是：5000 美元当场付清，5000 美元分一年免息偿还。陈先生和方先生非常不高兴，因为他们觉得餐馆的售价已经很低了，而且相比成本 4.2 万美元，他们出价 2.4 万美元已经亏损很多了。他们将餐馆出售的消息刊登在报纸上 3 个月了，餐馆还未卖出，他们也有点心急了。我们双方讨价还价后将餐馆的售价定为 1.2 万美元，付款方式是：先支付 6000 美元，过户后余下的 6000 美元分期一年还清。我和建名通过电话后，我当场支付了 500 美元定金，又答应一个月内支付 1000 美元押金，其余的 4500 美元在过户后支付。

谈判后，我又去拜访周老板夫妇。他们在休斯敦西南区开了一家中餐馆，生意很不错，周末客人还要排队。这更增加了我在休斯敦开餐馆的信心。

回到旧金山，我拿了照片和合同去和建名商议。他也很希望自己创业，不想被家人瞧不起。但做决定前他要去餐馆看一下，也趁机看看外面的世界。机票很贵，我们俩请了一周的假，从奥克兰坐 Amtrak 双层火车经过洛杉矶、凤凰城（菲尼克斯）、埃尔帕索、圣安东尼奥，最后抵达休斯敦。两天一夜的行程，火车穿过大沙漠，最后抵达树林密布的得克萨斯州。那时休斯敦已是深秋，很多树林已染成一片黄红色，煞是好看！

我们从市中心火车站坐出租车到餐馆，考察了一天。陈先生和方先生看我们没有经营餐馆的经验，怕收不到余款，答应过户后留店指导我们半个月，并会在4月艺术节时给我们帮忙。实地考察后，建名和我的意见一致：物有所值。我们加付了1000美元的首付款，拿好收据，和陈先生、方先生定好于1979年3月过户。第三天，我们便坐火车原路返回加利福尼亚州了。

我和建名各出资1万美元，具体的出资形式是这样的：我自有的6000美元加上母亲借给我的4000美元；建名出资6500美元加上他3500美元的奥兹莫比尔Cutlass Supreme轿车。我和建名签了一个协议，把我们的出资存在一个旧金山银行账户里。

建名提议沿用戴利城"玉龙餐馆"的名字，因为此餐馆生意兴隆，带给他们家好运，他的哥哥姐姐都凭借餐馆的营收买了很多房子。我们约好在1979年1月底辞工，预计用半个月时间采购所需用品、印制菜单等，再用3天时间前往休斯敦，用两天时间找一间餐馆附近的公寓安顿下来。

1979年1月底很快就到了，我们担心休斯敦没有中餐馆用品店，于是便在旧金山买足了所需的碗碟、调味品等。建名在他的蓝色奥兹莫比尔车上装上拖车球，我们租了一个中型的U-Haul拖车，把行李、餐馆用具、食物装好，从旧金山出发。建名从未到过拉斯维加斯，我们特地在那里停留了一晚。次日黄昏途经亚利桑那大峡谷时，我们遭遇了一场大雪。车轮没有装防滑链，又拖着沉重的拖车，有几次车子摇摆，差点冲出路面跌下山崖，我们只有缓缓地向前行驶。幸好一位亚利桑那州交警注意到我们，他了解详情后便开警灯为我们引路，他带我们开了一个多小时，我们才脱离险境。

到达休斯敦的第一件事是找一个离餐馆近的住处。我们找到了距餐馆一个街口、步行只需3分钟的一套两室一厅一卫的公寓。方太太替我们找了一位会计师，我们注册了新公司。到休斯敦的第三天，我们把4500美元现金给了方太太，她也和业主谈好，把租约转给了我们。

建名把餐馆的主厨辞退了，只留了一个帮厨。我们将餐馆中唯一的企台留了下来——年轻的李东亮先生。那时他正在休斯敦大学读会计研究生，日后我们成了终身的朋友，他也是我现在的会计师。陈先生和方太太留在餐馆帮忙，教我们如何订菜、肉、外卖盒等，又将我们介绍给熟客认识，有空还帮我们洗

四、初出茅庐（1979—1982）

碗。当晚我们便接手做生意，但那天晚上只获得 79 美元 80 美分的营收。

我们决定每周营业 7 天。星期一至星期六的营业时间为：上午 11 时至下午 2 时，下午 5 时至凌晨 2 时。星期天只下午 5 时至凌晨 2 时营业。餐馆靠近市中心，中午的客流量是可以预估的，而韦斯特海默街酒吧林立，晚上附近的餐馆生意都不错，每晚 9 时到 11 时街上车水马龙，是产生营业额的黄金时段。我们餐馆每天的营业时间长达 12 小时，我和建名平均每天要在餐馆工作 14 小时。我们把所有身家都投入了这家餐馆，我们没有退路，只能背水一战，可谓"不成功便成仁"。

> **对我人生的影响：**
>
> 又一次离开舒适区，完成创业的理想。

> 感恩节来临，这天全国都放假，我们两个人没地方去，决定继续开门营业。

◎ 初出茅庐之二：夜以继日经营

开餐馆时我 24 岁，但很多人说我外表看起来不到 20 岁。方太太和陈先生介绍我认识各家供应商，供应商的业务员来到玉龙餐馆说找老板时，我告诉他们我就是，但他们会立刻改口说："找你爸爸。"

为了避免别人误会我们太年轻，没有做生意经验，担心我们支付不出货款，比我大两岁的建名特意留长了胡子，以让别人看起来比较成熟。这才让供应商放心给我们 30 天的赊账期。

逆风高飞

营业了几天,晚上基本上都只有100多美元的营收,中午也只有二三十美元。方太太建议我们刊登广告做宣传,让客人认识这家新开张的餐馆。我和建名的钱不多,支付不起广告费,因此对我们来说,请报纸的美食专栏作家写一篇文章介绍餐厅是最好的方法。我打了多通电话给当时休斯敦最大的两家报社:休斯敦纪事报和休斯敦邮报。

我们找不到休斯敦纪事报的记者,但休斯敦邮报的记者听我介

我与留起胡子的合伙人建名

绍说是旧金山总店来休斯敦开分店、地道风味的中餐馆,第二天她便来了。我向她介绍建名是名厨世家的后代,又推荐她品尝新菜,还给她炒了一个宫保鸡丁。当时外国的中餐馆中的菜以偏甜、酥脆、多汁的广东菜为主,以裹粉后炸的酸甜咕咾肉和柠檬鸡为代表,而宫保鸡丁这种口味辛辣、配酱料炒出的菜并不多见。刚好那位记者喜欢偏辣的食物,她吃过宫保鸡丁、叉烧炒饭和炸春卷后,赞不绝口,仔细采访了我们开店的经历,并拿走了旧金山总店的图片和菜单,为我们写专栏。

那位记者特别在邮报周末版"星期美食专栏"登出"中餐连锁店在休斯敦立足"和"中菜名厨莅临本市"的消息,又在文章中大赞宫保鸡丁的美味。

星期一早上,我们特别多备了菜和肉。厨房除了建名和帮厨,我们还聘了

四、初出茅庐（1979—1982）

一位陈先生做杂工和洗碗，我还聘请了一位 busboy 和一位太太在前厅做临时服务员。我们预计餐厅座位坐满一半已是幸事，怎知不到中午 12 点座位已坐满一半，12 点半已有客人在门口排队等座位。

我们的餐馆从来没有这么多客人，我和建名以及餐馆中的员工都没有招待大量客人的经验，因此前厅后厨一度场面混乱。我们餐馆的午餐是套餐，客人点菜后，我们会先给客人上蛋花汤或酸辣汤，炒好菜后将菜盛入椭圆瓷碟中，再配上蛋炒饭和春卷。我们餐馆的菜品很丰富，有咕咾肉、龙虾糊等，价格也从 1.99 美元到 3.29 美元不等，平均价格约 2.5 美元。客人走后，我们忙着整理桌子，摆好用餐垫纸，放上红色布餐巾，再摆好叉子、汤匙和餐刀。后厨 3 个人也因订单太多而乱成一团。

就在"满堂红"的关键时刻，厨房抽油烟机的皮带忽然断了，没法排风，厨房内顿时烟雾弥漫，油烟也涌进了挤满食客的前厅。我真是欲哭无泪。建名和我商量，立刻关门，不再接待新的客人。我只好问在座的客人能否等餐，如果不能等，送酸辣汤一份和春卷一条。当天我们损失了不少客人，但中午和晚上的营业额确实因这篇美食文章而增加了 5 倍多。

此后，我们餐馆的生意蒸蒸日上，每天有 80~100 位客人。

晚上，同条街所有的酒吧都开到凌晨 1 点左右。我们餐馆的正对面是全市最大的酒吧，斜对面是一个舞厅，临街还有一个著名的酒吧。这些店的老板来用餐，我们常常多送一两道菜，还会陪他们聊天。于是他们准许我们把外卖菜单放在他们店内，我们餐馆的堂食和外卖订单因此多了不少。这样一来，我们餐馆晚上的生意也旺起来了。

每年韦斯特海默有两次艺术节，分别在 4 月中旬和 10 月中旬的周末举行，为期两天。很多店主都把自己店面前的空地捐给艺术家，让他们展示、售卖手工艺品、画作或雕刻品。我们这两个"饥饿"的创业者，怎么会放过这样一个天大的机会，将赚钱的契机拱手让给别人呢？4 月艺术节时，我们接手餐馆才 1 个多月，我们在陈先生和方太太的指导下紧密部署，在店前摆摊，准备在艺术节期间大干一场。

艺术节前一天，我们请供应商送来比平时多 10 倍的啤酒、汽水，请春卷工厂送来 1000 条春卷。我们还腌制了猪肉做叉烧串，但是烧制叉烧的时间太长，我们便改用油炸。

从星期六中午开始，我们这条街上就人潮汹涌，下午3点多，我们提前准备的春卷和叉烧就已经卖完，幸好春卷工厂老板及时给我们补货。晚上我们赶快去超市买猪肉、汽水、啤酒，连夜串叉烧。春卷和叉烧串都是1美元一份，汽水50美分一瓶，啤酒1美元一瓶，签语饼（美国中餐馆饭后给客人赠送的一种小点心，客人掰开饼干会看到里面有一张写了字的纸条）1美元4个。陈先生和方太太也在场帮忙，星期天晚上我们忙着数几千张堆积如山的一美元纸币，真有意思！艺术节两天的总营业额有5000多美元，其中有50%左右的纯利润。当下我们就把买餐馆的尾款还掉一半，即3000美元。

为了节省食材成本，每个星期有一两个早晨，我和建名两人去蔬菜批发市场Airline买菜，这里的蔬菜价格往往比供应商送来的便宜30%~40%。

餐馆的生意一个月比一个月好。到了11月，感恩节来临，这天全国都放假，我们两个人没地方去，决定继续开门营业。但厨房两位厨师放假了，两位服务员也休息了，我和一个busboy在前厅工作，厨房只有建名和一个洗碗的。我们本来认为这天餐馆不会有什么生意，谁承想整条街的餐馆都休息，只有我们营业，于是我们的餐馆爆满了。

餐馆中拥入很多客人，很多还是熟客，每个人都在等着我们给他上菜，但客人点餐后往往要等上1小时，后厨才能出餐。我手上拿了太多的水杯和饮料，一不留神，把水和冰茶倾倒在一个客人身上。我赶忙道歉，并承诺免收餐费，客人说他的衬衫和裤子要送去干洗店，我向其赔付了干洗费用。没办法，我们只好关门，不接待新来的客人，先把现场等着的客人服务好。很奇怪的是，客人知道我们缺人手，不仅耐心地等，还有两个熟客帮忙给在座的客人递上饮料。当晚我们累到手脚抽筋，回到公寓后，我们倒头就睡。

到了圣诞节，雇员不上班，我们也不敢开门了。同栋公寓的一位老太太，见我们是没有家人的单身汉，便请我们到她家和几个朋友共度圣诞，至今我心里一直很感谢她。

餐馆也是交友场所，空闲时我会与客人聊天，偶尔会给熟客赠送春卷、炒饭等，于是我和很多客人都成了好朋友。很多客人也对我很友好，有的客人会送我棒球和足球票，有的客人会邀请我出去吃饭、游玩。

四、初出茅庐（1979—1982）

有天下午6点多，来了一位30岁左右的客人，他在近门的桌子坐下，点了鱼香肉丝和炒面。我见他神情不对，到处张望，便很留意他。果然他快吃完时，趁我去给别的客人拿茶水，便冲出门狂奔。我跟着追出，他发动了摩托车要逃跑。我跳上去，拉住他的衣服，但摩托车加速的力量太大了，我重重地摔在马路上，两只手肘都磨破流血了。幸好后面没有车子过来，否则我可能有生命危险。

有一天，一位身材矮小的人带了一只小狗来吃晚饭，快吃完时，他把餐碟放到地上给狗吃剩饭，邻桌客人当场反胃。我只好给他说不能让狗用餐碟吃饭，并不准他再将狗带入餐馆。不久后他又来了，向我道了歉，我便不再计较。一星期后，他一个人来了，喝了一点酒，吃到一半睡着了，还在桌上流了一大摊口水。我只好把他叫醒，他说忘了带钱，我哭笑不得。其实这位客人人品很好，他没有带钱的话，之后一定会给我补付。他常被人欺负，我们餐馆同情他对他好一点，他便成了我们的常客。

每晚餐馆打烊后，我们都用碱水洗厨房的地，还用吸尘机吸前厅的地毯，以确保食品卫生和餐馆整洁。

我们餐馆的生意慢慢稳定下来，平均每天有500多美元入账。

对我人生的影响：

所谓天道酬勤，每周工作近百小时，使我养成了不怕劳苦的习惯。

> 餐馆是中老年人维持生活的依靠，却是知识青年的"坟墓"。

◎ 初出茅庐之三：餐馆出让

我们渐渐对餐馆的工作感到厌倦！

我和建名夜以继日地工作，一周只有周日半天时间休息。大半年过去了，我们的收入虽然比打工获得的工资要高，但我们的体力、精神长期透支，身心都非常疲惫。每天我们从餐馆回到公寓就是洗澡、睡觉，除了知道天气是晴天、阴天或雨天，其余世事一概不知。在餐馆的时间长了，我们彼此间也难免因为小事产生摩擦，两个人经常生气。企台和厨房也经常产生误会，口角和冲突在餐馆中是家常便饭。

餐馆占去了我所有的时间，就连伟光表弟结婚我也不能回旧金山参加，更遑论回旧金山探望家人。

某一天，一位从香港来的马先生要从休斯敦前往亚拉巴马州拜访一个客户。聊天时我得知他也是从香港来美国的移民，他大学毕业后在洛杉矶开了一家中餐馆，也和我一样把所有的时间用于经营餐馆。结婚后，他卖掉餐馆，搬回香港，和家人开了一家贸易公司，现在常回广东买烟花和爆竹，再出口到美国。他说他现在比开餐馆时开心得多，他的太太在香港不用工作，只需专心照顾刚出生的小孩，他们还请了一位保姆做家务。他只负责去展览会接单和拜访客人，公司其余事情则由他的弟弟负责。他走遍欧美，也有很多空闲时间和家人在一起，赚的钱比开餐馆时多很多倍。

那天马先生经休斯敦转机，要等候半天，他利用这段时间租车到市中心区游览了一番。他走错了路，找到我们餐馆，在这里吃了晚饭。我们谈得非常投机，他告诉我餐馆是中老年人维持生活的依靠，却是知识青年的"坟墓"。这番话使我醍醐灌顶、茅塞顿开。尽管在那之后我再也没有和他见过面，但是他的金玉良言，改变了我的人生。

休斯敦的地和房子很便宜。中城（市中心和医学中心之间）的房子只需七八万美元（现值约70万美元），莱斯大学附近的房子只需10万美元（现值

四、初出茅庐（1979—1982）

约100万美元），6号公路的地只需约10美元每平方米。休斯敦在快速发展，新来的移民很多，我看好休斯敦房地产的发展前景。世界上的有钱人大多是靠房地产起家的。

当年得克萨斯州的大学毕业生数量有限，法律规定，凡持有大学文凭者，通过考试便可拿到房地产经纪人执照。不像现在要先考销售员执照，有两年工作经验，再上课修足学分，才能报考正式的经纪人执照。

餐馆慢慢走上了正轨，

1980年暑假，弟弟锦良（右）、妹妹秀心（左）来休斯敦玉龙餐馆帮忙

我便用3个周末读了地产速成班，考到了房地产经纪人执照。但拿到执照也没有用，因为餐馆困住了我，我根本没时间去做房地产生意。

我的合伙人建名也支撑不住了，他要回旧金山和中国老家一趟。好不容易等到弟弟妹妹们放暑假，我让最小的弟弟和妹妹来休斯敦帮了我几个星期的忙。哪知建名才离开几天，我们餐馆隔壁的披萨店晚上打烊，员工离开时忘记熄灭炉里的炭火，夜间起火了。救火车迅速赶来，并未酿成大祸，但他们的厨房还是毁了，前厅也被烟熏、积水破坏。原来我们餐馆和披萨店同在一个面积为500平方米的房子内，业主将这房子从中间一分为二，只用一个石灰板做隔墙，因此浓烟很容易飘过来。我们去餐馆开门时，才知道昨晚发生了火灾。

我们的餐馆中所有的餐具、桌椅、墙面、地毯等都因受烟熏或水泡而遭到破坏，我们只好关门修葺，并致电保险公司申请理赔。我和弟弟妹妹重洗所有碗碟，用清洁剂擦洗桌椅，我们还租洗地机洗地毯，但两天过去烟味仍不能完全被清除。最后我们不得不请专业公司来清理，保险公司赔了我们的一部分损失。我们兄妹3人为了使餐馆复原，给餐馆做了一个彻底的清洁，我们都疲惫不堪。

两个多星期后，建名回来了，他带了喜糖、太阳饼给我们——他和老家一个理发师结婚了。一番追问，原来他是在公交车上认识了这位姑娘，3天后两人便闪婚了。大半个月后，他太太在中国和他通电话时告知他自己怀孕了。建名问过律师，得知他太太能够最快和他团聚的办法，是先用旅游签证来美国，再办绿卡。

弟弟妹妹的暑期即将结束，他们要返回旧金山了，而建名的太太也来了。她非常活泼健谈，虽然她刚来美国不懂

1980年，妹妹秀心在休斯敦玉龙餐馆门前

英语，但她毫不畏惧地在餐馆帮忙，怀着孕还端着放满菜的托盘到处跑帮我们上菜。午餐比较简单，菜单上只有10多个菜品，她10多天便把菜单记熟了，于是我就让她做午餐企台。这样，我上午就有时间去学着做房地产经纪人了。

贝莱尔是很好的学区及住宅区，当时每栋房子只卖六七万美元，我认为房地产行业的发展前景很好，便在一家房地产加盟连锁店里当销售员。我和老板约定，华裔客人全部由我接待。我一共接待了两位华裔太太，一位姓沙，另一位姓石，她们需要找房子。我带着她们到处看房子，看的都是六七万美元的房子，沙太太看了几处房子就没下文了，石太太则因还价太低、要求过多而没有交易成功。她们每一位都耗费了我好几个星期的时间，最后却没有成交，可谓"飞沙走石"。

在那时，美国房地产的交易佣金为6%，买卖双方的经纪公司平分，因此

四、初出茅庐（1979—1982）

公司能获得3%的佣金。我再和公司平分，我只能拿到1.5%的佣金。也就是说，卖出一栋6万美元的房子，我最终只能获得900美元的佣金。以成功率15%来计算，卖出一套房子我的平均收入只有135美元，但是耗费了我大量精力和时间，这实在是不划算！如果想要在房地产行业赚到大钱，那么就需要开展金额较大的交易，也就是进行商业房地产交易，但是我没有背景也没有人脉，应该怎么做呢？

偶然的机会，我认识了广东人邓先生。他从洛杉矶的华裔进口商蔡先生那里批发太阳眼镜，周末在休斯敦的Westpark跳蚤市场摆摊售卖。每周他都有六七百美元的营收，利润有60%，也就是说，他每个月仅工作8天就能获得上千美元的收入，这实在很吸引人！

当时，餐馆每天的营业额已达到700美元。我以前在旧金山会宾楼的同事冯师傅，也想来休斯敦开餐馆。由于厌倦了每天工作10多小时的劳累生活，我和建名商量，决定以4.2万美元的价格把餐馆出让给冯师傅，冯师傅也同意了。我准备以后专心从事房地产工作，而建名想开一家发廊，如果生意不好做，我们最坏的打算是去跳蚤市场卖货。

> **对我人生的影响：**
>
> 人生要多学技能，力求上进。

为了让小商贩能够生存，所有大小商场、百货店、零售店在星期日不得开门营业。

◎ 初出茅庐之四：房地产经纪人

二弟拿到化工学士学位后，便在硅谷AMD（美国超威半导体公司）工作。将餐馆卖出去之前，我在休斯敦中城找到一处两室一厅一卫的房子，这个房子后面还带有一个一室一厅一卫的小公寓，将房子出租出去，一个月能获得 600 多美元租金。这套房子售价为 7 万多美元，首付 20%，其余的房款我们不用去银行贷款，只需每个月向屋主还款。我和弟弟买下这套房子，把前边的房子和后边的小公寓都租了出去。

后面的小公寓为一栋独立的两层小房子，房顶漏水。为了省钱，我向隔壁邻居借了一张长梯，我带上堵缝枪爬上 6 米多高的房顶去补裂缝。

我上到屋顶刚要补缝时，怎知梯子放的位置不正，被风吹倒了。我一个人在陡斜的屋顶坐着，不知如何是好，只能拼命喊救命。周边的房子距离我都比较远，我喊了一会儿但没人听见。过了良久，我的脚发软，喉咙也沙哑了，幸好隔壁的太太从屋子里出来看到了我，她连忙请邻居们把梯子扶好。我魂不附体，蹒跚地走下来，从此我再也不敢修屋顶了。

这是我和弟弟毕生买进的第一处房产，我们很紧张，每个月都关注房价的涨跌。大半年后，我们的房子涨了约 8000 美元，我便将其刊登在中文报上加价 1 万美元出售。有一位朱先生，是建筑师也是小开发商，他以 8 万多美元的价格把我们的房子买去。但条件是首期支付 5000 美元，其余的款项分两部分：他接着还欠原屋主的剩下不到 5 万美元的分期贷款，余下的两万多美元，分期偿付。我和弟弟觉得有钱赚，便答应了。

谁知他买了房子，便把租客都赶走了。在把前面的房屋拆了一大半时，他便破产了，不向我们支付余款，也不偿还分期贷款。我们无可奈何，只能让原屋主收回破房子，我和弟弟最终以亏损了 1 万多美元的结果离场。那个地区的旧房子，如今的价值在五六十万美元。出师不利打击了我对房地产行业的信心，但也启发我以后要做长线投资，不能因贪图短利而冒险。

卖餐馆前的那几个月，建名与他怀孕的太太和我同住在狭窄的公寓内。屋内活动空间不足，我便在休斯敦市中心东边旧中国城以 450 美元租了一栋新建的三室一厅两卫的公寓，楼下是一家名为"一定好"的中餐馆。在跳蚤市场卖太阳眼镜的邓先生因为投资失败，也暂时搬过来和我同住，客厅成了他的仓库，我租的 3 个房间也全都堆满了货。

邓先生介绍我认识洛杉矶的进口商蔡锦荣先生。蔡先生是博士生，他从摆地摊做起，1980 年年初拥有了自己的进口太阳眼镜公司 Sunny Sunglasses，随

四、初出茅庐（1979—1982）

后他在洛杉矶买下一处生意很好的跳蚤市场，又和他的兄弟合开了一家批发五金工具的公司 CTT（CTT 公司网址：https://www.calhawktools.com/）。

身为大老板，蔡先生很朴实、节俭，但他做生意毫不吝啬。他来到休斯敦看到所有的跳蚤市场的生意都非常好，便邀请他的合伙人李先生、黄先生过来，委托我寻找开跳蚤市场的地点。

得克萨斯州当时有一项规定：为了让小商贩能够生存，所有大小商场、百货店、零售店在星期日不得开门营业。休斯敦是美国南部新发展起来的城市，是新移民的聚集地。人们习惯在假期和空闲时去跳蚤市场闲逛和购物，星期天休斯敦每家跳蚤市场都人潮汹涌。邓先生摆摊的 Westpark 跳蚤市场，每星期六下午和星期天，支付停车费的人会排起长队，每个通道都是人头攒动，每个摊位都生意红火。

我卖了餐馆后，与邓先生配合，在休斯敦城北 Airline 跳蚤市场旁找到了一块 3.6 万平方米的土地，土地拥有者开价 50 多万美元。我没有进行房地产交易的经验，也没有写过商业买卖合同，不知从何下手。幸得一位有房地产买卖经验的张先生指引，我和邓先生才使这笔生意顺利成交。由于我同时担任买卖双方的房地产经纪人，因此我在这笔生意中赚取了 5% 的佣金——两万多美元，对当时的我来说，这已经是一个天文数字了。过户后我们又说服蔡先生买下隔壁两万平方米、售价 20 万美元的土地，我从其中赚了 3% 的佣金。凭借我第一次买房的经验，我给这两块地都争取了贷款——买方支付 20% 首付，余款在 10 年内分期支付给卖方，年利率为 0.7%。这样买方不用去银行贷款，也不查信用，很快便可以交易过户了。现在这两块土地加上建筑物，总价值超过千万美元。

李先生和蔡先生都住在洛杉矶，他们特地请我代管这跳蚤市场。星期六时，一个市场摊位的租金是 6 美元，星期日时则是 10 美元，只有靠近 Airline 街面的几十个摊位是满的，靠里的位置只有寥寥十几个摊位有人租下。尽管这是一份没有薪水的差事，却能使我彻底了解跳蚤市场的运作情况。

蔡先生业务繁忙，但他很看好休斯敦的五金工具市场。除了跳蚤市场由李先生管理外，蔡先生在休斯敦开的工具批发公司分公司，也由李先生经营。

李先生原本是一位留学生，读书时为了生活，每晚都从地毯公司的垃圾桶里捡边角料。他将边角料裁剪成长方形，当作门前脚垫，在跳蚤市场摆摊出售，做无本生意。20世纪70年代末，美国流行魔术贴钱包，初上市时要20多美元一个。李先生认为机不可失，便买了几台缝纫机制作钱包，但他的速度太慢。刚好他在蔡先生开的跳蚤市场摆摊，蔡先生也觉得魔术贴钱包大有可为，也很相信李先生的为人，就投资数万美元给他买机器、开工厂，让他生产钱包。工厂的生意出人意料的好，所有跳蚤市场和小店主都从李先生处拿货，50位员工每天工作10小时，还供不应求。李先生和蔡先生都因此赚了很多钱。

好景不长，大半年后，市场竞争越发激烈。先是洛杉矶新开了一家制衣厂，继而又有商人从中国进口魔术贴钱包。因此，魔术贴钱包的批发价从每个7美元跌到5美元，最后跌至3美元以下。李先生决定寻找新的出路，他和蔡先生决定从洛杉矶搬来休斯敦，开拓新的五金工具市场。

得到他们的信任后，我又帮李先生在休斯敦湖边找到一栋30多万美元的房子，我从中赚取了3%的佣金。蔡先生和李先生半年内通过我买了超过100万美元的房地产，我从一个没有经验的房地产经纪人变成了一位熟练的经纪人，也和蔡先生、李先生成为毕生的朋友。

对我人生的影响：

助难友，诚信待人，不斤斤计较，自有回报。

在英国伦敦政治经济学院留学的硕士生蔡小姐来餐馆做企台。

◎ 初出茅庐之五：成家与集资

在餐馆出售交接的过程中，房地产的生意不太忙，于是我答应冯师傅帮他一两个月，直到餐馆走上正轨。餐馆的生意好，午餐、晚餐时都需要3个企台，那时还缺一个企台。经朋友介绍，在英国伦敦政治经济学院留学的硕士生

四、初出茅庐（1979—1982）

蔡小姐来餐馆做企台，但她只做一个暑假。由于企台的流动性比较大，因此虽然她只工作1个多月，但是我也同意了。

我负责训练新的企台，她很快就上手，也很勤快。她人生地不熟，需要有人接送她上下班，我刚好有时间，便担任"护花使者"。就这样，我们两个日久生情了。她离开休斯敦前我们还开车去大峡谷沿路玩了1个星期。她回英国读书，4个月后又飞回休斯敦和我在一起。我也希望能像建名那样有一个自己的小家，于是1982年年初，我和蔡小姐在旧金山39号码头的越华酒家举办了婚礼。

婚后，我陪着太太回到中国老家，我们在岳母家住了1个多月。其间我们还拜访了年迈的祖母以及其他亲属。亲戚们非常好客，每天都给我们安排丰盛的筵席。他们说的客家话和我说的有区别，但我勉强可以听懂。岳母家所在地背靠山脉，周围都是山林，适逢新春，春雨绵绵，气温比较低，除了穿厚衣服外，晚上我们还要生火取暖。我遍尝了各种地道的客家美食，如麻糍、客家酿和粄条等。他们把我看作家中成员，我受宠若惊。

客家人有很多相似之处，北宋时期因战乱迁徙四方，原有居民多已占据了平原和有水源之地，后迁来的客家人只好居住在比较偏远的山区。客家人大多群居以便互相照应。山区土壤比较贫瘠，生活辛苦，因此客家人大都工作勤奋，家族关系密切，守望相助。岳母家拥有很多山地，他们历代种植竹子，经营造纸生意，还种植农作物。他们一家人十分和睦，不分彼此。

我们也去各处体验风土人情。令我最难忘的是夜市的小吃，蚵仔煎、鱿鱼羹、串烧臭豆腐等美食，我百吃不厌。很多摊位上装有驱蝇机，一个小马达装了电池，一根铁丝穿过，两端系有绳子。一排排摊位放眼望去，只见各色绳子兜转，蔚为奇观，让我这个外地来的"土包子"大开眼界。每晚我们总要在夜市逛三四小时，吃饱了喝足了，才安心回家睡觉。

那时很多人都未出过国，因此他们对我这操着广东口音、从美国回来的华人极感兴趣，我常和亲戚朋友们一谈就是数小时。太太家乡的人都非常好客和热情，我在街上就可以交到新朋友。

一个多月不用工作，我长胖了。回到美国后，我又要为生活奔波，到处找土地和买主。那时我知道做房地产生意一定要参与规划，仅靠佣金，只能赚取一些零用钱和生活费。

在 FM1960 公路东边近 59 号公路，我找到一处 3000 多平方米的土地，临公路的宽度约 130 米，纵深不到 30 米，可用于建购物商场，总价 20 多万美元。我先支付了 2000 美元的定金，将这块地预订了，然后我利用合约中 60 日"可行性研究期"的条款，寻找投资者。

结婚后，我自己有 5 万多美元存款，但购买土地需要先支付 40% 首付，即 8 万美元，才能向银行贷款。我把这块地分作 4 份，每份支付 2 万美元首付，其余以 10% 的利息分 10 年摊付，很快我找到了另外 3 位开餐馆和杂货店的投资者，我们把地买下了。

我把这块土地挂出售卖，售价为 134.5 美元/平方米。不到半年，一家汽车修理连锁店把价钱谈到 129 美元/平方米，我将这块地卖出了。一买一卖产生的差价，我赚了 14 万多美元。除了 25% 股份的利润，我还赚到买卖时各 3% 的佣金，我一共赚了约 5 万美元。这笔钱对于刚入行的我来说是一笔数目很大的资产了。

20 世纪 80 年代，休斯敦的石油价格下跌得非常严重，房地产的价格也连带滑落。找投资人比较容易，但回报好的土地寥寥无几。我在报纸上经常看到接手房贷的广告，接手的人不用支付首付，房主还会倒贴给他 500~1000 美元，这真是触目惊心。我不想让客户承受损失，因此转行专心做批发生意，只偶尔帮朋友购买房子。

> **对我人生的影响：**
>
> 投资因时而异。首次投资告捷，树立日后投资的信心。

四、初出茅庐（1979—1982）

> 我一个星期工作7天，没有度假的时间，虽然很累，但很开心。

◎ 初出茅庐之六：摆摊卖五金

回想起来，我从事五金工具批发这一行，是时势使然。

20世纪80年代初，大量廉价货品进入美国市场，虽然品质比较差，但价格只有传统价格的一半或以下，这非常吸引人。美国传统超市一般不愿购买质量良莠不齐的小工厂产品，这就给了美国东西两岸进口商大举"入侵"的良机。他们进口商品卖给美国内陆城市的批发商，批发商再将商品卖给大大小小的零售商和跳蚤市场。当时最大的进口商品集散地是洛杉矶，产品以礼品、玩具、鞋类、雨伞、五金、太阳眼镜等为主。早期批发商们都集中在洛杉矶市中心附近的批发区，后来他们的生意越做越大，所需仓库的面积也越来越大，才散布在洛杉矶各地。

休斯敦那时是美国的第五大城市（现在是美国的第四大城市），地大，移民多，工人的薪水比加利福尼亚州的低，因此休斯敦工厂遍布。一些新移民买不起昂贵的五金工具，就买便宜的进口货。这为休斯敦造就了一定规模的工具市场，但休斯敦的工厂缺少像洛杉矶的工厂那样销往全美的优势。

休斯敦CTT公司刚开业时，知道的人不多，因此蔡先生他们需要把CTT牌子的产品推销出去。刚好那时房地产行业在走下坡路，我便和负责人李先生商量，先从他那里拿一批货试卖，等卖出后再付款。

1982年某天早上，我开着二手的1976年产凯迪拉克Deville载满五金工具去找客户。我首站先去拜访韦斯特海默街上的"南部五金"店，我开餐馆时经常去那里购买五金工具。我在成本价的基础上将价格上调30%多，然后将价格报给老板的女婿马蒂。他查了工具连锁店Ace的价格，发现我报的价格只是Ace的一半，他又惊又喜。他告诉我他会将我的商品全部买下，但为了确定我的商品不是"水货"，发票一定要是CTT的抬头，我答应了。这一批800多美元的货我卖了1200美元。一个早上我便赚了300多美元，这令我喜出望外，

逆风高飞

因此我下定决心做批发生意。建名这时也想做批发生意，我们便分区在休斯敦开展业务，不互相竞争。

20世纪80年代初，美国各地都有许多独立经营的五金店和汽车零件店。它们大都加入各类协会，成为某个协会的加盟店，但它们也可以自己进货经营。这些店进货量少，货物运费贵，如果它们从我这里进货，便可节省40%以上的成本。很多大型超市不卖五金工具类商品或五金工具类商品种类不全，这形成了廉价五金工具及进口货的市场真空，经营五金工具的周末跳蚤市场和拍卖行也就有了生存空间。

我买了一辆红色的二手雪佛兰P30步入式货车做五金工具生意。我到休斯敦西南区五金店和零售店一家家地推销，再写单子去CTT订货，上货后立刻送货，我每天都很忙。我发现事前规划好每周固定路线是最有效率、最省时的做法，这样也可以逐渐地将客户的忠诚度培养起来。西南区很多家汽车零件店、五金店，都是我的固定客户。平时太太在家通过电话接订单，我星期一至星期五给下了订单的零售店送货，周末则到跳蚤市场卖货。

红色的雪佛兰P30步入式货车

得克萨斯州在1961年通过了"Blue Law"（蓝色法案），很多大型超市和购物中心都在星期天关门，不能营业，因此得克萨斯州到处都有跳蚤市场，生意都很好。Westpark跳蚤市场是当时得克萨斯州所有跳蚤市场中生意最好的一家，

四、初出茅庐（1979—1982）

我好不容易才租到一个市场中间的狭窄摊位。我第一次摆摊，带了10多箱货去试卖。我记得其中一款商品是成本20美元的2吨千斤顶，我标价28美元一个，客人还价26美元，我没有卖。另一个客人站在旁边，给了我30美元把千斤顶拿走了，我傻眼了。摆摊了一个上午，我的货已经卖得差不多了，我提早打烊，也知道以后要多带一些货了。

在跳蚤市场租摊位要轮候登记。我等了几个月，总算租到一个靠近入口处、有上盖的两个摊位。我星期四把进货单给CTT公司，星期五下午把货车装满货，停在家附近59号高速公路的桥下面。为了省钱、省时，我没有租仓库，晚上把货存在车上，用蓝色塑胶布覆盖，以免货物被人看见。第二天一早我开车去市场卖货。货车的后轮胎常常因承重而被压扁1/4，车尾也有些下坠。如今回想，这种存货方式实在太危险，如果有人把车和货一起偷走，那我就会损失惨重。

早上7点多，我就到市场了。我先在地上铺好木托盘，盖上蓝色塑胶布，再把货卸在木托盘上，归类整理，标好价格。对于一些价格优惠或者新到的货品，我会给它们贴上大标牌"ON SALE"（甩卖）。市场规定晚上8点半前所有人都要离开，我们直到傍晚6点左右才把没卖完的货搬上车运回家。这样来回搬运货物，我的体力消耗很大，星期一早上我通常要起得晚一些，下午我才出去跑生意。

五金工具在店里卖得很贵，而在跳蚤市场，高于成本价35%我便卖了。我的商品的价格是同样商品店里价格的一半或以下，而且买家还可以讲价。再加之我的农具、扳手、套筒等商品种类比较齐全，每个星期天午后都是我获得营收的高峰时刻，顾客往往要排队付款。我和太太两个人实在吃不消，我们找到朋友的两位亲戚来帮忙，太太用收银机收钱，那两位就帮忙招待客人。我则负责回答问题、和客人商讨价格、卖货、补货等工作。

摆摊期间，我们多次遇到大雨天气，来不及盖好摊位上的货物，五金工具和纸箱都泡水了，我们的衣服也湿透了。雨停后，我们只好用布将货物一件件擦干，再擦上WD 40防锈油，第二天或下周继续来跳蚤市场卖这些货物。还有几次，我们遇上下雪天气，但为了做生意，我们不能轻言放弃，于是我们戴上手套、帽子，围上围巾，坚持摆摊。

后来我们又到 Hillcroft 街和 South Main 街上一家新开的室内跳蚤市场租了两个摊位。在这里，货可以放在摊位内锁好，不用再搬来搬去，因此太太一个人在这里看摊位便可。1984 年太太怀着大儿子伟德时，也是一个人看摊位。直到小孩出生前一个星期，我们才放弃了那两个摊位。

CTT 的货物不是很齐全，我也到詹森道的 Acme Tools 买进口的五金工具，老板杜克先生和他的 3 个儿子都很平易近人。最畅销的是进价 2.2 美元的 40 件套筒扳手、8 美元的 6 英寸砂轮机、0.75 美元的 16 oz（盎司）木柄锤子、2 吨千斤顶等。总之，农具、扳手、螺丝刀、气动工具等都非常抢手。

因为我卖货的量比较大，所以 CTT 给了我特别待遇：休斯敦西南区各家五金工具零售店批发以及在这两个跳蚤市场销售的货，只卖给我一个人，不卖给其他客户。我的生意和生活都渐渐安定下来。我一个星期工作 7 天，没有度假的时间，虽然很累，但很开心。市场里也有竞争者，但我往往会用低价甚至低于成本的价格和他们开展竞争，让他们知难而退。

太太怀孕时，我的岳父岳母从中国来美国。我买了 Sugar Creek 大道一处有着 4 个卧室、300 平方米的房子，准备迎接小孩的诞生。

对我人生的影响：

吃得苦中苦，方为人上人。

初出茅庐铭记：

从开中餐馆、做房地产经纪人到摆地摊，最后变成进口商，无一不是从基本做起，一个星期工作 70 小时以上，劳心劳力，辛苦但非常充实。记得好几次摆地摊卖工具时狂风暴雨来袭，因为还有客户在，我们来不及把货物盖好，结果部分工具和包装湿透了，我们也变成"落汤鸡"。我望着电闪雷鸣的天空发呆，默念：吃得苦中苦，方为人上人。

五、创业时期（1983—1990）

> 在工厂里，我看到大小卡车、客货两用车、小汽车送来电风扇的各种零配件，工人清点数量后将这些零配件堆放好。

◎ 创业时期之一：进口电风扇

我做五金工具批发零售生意做了差不多两年，一个星期7天，每天平均工作超过9小时，我劳心劳力地打拼，但仔细算一下，赚到的钱依然很有限。我意识到，只有卖出一个个货柜才能真正赚到钱，只有拥有自己的批发客户才能拥有更为光明的发展前途。

如果我选择从中国进口五金工具，就会和CTT产生竞争，这有违人情道义。而且五金工具类商品的种类太多，需要投入的成本也很多。我必须选择卖得快、有利润、投资小且品种单一的产品。我的首选是电风扇。

得克萨斯州大部分地区属于温带气候，南部部分地区属于亚热带气候，因此这里一年里有八九个月气温都在30℃以上。盛夏时，我们地摊上零售的电风扇每星期销量都在百台以上。最好卖的电风扇是16英寸的落地摇头扇，其次为16英寸台扇。商品不需要UL认证（非强制性认证，主要是产品安全性能方面的检测和认证），而且跳蚤市场的零售价格比店里要便宜30%。很多汽车没装空调或后座冷气不足，因此汽车上用的12V（伏特）6英寸电风扇也很好卖。我们就选定了进口的电风扇作为试金石。

我在一本出口杂志上看到几家卖电风扇的供货商，经过电报联系，最后我选择了Amherst。这家供货商的商品价格比较便宜，而且回电报速度很快，也及时把样品空运给我们。经过测试，商品质量尚可，我支付3000美元定金订了一个货柜，还去中国实地察看了工厂，验了货。

我一直以为Amherst是一家工厂，直至老板许先生把我带到一家电风扇厂，我才知道他是贸易商。

工厂前后都是稻田，马路只有3米左右宽，但近2.5米宽的大货柜车进出自如，这令我惊叹不已。工厂不大，只有2000多平方米，平时由几位股东带着工人一起工作，他们一天大约可以完成10个货柜的产量。我仔细询问为什么不到50个工人却能日产万台电风扇，原来他们是在各家配套工厂生产零部件，只是最后在电风扇工厂组装，包装好后再装柜出口。

在工厂里，我看到大小卡车、客货两用车、小汽车送来电风扇的各种零配件，工人清点数量后将这些零配件堆放好。零件商也分得非常仔细：落地电风扇的铁底座由铁工厂生产好、包装好送来；塑胶风扇外壳等，由家庭注塑工厂分类送来；电路开关由电子工厂生产；风扇的"心脏"——马达，则另有工厂把铜线绕好、测试好、组装好，检验合格后才送货。

所有的配套工厂都在附近，组装工厂只要准备一两天的零件量，不用占用很多的场地。零件工厂大多会先将零件赊销给出口组装工厂，组装工厂收到货时只用签收即可，不用立即付款，可以一两个星期结一次账。因此，零件周转速度很快，订货也非常方便。工厂的负责人还带我去看他们的供应商：一户普通人家。这户人家的家中有一座3层楼的房子，一楼有两台塑料注塑机，楼上住着一对夫妇和3个8岁到10多岁的小孩。平时小孩的爸爸负责购买原料、维修机械、送货和接单，小孩的妈妈和另一位工人负责生产。小孩子们放学后也会帮忙，8岁的小孩都会把电风扇部件叠好，放在箱内，等待给工厂送去。

每天下午五六点是下班时间，满街都是骑着摩托车的工人，人们的车前车后往往挂着做饭用的青菜、肉类。有一次我从工厂出来，途中停车买水果，开门时不小心，车门撞到一位骑车的女士，把她撞倒了。不等我们去帮忙，她自己就爬了起来，把摩托车扶起，也不跟我索赔，骑车走了。这里的人都不计较，有努力、敬业的精神，不论是卖面条的摊位的伙计，还是大企业的老板，都不分昼夜地工作。我在街上到处都能看到货柜车，我在餐馆、工厂或菜市场，到处都能听到人们讨论如何赚钱、如何创业，这里一片朝气。

五、创业时期（1983—1990）

我和太太开的是一家二人公司，平时只有我一人装货、卸货，因此我们的人力成本不高。第一批电风扇于1983年年中抵达休斯敦，我请了两位临时工帮忙卸货柜。大部分批发商都是从加利福尼亚州进口商处进货，再在得克萨斯州批发给商店老板、地摊小贩。我们是得克萨斯州为数不多的直接进口电风扇的批发商，因此我们的电风扇在价格方面非常有竞争力。除了自己零售外，我也将电风扇批发给五金行、汽车零件店和小超市等，我的生意很好。在旺季时，一个40英尺（12.192米）货柜的货量我1个多月便卖完了。

那时发生了一件对我们打击甚大的事情。我卖给贝敦一家小连锁超市——有6家分店的吉布森杂货店数千美元的电风扇，并且给他们1个月的账期。到期后对方没有支付货款，还继续订货。在我犹疑之际，这家超市突然宣布破产，我们的血汗钱就这样付诸东流了。有了这个教训之后，我就制定了"不付款不出货"的规定。

1983年第三季度末时，我们发现还有约200台退货的电风扇，这些电风扇都是在运输过程中损坏了。本来这笔进口电风扇的生意是有很大利润的，可是填补了倒账（无法收回来的账）以及损坏的货所带来的损失后，净利润就很少了。灵机一动，我想：我为何不能将这些电风扇拿到拍卖行拍卖掉？

20世纪80年代初到2000年，在远离大城市的小镇，拍卖非常流行，拍卖的物品以古董和清仓的货物为主。那里的小店、地摊贩、节日摊贩、当铺乃至慈善筹款者等，进货渠道有限，进货的数量也不多。在纵横数百千米、人口稀少的地区，拍卖行分布在各个小镇，从星期一到星期六轮流开门，以使得零售商能及时补货，免得货架空置。五金工具和各类进口产品相当稀缺，批发商除了在美国西岸买入廉价的进口货物外，还会购买倒闭的店铺余下的货、工厂生产过剩的货物或退货等，用中型卡车运往拍卖行拍卖。

拍卖会大多在一个由铁皮搭建的简易房子中进行，也有的拍卖会在旧的大零售店，如K-Mart中进行。拍卖行所获得的佣金通常是货物卖出价格的10%~15%，批发商可以和拍卖行商议价格。每次拍卖会有几个到十几个批发商参加，商品拍卖次序由批发商出价竞投而定。先出场的商品通常会有更多客户竞投，因而能够卖得一个好价格，最后的商品出场时，场中的顾客已经寥寥无几，他们身上的钱也花得差不多了，因此最后出场的商品很难有一个好的拍卖价格。拍卖行需要有州政府发放的执照才能经营，而前来竞拍的小零售商也都要有州政府发放的营业执照，证明不是自用，否则要向州政府支付营业税。

拍卖前 1 小时左右，批发商要向前来竞拍的零售商展示样品并解答他们提出的问题。通常拍卖行会提供饮料和简餐，如甜甜圈等。零售商要登记并缴纳保证金，以免拍得货品后不付款。拍卖开始后，批发商会把货品放在桌子上或台上，让大家都能看到，竞拍者也可以通过触摸货品感受货品的质量，然后拍卖经纪人会喊出最低价格，竞投价最高者获得拍品。

我曾参加过休斯敦北边的 Huntsville（亨茨维尔）举办的一场拍卖会。9 个批发商竞投出场顺序，每个批发商要把商品的最低价格写在纸上交给拍卖经纪人。我只有 200 多台电风扇，就将价格定为 103 美元，第一顺位由出价 450 美元的人获得，我拿到第 4 位的出场顺序，我的价格比第 5 位的多了 2 美元。我的策略是把一小部分没有损坏的电风扇和大部分运输中受损的电风扇混合放入卡车。拍卖前我将 3 款电风扇各安装好一台，用于向买家展示。开拍后，一台电风扇的拍卖价格很快就从 1 美元升至 10 多美元，最后我的电风扇全部售出。扣除 15% 的佣金，我可以收回成本。

在拍卖五金工具时，我看到 4 件套（6 英寸、8 英寸、10 英寸、12 英寸）的活络扳手最初价格只要 1.5 美元。而我的活络扳手的进货价格约为 4 美元，批发价格一般为 5 美元，我就参加了竞投，以 2 美元 1 美分竞投得 200 套扳手。付款时我才发现是每把扳手 2 美元 1 美分，每套扳手要 8 美元 4 美分，我因为没有事先了解具体规则而损失匪浅。

一般来说，市场上的新货、畅销货都会出现在拍卖会上，如触摸灯、瓷布娃娃、微波炉等，批发商能从中赚到不少钱。但对于拍卖损坏的商品，我一直有心理负担，而且我对拍卖程序不够熟悉，因此对拍卖一直持有戒心。后来我只卖货给批发商，让他们去拍卖，我再也不参加拍卖会了。

自从互联网出现，小镇的经营者渐渐难以生存，而今拍卖行业已经式微。

五、创业时期（1983—1990）

> **对我人生的影响：**
>
> 小到个人、家庭，大到社会，分工合作的意义重大，我们要做好本位。

1984年年底，我找到中国驻休斯敦领事馆的商务参赞，告诉他我要去中国买五金工具。

◎ 创业时期之二：踏足中国内地

休斯敦人口增长很快，当时已是美国第五大城市。除了CTT外，有10多家分店的全美最大五金工具进口批发商Buffalo Tools也在休斯敦开了分店。新入行、专做进口五金工具生意的King Machinery在洛杉矶、新泽西开了两家分店后，也来休斯敦开分店。最令我诧异的是King的五金工具批发价格比我从中国进口的价格低约1/4，质量也比我进口的好，只是包装比较粗劣或没有包装，卖相不好。

有一天，King Machinery的老板陆先生来休斯敦视察分店，刚好我在他的店里买货。我们都是香港人，我趁机和他谈论了一些五金工具出口方面的问题。他告诉我，他的香港公司多年来代理欧洲轴承进口到中国，然后他把中国内地的五金工具等外销给香港市场，继而再将香港市场的货出口到美国市场。他也讲述了出口过程中会遇到的一些问题，如出货不准时、包装和品质不稳定等。

但对我这个饥渴地寻求机会的创业者来说，这些都不是问题。他的商品这么便宜还能赚到钱，而且还开了好几家分公司，如果真像他说的这么困难，为什么他的生意还能愈做愈大，货源和种类愈来愈多？我买他的货，就能加价35%批发给零售店；而我买Acme、CTT和Buffalo等进口商的货，只能加价

15% ~ 25% 卖出。

电风扇只是季节性产品，仅依靠进口电风扇，我很难获得长久的发展。如果我长期卖别人品牌的货，我只能卖给零售店或者自己摆地摊，虽然目前我获得的收入还不错，但是没有广阔的发展前景。

1984年9月，我已买下并住进郊区一个中高档住宅区的房子，以迎接第一个儿子伟德的出生。

1984年年底，我找到中国驻休斯敦领事馆的商务参赞，告诉他我要去中国买五金工具。他给了我数家进出口公司的通信资料，还强烈向我推荐一家北京的机械进出口公司。我向他道谢后，便拿了资料回家仔细研读。在那时，工具类商品只能从中国机械进出口公司下属的各省市分公司处购买，如果要买小型机械，如砂轮机、台钻等，则要从中国机械设备进出口分公司处购买。

我很向往去北京游览长城、天安门等名胜古迹，因此我先给北京机械公司发了一封电报，随后我又给数家省、市机械分公司发了电报。根据路线和回复情况，我选择访问3家公司：北京机械公司、河南机械公司和上海机械公司。

拿到中国签证，1985年年初我从旧金山飞往北京。北京机械公司派车到机场接我，来接机的是张黔南先生和大学毕业刚分配工作的卫静小姐。

他们带我去长安街离天安门不远的民族饭店住下。一路上我经过中外著名、耳熟能详、在书本中常看到的天安门广场、故宫、人民大会堂等。我有感于中国历史的悠久、中华民族的伟大，我内心的震撼与感动难以言喻。

入住旅馆后，我稍事休整，便前往地处朝阳区的机械公司造访。这家机械公司在一栋4层楼内，没有电梯，房子的装修风格很简单，公司的领导和员工对我都很热忱。我见过李经理和关经理，便去会客室和相关的业务负责人谈业务。经过交谈，我得知北京机械公司工具类商品的到岸价格比美国King Machinery 的还便宜一半左右。北京机械公司的海外客户不多，因此他们也需要发展海外新客户，但他们对我这刚满30岁、看上去还像大学生、第一次踏足中国内地的小伙子信心不大。之后我又和农具科刚毕业参加工作的小焦洽谈购买把斧、小农具等生意。晚上他们请我吃了一顿涮羊肉，我平生从未吃过这么美味的北方菜。

五、创业时期（1983—1990）

第二天，他们开车带我去北京近郊的常营仓库。原来工具厂大都分布在江苏、浙江、辽宁、山东、四川等地，且距城市较远，运输不方便，如果有客户订购新货，往往要等3个月以上的时间。为了方便出口，各分公司都备有一定的存货，以便客户前来订购。我是新客户，因此他们给了我很优惠的现货价格，尤其是断线钳和把斧，我记下所有商品的价格，拿了一些样品。

在常营，我们又吃了一顿涮羊肉。这次来访，最有趣的是看到家家户户用来取暖和烧饭的蜂窝煤，和在露台堆放的冬季蔬菜——大白菜，这让我感觉北京的生活氛围非常浓厚，人们安恬且闲适。

离开北京，我坐飞机前往河南省省会郑州。河南机械公司的库存没有北京机械公司的多，种类也不齐全。砂纸、砂布是河南机械公司的主要产品，可惜我没有这类客户。但这次我认识了刚从华南工学院（如今的华南理工大学）毕业，后来又到洛杉矶创业的李伟明先生，也看了中国的母亲河——黄河！

在郑州短暂停留后，我就飞往上海了。来接我的是上海机械公司工具科的两位老业务员。上海机械公司已有多位美国大客户，如 Great Neck、Olympia 等，因此，他们对我这名不见经传、采购量小、不能帮他们完成出口任务的小客户不太感兴趣。他们给我的价格比另外两家机械公司给我的价格都高。上海机械公司有6件套扳手的库存，业务员报给我的价格是每套1美元，这个价格还算优惠。他们没有带我去看仓库，也没有带我去见总经理，但请我去上海外滩的地标和平饭店吃了一顿地道的上海菜。

在上海停留两天后，我便飞回美国了。这是我首次踏足中国内地，虽然我仅逗留了不到10天，但我看到了中国内地的发展情况，也了解了工具类商品的市场前景如何。这次中国行也使我暗下决心：今后要把全部精力用于进口中国商品方面。

对我人生的影响：

看到经济腾飞前的中国，得知伟大民族的演变历史。

> 他们没有想到我这不起眼的华裔毛头小子能有这么大的能力，而这成为我日后开展中国工具贸易的奠基石。

◎ 创业时期之三：进口工具

虽然我拿到了极为优惠的进口工具的价格，但我还没有大客户，也没有足够大的仓库和财力进口更多的商品。我唯一的机会是拿到休斯敦本地批发进口商的订单，那就只有 Acme Tools 和离我仓库不远、同光实业老板的女婿新开的同光工具（TK Tools）了。

过去两年多，我每个星期都从 Acme Tools 进货，老板杜克先生和我很熟。从中国回来，我把样品准备好，将价格提高了 20%，去见杜克先生。临行前，我发现缺少了台虎钳和大号断线钳的样品，只好把 King 的商品上的牌子涂抹掉，用 King 的商品暂时充当自己的样品。为了证明我说的一切都是真的，我把去中国内地的飞机票、长城的照片都拿给杜克先生看。我请杜克先生从银行给我开出 60 天备用信用证，也就是说，他收到货后再给我付款，这样他就不用担心我交不出货。他同意买 7 万多美元的工具。

我立刻和休斯敦唯一的本地华资银行亚美银行的负责人商量，让他给我开具背对背信用证（Back to Back Letter of Credit）。以前做电风扇生意时，我就通过亚美银行开过信用证。在富有贸易经验的银行家王先生的帮助下，一张 6 万多美元的信用证开给了北京机械公司。

随后，我去找同光工具的林老板。他在休斯敦的公司不大，但他岳父是上市公司同光实业股份有限公司的 CEO。林老板和我相熟，也在我这里预订了 3 万多美元的货物，并支付了 1 万美元作为定金。林老板的订单，再加上我自己的 3 万多美元订单，在另一张 6 万多美元的信用证上开出。

UGS 公司（我的公司，全名为：United General Supply Co., Inc.）开了两张信用证给北京机械公司，总金额是 12 万多美元。我又开了一张 1 万多美元的信用证给上海机械公司，用于购买扳手等工具。12 万多美元的信用证使得北京机械公司的李经理惊讶不已——北京机械公司每年的出口营业额只有 100 多万

五、创业时期（1983—1990）

美元，而且都是出自美国贸易商。他们没有想到我这不起眼的华裔毛头小子能有这么大的能力，而这成为我日后开展中国工具贸易的奠基石。

第一批货到美国后，我将货送给客户，他们都很满意。但那时 Acme Tools 的财务出现了问题，银行不再贷款给他们，同光工具也因股票问题而无法继续经营下去，我只能再找客户了。

同光工具每隔两个星期就会往别的州送货，以往谈话中我得知他们的大批发客户在亚拉巴马州和田纳西州。我也知道 CTT 在密西西比州的大客户是 Wood Sales。我开车 10 小时拜访了 Wood Sales 的负责人伍德先生，他很好客，除了给我订单外，还把别的州数家批发商介绍给我。按照地图，我找到了那些大批发商，他们都是从洛杉矶进货的分销商，非常欢迎我这个能为他们提供物美价廉商品的新供应商到访。我进口的工具一下子全卖掉了。

1985 年 8 月，我第一次参观了在芝加哥举办的全美五金展，认识了山东工具、江苏工具等大出口公司的负责人。他们已有固定的客户，价格不低，而且需要开信用证。我的资金不多，因此我的策略是集中财力向一家公司采购，成为他们的重要客户。这远胜于分散购买，如果分散购买的话，我对各家公司而言都只是无关紧要的小客户。

我进口电风扇在银行开信用证时，需要支付 50% 保证金，其余款项 90 天内付清。后来我生意不错，给银行支付了 10 多万美元信用证的余款，银行就给我一定的优惠，让我可以仅支付 30% 保证金，就可以拿到信用证，其余款项在货到后 90 天内付清。我用 6 万美元本金做生意，一年最多买进 30 多万美元的货，但所赚到的钱只能维持我们一家人的生活开支。想要将生意做大，我就需要中国外贸公司的支持，取得放账的优惠，也就是允许我在货到后 30～60 天内支付货款。

1985 年 8 月底，我回到中国，首站是北京。12 万多美元的信用证，使我成为北京机械公司的重要客户，李经理亲临民族饭店接待我，还请我吃了全聚德烤鸭。我再次订了若干个货柜的工具，我还询问李经理能否给我放账，李经理解释道我要先多下订单，10 月份关经理会带队到华盛顿，参加座谈会和贸易展销会，待他们造访休斯敦后，应该可以给我放账。

那次在中国，我去了山东、浙江、江西等省份的机械公司拜会。我集中资金从北京机械公司购买产品，我去其他公司只是为了结识外销业务员和经理，并顺便下了一些小订单。我对工具方面的业务越来越熟练，结交的出口公司及积累的人脉关系也越来越多。

1985年10月，我到华盛顿参加座谈会和展销会。华盛顿做生意的人少，因此出席的客户不多。会后，我租了车，带第一次到访美国的北京机械公司关经理、老张、小焦等人游览了一些著名景点。我旧地重游，因此驾轻就熟，我还抽时间找到当年收留我睡客厅的郑则勇的五叔叙了旧。

座谈会和展销会结束后，老张和小焦乘飞机来休斯敦探访我，我请他们吃龙虾大餐。在外面餐馆吃了几顿饭之后，我就让岳母在家里做一些家常菜，在家里招待他们。我还带他们参观了很多地方，但我不敢带他们去我那仅有250平方米的仓库，因为那里只有少量的存货。临别我到机场送机，他们才想起忘记去我的仓库参观了，他们本想拍一些照片用来写报告，可是现在只能不了了之了。

回到北京，关经理和李经理正式批准与我合作，并发出第一批10多个货柜的货到休斯敦。这令我又惊又喜——这么大批量的货不知道卖给谁，仓库也放不下，10多个货柜的运费也付不起。幸好运费包括在货款里，付款期限是90天。我只好租下隔壁250平方米的仓库，暂时存放货物。

北京机械公司的货源源不断地发来休斯敦，但我手上只有几个客户。我只有赶快开发新客户，快速把货售出，并汇出到期的货款，预订新的货，才能将生意愈做愈大。到的货只有10多个种类，但每个种类的货数量很多，例如，6英寸钻石牌老虎钳有一个货柜的货量，5英寸的剑鱼牌管子台虎钳有两个货柜的货量。

1986年2月初，大量货到仓库，仅卸货就耗费了一个多星期的时间。500平方米的仓库，只有一边卸货，一边出货，才能勉强放得下这些货。

我正式成为工具进口商了。

对我人生的影响：

"幸运之神"往往眷顾努力不懈的人。

五、创业时期（1983—1990）

> 只有我一个华人进口批发商在美国各州客户间穿梭，虽然很累，但我很有成就感。

◎ 创业时期之四：走遍美国

20世纪，美国很多小镇店家，进货大都依赖附近的批发商，而批发商则从东西两岸的进口商、美国工厂或卖倒店货的公司进货。批发商要的商品种类比较多，我们刚开店，商品种类少，但一般市场上缺少从中国进口的五金工具。我卖的工具，价格比King的便宜20%，比其他渠道的中国货便宜40%~50%。我买的是中国各机械公司的库存商品，这些商品的包装比较简单，不能打上我的公司"Lee Tools"的商标，因此这些商品大都保留原品牌名，如剑鱼牌、钻石牌、铁牛牌，或者没有品牌名。我也趁机告诉批发商，这样他们的客户无法从包装上找到货源，可以保护他们在各自地区的销售渠道。而King的商品上都有"King"的商标，无论大、小零售商，King都会给他们供货，因此不能对大的批发客户形成保护。

拉斯维加斯每年有两次百货展览会，一次是在3月，另一次是在8月。我报名参加3月的展览会，但我报名太迟了，一楼的摊位全满了，我只好在僻静的二楼租了一个小摊位。我的信心打了折扣，我不仅不抱太大希望能找到新客户，还一直担心如何才能把货卖出去。

那是我平生第一次参加百货展览会，我不知道应该提早把货运到会场，直到参展的前几天我才获悉应该这样做，但当时已经晚了。我只好自己带了7大箱沉重的五金工具，如把斧、台虎钳、锤子、大扳手等，打包好用飞机托运。当时航空公司托运行李的制度不健全，我办好登机手续，给了搬运行李的工人20美元，三四百斤重的7大箱行李便全部托运了。我坐在飞机上，还担心飞机是否因过重而不安全。

虽然我的摊位在人气不旺的二楼，但我是全场最便宜的工具进口商，消息不胫而走。一场展览会下来，我接待了十几个大客户，Mill and Mine、Wood Sales、Bobby Smith等批发商都在我这里下了订单。不仅现有的10多个货柜的货悉数卖出，我还接到很多新订单。

我向北京机械公司一次性下了20多个货柜的订单。1986年年中，我到北京时，李经理给予我"英雄式"的接待仪式，我还参加了一场有多位知名人物出席的出口座谈会。我的公司的发展速度太快了，北京机械公司的财力、货源、商品种类和服务等方面，已经不太能满足我的发展需求了，因此我认为有必要多和几家出口公司开展合作。

我用进账的货款买入其他进出口公司的货，和各公司建立关系，继而要求他们给我放账的优惠。我先后和江西机械公司、湖北机械公司、上海设备公司、山东机械公司、河南机械公司、辽宁机械公司等建立了合作关系，渐渐地，各公司对我有了信心，开始给我放账，我和他们的生意亦愈做愈大。

在和更多公司建立合作关系的同时，我在美国各州马不停蹄地寻找客户，向他们推销工具。美国东南部的批发商很分散，彼此距离十几千米到二三百千米不等，我每天最多只能拜访两三个客户。我聘请了两位推销员阿尔莱和蒂米，他们和我一同拜访客户。平常我不在时，他们负责接订单，再给我传真过来，然后公司会发货给客户。

我曾到亚拉巴马州弗洛伦斯市卖货给一位名叫安德森的烟花和杂货批发商，他也批发工具。而他正是多年前我开餐馆时偶遇的那位香港烟花爆竹出口商马先生的客户，当年马先生提起过他。真是无巧不成书。

美国东南部的客户对便宜工具的需求很大，他们担心我不给他们发货，因此付款都比较准时。他们经常会打电话下订单，但是这些客户都要看到新的货，而且想要最优惠的价格，因此我每两三个月便开车去拜访他们一次。洛杉矶的进口商老板都守株待兔，他们不会离家半个月、不辞辛劳地开车去各个州拜访客户，也不会每天把样品搬来搬去好几次向客户展示。只有我一个华人进口批发商在美国各州客户间穿梭，虽然很累，但我很有成就感。

二弟大学毕业后在AMD做电子芯片工程师，晚上修硕士课程。他获知我去中国做生意后，他也很想学做生意，1987年他来休斯敦投奔我。我们经常到中国出差，也一同去美国各地参加展览会。当时重要的展销会有5个：1月芝加哥的O'hare EXPO，3月和8月拉斯维加斯的ASD消费品展览会，3月的芝加哥家庭用品展览会，8月的芝加哥工具展。我们一年至少去3次芝加哥，大

五、创业时期（1983—1990）

都是开车去，沿路拜访客户，最多时我一年开了八九万公里的路程。除了美国西北部的那几个州我们不去，我们的足迹遍布美国40多个州，生意也蒸蒸日上。

1988年年初，我的公司的年销售额已300多万美元，仓库面积为3000平方米，公司员工有10多个。

为了方便携带样品沿途拜访客户、参加展销会以及停在休息区小憩，我特意买了一辆二手加高加长的GMC豪华商务车。我可在车内来回走动，车内有地毯、电视，车后部还有1个大沙发，中间有1张桌子和4个可躺下的座椅。车尾还有可带拖车的拖车球。

1988年3月，为了参加芝加哥家庭用品展览会和相隔5天的拉斯维加斯ASD消费品展览会，以及招待北京机械公司业务人员的到访，我和二弟开车带着北京的小焦和老张，车后拖着满载工具样品的拖车，从休斯敦出发，北上芝加哥。会后我们马不停蹄地赶往拉斯维加斯，辗转大峡谷，再回休斯敦，中途还拜访数个客户，两个星期我开车行驶了1万公里。在科罗拉多州的大章克申，我开车带着载重的拖车行驶在陡斜的山路上，由于不断刹车，刹车片都冒烟了。我每开10多公里就要停下，去路边加油站给轮胎喷水降温。

在1988年秋芝加哥的展览会上，我们遇到一家乡下五金店，五金店的店主说他们的大锤子是在阿肯色州的鲍曼手柄工厂买的。那时没有互联网，回程我们路过阿肯色州，便到较大的五金店去问他们的货源，问了好几家才得到工厂的电话和地址。工厂所在的贝茨维尔市太小了，我们在地图上找了半天才找到。我们开车找到工厂时已是傍晚，幸好鲍曼先生就住在工厂后面。晚上我和他谈到10点多，经过样品测试，鲍曼买下我们比他现货便宜25%的山东日照锤头，装上他们工厂做的胡桃木柄出售。

鲍曼定期开卡车到各家五金店和乡村商店推销并送货，所以他也可以兼售我们别的工具。我们在休斯敦可以买鲍曼手柄工厂生产的美国木柄，装在我们的锤头上售出，这样可谓实现了双赢。于是鲍曼手柄工厂就成为我们公司的忠实客户，我们如今还保持着合作关系。鲍曼先生和他的儿子雷伊是很典型的美国乡下人，他们穿蓝色牛仔裤，说着带有美国南部口音的英语，只吃汉堡包和牛排。

鲍曼手柄工厂

在佐治亚州，我们还找到专门做拍卖品批发生意的鲍勃。除了做批发生意外，他自己开的拍卖行每两周举办一次拍卖会。每星期有4天，他自己开重型卡车去附近城镇的拍卖行卖货。他每两个月从我们公司购买一个货柜的工具。

在伊利诺伊州，我还卖货给拥有30多辆卡车，专门开车到各个小镇做卡车工具大甩卖生意的Continental公司。我还找到专门收购倒店货的批发、零售店，如缅因州的Mardens、内布拉斯加州奥马哈的Omaha Tools等，向他们推销我的商品。

我还飞去洛杉矶，把从中国进口的货物卖给两位工具进口商。我在美国东奔西跑，客户遍布40多个州，公司的营业额越来越多，我需要进口的货物也越来越多。1989年，我们公司的年销售额约700万美元。

对我人生的影响：

努力寻客，行万里路，卖万吨货。

五、创业时期（1983—1990）

> 我最怕睡上铺，因为车厢内没有空调，很多人因为太热无法入睡，便一直在谈话、抽烟。所有的烟都往上飘，上铺的我无法呼吸。

◎ 创业时期之五：中国内地见闻

20世纪80年代中期，中国内地大部分人都穿蓝色衣服。女士大多穿蓝色长裙，并搭配长筒丝袜，男士则穿白衬衫、西裤。

那时，人们到饭店吃饭，一律要用地方或全国粮票。通常我会给进出口公司的经理和业务员们带一些手信，如免税烟酒、巧克力等，以换取他们的粮票。我口袋里经常有一斤半的全国粮票，在北京买面食则需要用面票。猪肉供应充足，不需要凭肉票购买。

1986年年底，北京电讯钳厂通过我购买了一台美国制AMPAK Skin Packaging吸塑包装机。因为清关问题，我在北京等了近两个星期。

电讯钳厂买的是4000多美元的机器，机器送到北京，他们需要人翻译和解释如何操作。工厂付不起民族饭店50多美元一晚的房费，给我安排了附近的小旅馆。那是一间四人房，我和3个陌生人合住。房内除了4张单人床外，没有衣柜可以存放衣物。

那时是初春，天气还比较冷，房间里有暖气，但没有独立的卫生间和洗澡的地方。每天晚上我们都要排队用暖壶打两壶热水，然后将热水倒在搪瓷脸盆里兑上冷水冲身，再用自己带的毛巾擦干身体。同房的其中一人是来北京照顾工友，他的工友在北京住院，工厂特地派他过来陪同。他每天早上9点去医院照顾病人，下午5点回旅馆。另外两位房客随来随走，不固定。

房费每天只要4元多人民币。只有旅馆的管理员才有房间钥匙，我的衣物从未丢失过。工厂借给我一辆自行车，我早上去工厂一趟，下午便到处闲逛。我不仅游览了天坛、地坛、什刹海、颐和园、故宫等名胜古迹，还去各个小胡同里闲逛，和那些北京大爷、大妈闲聊，我也因此体验了中国普通百姓的生活。最让我受不了的是旅馆房间内的每个人都抽烟，每晚我都要等他们都睡着了我才能入睡！

我用美元换的代用券，可以买到友谊商店的进口商品，包括电冰箱、电视机等。我用外国护照加代用券，可以买到火车卧铺票、飞机票及入住星级旅社。但是火车卧铺票和飞机票有限，很多时候我用代用券也买不到。

有一次，我临时从江西南昌坐火车前往湖北武汉，在向塘火车站我只能买到站票。车上的人非常多，我拿着两个行李挤不上火车，只能请江西机械公司的两位外销员朋友帮忙，我先从窗口爬进车厢，他们再把行李从窗口递给我。开车后一小时，我好不容易挤到列车员那里补卧铺票，但卧铺票已全部补售完毕。

还有一次，我从西安坐火车到郑州，时值隆冬，天降大雪，温度只有零下十几摄氏度，软卧车厢暖气坏了，我把带着的所有衣服都穿上，还是觉得冷，后来我便感冒了。

我曾多次坐火车从北京经武汉到广州，参加每年的春交会和秋交会。机票和软卧票都很难买到，我往往只能买到硬卧的中铺或上铺。我最怕睡上铺，因为车厢内没有空调，很多人因为太热无法入睡，便一直在谈话、抽烟。所有的烟都往上飘，上铺的我无法呼吸。每隔10多分钟，我便要爬下床去透一下气才能再回去睡，一个晚上我能睡三四个小时已经不错了。冬天软、硬座车厢内，更是烟雾弥漫，我站在车厢尾部看不到车厢前部。

在火车上的很多时间，我都在餐车度过，火车餐厅的菜品虽然有限，但全是厨师在车上现炒出来的，味道还不错。餐车客人不多，我可以在那里看书、休息。虽然餐车上的饭不需要用粮票购买，但价格是街上餐馆中的数倍，大多数旅客都吃不起。

凡持有护照或回乡证的外宾，在国内买机票都有优先权。但很多时候买到机票，我也不一定能拿到登机牌，因为航空公司往往会超售飞机票。因此，一听到广播宣布可以换登机牌，大家都拿着机票冲上去排队，以免上不了飞机。

有一次，我从南宁坐飞机去上海，航班因天气延误了，大家都在候机室苦苦等待了十几小时。广播宣布旅客可以去2号柜台换登机牌时，大家一窝蜂地挤到柜台前。我和刚认识的华侨王先生相谈甚欢，忘记了排队，眼看要排到队伍最末尾，甚至可能上不了飞机。这时王先生看航空公司的柜台工作人员尚未到来，便请我看好行李，他走上柜台宣布：持护照的排2号柜台，持国内身份

五、创业时期（1983—1990）

证的排 1 号柜台。话音刚落，一大群人便争先恐后地拥往 1 号柜台，我们就很从容地变成 2 号柜台前的第一位和第二位客人。

当航空公司的服务员出现在 2 号柜台为旅客办理登机手续时，大家又一窝蜂地回到 2 号柜台。王先生说这招很管用，他以前被别人愚弄多次了，这使我啼笑皆非。

我经常搭乘运 –7 飞机、伊留申客机和三叉戟客机，在能见度不好的情况下，飞机经常不起飞。有一次我从山东青岛去辽宁大连，由于天气原因，我在青岛的流亭旧机场足足等了两天，飞机才飞到海对岸的大连。如果坐船的话，一夜就到了。

每到一个新的城市，我都趁机参观当地的著名景点，我去了四川的杜甫草堂、乐山大佛，江西的庐山，浙江的雁荡山等。我还在三峡水坝建成前，坐江轮从重庆穿过雄伟的长江三峡到达武汉。我也曾乘船经京杭大运河由杭州到南京，参观了南京的中山陵。中国内地的治安很好，我从来没有被盗取过财物。

中国的所有城市中，我最喜欢的是杭州。我小时候父亲曾买过一幅西湖刺绣画挂在家中，告诉我们将来他退休后的第一件事就是去杭州看西湖，但他在 1987 年退休 3 个月后便因癌症而长逝。杭州的公路四通八达，距离上海只有 170 多公里，杭州还有很多到全国及世界各地的航线。杭州既有大城市的优势，亦有旅游城市的特色，这也是后来我选择在杭州设立中国办事处的原因之一。

在那时，外贸公司是外贸工厂出口和采购唯一的渠道。每次外贸公司的销售员陪我到工厂，厂长和厂里员工都会热情招待我。我第一次和江西外贸公司的业务员去江西九江湖口把斧厂，厂长和 10 位工厂领导轮流向我敬酒，那晚我喝了 20 多杯白酒，足足醉了 1 天。

那时，吃饭、喝酒是人们为数不多的娱乐活动。很多时候，我们从中午便开始吃饭、喝酒。下午我回旅馆休息一会儿，晚上又要接着喝酒，这让我难以应对。有段时间，我一直觉得很累，回到美国经医生检查，发现我的肝已肿大。如果我继续这样喝酒，可能会导致肝硬化，更严重的甚至会得肝癌。这吓得我魂不附体，我再也不敢乱喝酒了。

> 对我人生的影响：
>
> 我怀念这种有人情味、慢节奏的社会生活。

> 他们一家人从危地马拉坐飞机到休斯敦，再在休斯敦买一辆旧的面包车，装满货开回危地马拉。

◎ 创业时期之六：中美洲开店

休斯敦是美国南部最大的城市，是通往墨西哥、中美洲的大门，休斯敦港口是美国吞吐量第二大的港口。墨西哥、中美洲的批发商需要大量的中国工具，他们不辞辛劳，开车或坐飞机来美国进货，再带回去卖。

每个星期都有很多墨西哥、中美洲的客户来我们店里购买五金工具，我们用货柜将大客户需要的货物装起来，这样便于运输。从公司创立时便为我们工作的丁小姐，专门负责给美墨边境的美国客户推销商品。在墨西哥的蒙特雷，我们发展了一个客户，他每个星期都购买一两个货柜的货物，我们答应他不再卖货给墨西哥城外的其他大客户。

那时墨西哥规定每人每次入境墨西哥只可携带 250 美元的免税货品。一位危地马拉的客户 A，每两个月从我们公司购买五六千美元的货。他们一家人从危地马拉坐飞机到休斯敦，再在休斯敦买一辆旧的面包车，装满货开回危地马拉。他说危地马拉的工具批发价格很高，是美国市场批发价格的两倍，我觉得他们人不错，也想看看墨西哥和危地马拉工具市场的发展前景如何，或许有机会可以和他们合作，便决定坐他们的车去危地马拉实地考察一番。

1988 年年初，A 一家三口从危地马拉坐飞机到休斯敦，住在他们的亲戚家。其后他们买了两辆车龄 10 年左右的道奇面包车，再向我购买了 5000 多美元的五金工具。货很重，有台虎钳、千斤顶等。临行前他买了 10 多个旧车胎、部

五、创业时期（1983—1990）

分汽车零件、睡袋、修车工具等。他开一辆车，我坐他旁边，他儿子 J 开另一辆车，他太太坐在那辆车的副驾驶位。做好一切准备后，我们便朝美墨边境的麦卡伦出发。

进入墨西哥，我们过了边境关卡。开了十几公里，又过了另一个关卡。晚上我们在坦皮科的一家普通旅馆住宿，两个房间仅需 10 美元。第二天，我们向着墨西哥港口城市韦拉克鲁斯前进。

路况不佳，车载过重，我们的车先后爆了 3 个轮胎，我们只好停在路边换轮胎。快到韦拉克鲁斯时，我坐的车水箱漏水。但那时天已黑了，我们只好找了路旁一家破旧的修车店修理。这家店总共只有 4 个电灯泡，1 个在店的前面，1 个在店后面的修理部，另两个则放在店主口袋内，哪里要照明，他就把灯泡安在哪里。店面和后面修理厂有一段距离，我们一边走，他一边取出并装上灯泡。

花了两三小时，水箱才修好。我们到韦拉克鲁斯时，已是晚上 10 点多，还遇上大雨，所有餐馆都已关门，我们只好在路边摊买 Taco（玉米饼卷肉）吃。因为生意好，餐碟不够用，老板用上一位客人吃剩的饼把客人用过的碟子擦干净，就给下一位客人奉上 Taco。雨很大，Taco 的酱料中混入不少雨水，虽然我觉得这不卫生，但饥寒之下，也只好吃进去。A 为了省钱，在附近海滩租了两个车位。把车子停妥、车上的货物摆放平整后，我们四人钻入睡袋睡在货物上面。白天太累了，因此我们都睡得很好。第二天早上，我们去公共厕所洗冷水澡。

A 说在车上睡觉既省钱又可以看货，一举两得。A 还说昨天晚上太辛苦了，他要享受一下海浴、吃一顿海鲜再走。我们上午便在海里游泳、晒太阳，冲身后，我们去往附近一家用棕榈叶搭成的简陋餐馆用餐。我们每个人都点了一条大的珊瑚鱼，4 条鱼加上饭、饮料等，只需 5 美元，这实在太便宜了。

我们开车经过一段沙漠，到墨西哥东南部恰帕斯州的一个小镇时，车胎又爆了。附近刚好有一家轮胎店，换轮胎只花费了 0.25 美元。下午我们在路旁一位农人开的农家乐吃饭。这家农家乐在碎石路旁摆了两张桌子，撑上太阳伞，我们每人花费 0.75 美元即可吃到牛排套餐。我们吃饭，鸡在桌子下面吃我们漏掉的食物，狗摇着尾巴坐在旁边等着吃骨头。这顿饭所有的食物没有一点浪费。

恰帕斯州的人大多喜欢穿颜色鲜艳的服饰，他们世世代代居住在山区。他们在山上种植咖啡等农作物，过着非常简朴的生活。

晚上我们将车停在路旁的加油站里，睡在货物上度过一夜。第二天一早我们继续上路，不久便到了墨西哥至危地马拉泛美公路的边防站，进入了危地马拉。两国以河为界，我们过桥入关。

车上的货价值 5000 多美元，A 却只报 2000 多美元，危地马拉的海关人员不相信，要等候审批才放行。A 不知道要等多久，所以安排我坐上在边境拉人拉货回危地马拉市的皮卡车，我就和几位陌生人同坐在皮卡车车斗内。车子中途停了几次，我买了椰子来解渴、充饥，还上了厕所。我不会说西班牙语，幸好沿路的治安还好，我坐了 7 个多小时的车，平安抵达危地马拉市第十区 A 的家里，他的大儿子在家等我。A 一家三口和两辆车深夜才回到家。

危地马拉工具批发价格果然是美国市场批发价格的两倍。如果从中国直接发货，便可赚得更多，因此我决定在市中心批发区找一家店做工具批发生意。我在第三区租到一个 300 多平方米的店面与仓库，我认为可以先从休斯敦往这里发一个货柜的货，派一个雇员过来试试，于是我和 A 商量成立一家合伙公司。

回到休斯敦，我筹备了半个月便发出了第一批货。1 个月后，货柜一到危地马拉，我们的店便正式开业了。我从休斯敦派去一位在墨西哥出生的雇员帮忙，我们的生意十分兴隆，于是我打算往危地马拉发出第二个货柜。正在这时，我的雇员给我说他因为水土不服不想在危地马拉久留。同时，新公司的资金和货物常常丢失，细查之下，是危地马拉客户兼股东的 A 在账目上动了手脚。虽然我知道问题所在，但我没有时间亲自照料这个店。

于是在开店两个多月后，我就决定把危地马拉的店关了。

我把剩余的货寄给墨西哥的一位客户。本来我想在墨西哥开一家分店，但我想到墨西哥有一位每年采购一两百万美元货物的大客户，我不想冲击他的生意和他产生竞争，于是我便打消了这个念头。无论如何，这次 3000 多公里的旅程和开店的经历，给我日后去南美洲发展提供了一次宝贵的热身机会。

五、创业时期（1983—1990）

> **对我人生的影响：**
>
> 失败是成功之母，这为我日后在南美洲成功开店奠定了基石。

> 我在各个城市之间辛苦奔波，每天拜访 10 多个客户。

◎ 创业时期之七：新市场，新尝试

从 1986 年开始，我们的中国工具从国内各进出口公司大量涌入休斯敦，我需要扩大业务规模。除了将货物卖给迈阿密的老朋友黄先生外，我听说加勒比海地区存在广阔的市场，利润很高，于是我也想直接和那里的客户做生意。我的首选是波多黎各，这里是美国属地，人们说英语，文化和做生意的方式都和美国相似。他们买了货也转销给加勒比海其他岛屿，货物的销量颇大。

这年夏天，我和怀着第二胎的太太拜访迈阿密的黄先生后，租了车去佛罗里达南部的基拉戈岛游览和浮潜。下午我们从 1 号公路返回迈阿密，看到路边的麦当劳，天气炎热，太太想吃冰淇淋，我也想喝可乐提神，于是我把车停在麦当劳店后背阴的停车位上。太太拿了 5 美元去买吃的，我摇下前窗放倒座椅躺下休息了一会儿。

第二天，我飞往波多黎各，拿到了很多订单。陆续有多家中国进出口公司在洛杉矶设立了办事处，也放账给各家进口商。我们面对的竞争越来越大，存货也越来越多，而利润在减少。还有一些不守信用的公司一开始便计划好要赖账，以 CF 公司为代表——他们的售价是我的成本价的 80% 左右，这使得我不得不从该公司进货，再转卖给我的客户。因为包装箱上都印有 CF 的品牌名，所以后来一部分客户就直接找 CF 公司购买货物了。我们不得不降价出售货物，这样不仅损失了利润，还损失了一部分客户。CF 公司低价销售商品 1 年多，最终因欠 5 家中国进出口公司 2000 多万美元的货款，而宣布倒闭。

在没有网络的年代，五金工具的零售利润很高。五金工具经过进口商、批发商和零售商等中间商，最后的零售价通常是货品到岸价的 3.5 ~ 4 倍。我也曾想过开一家零售连锁店，但租店面的开支很大，还会和我们现有的客户产生竞争，影响批发生意，我思来想去不知该如何做。

我们公司的丁小姐离职了，她打算自己做玩具批发生意。俗话说"别人的总是好的"，太太也想了解玩具的市场前景如何，便从香港万利玩具有限公司（Manny Toy）进了 20 多个货柜的货。那时进口的商品都卖得很好，但我们没有任何出售玩具的经验，连基本的客户都没有。这可把我折腾惨了。以前我每隔两三个月去美国东南部推销一次五金工具，这么多的玩具存货，逼得我几乎每隔两个星期便开 6 小时车去美国东南部推销。我在各个城市之间辛苦奔波，每天拜访 10 多客户。美国东南部的主要城市间有 300 公里之遥，往往需要三天时间，我才能跑遍那些城市。

卖玩具时，我辛苦工作了半年，很是劳累。我们还有好几个货柜的玩具卖不出去，最后只能半价出售。过后我们算了一次账，我们没有从玩具生意中赚到一分钱。这可谓劳民伤财，我暗自决定此后再也不做不熟悉的生意了！

第二年春天，我们萌生念头，想要做成本不大的"卡车大卖"。

五金工具在小镇卖得很贵。当时没有网购，小镇居民要么在当地昂贵的五金店购买工具，要么开车 1 小时以上进城，从 Builder Square、家得宝等大连锁店购买。卡车大卖，则是批发商从各进口商处进货，由 4 人开 1 辆皮卡、1 辆 53 英尺的货柜车，到各地小镇卖货。在大卖开始之前，批发商都会在地方的报纸上刊登广告，表明将要售卖的工具、价格、时间、地点等信息。"卡车大卖"大多在周末两天举行，地点一般为酒店、私人会所、会议厅等。乡下租这些较大型场地的人不多，因此租金很便宜，400 美元 1 天已是天价了。会议厅已装修好，有冷暖气，只需布置一下便可使用，非常划算。但缺点是展销场地和停车场间有一段距离，没有叉车，人工搬运货物很辛苦。每次展销会的销售额约有 1 万美元，净利润 3000 多美元。我熟悉的 3 家"卡车大卖"公司的生意都很不错，他们常常从我这里进货。

我想尝试着做这个利润高而成本不高的生意。除了我自有的货外，我还从 CTT、Buffalo 处购进许多不同种类的货。我选择距休斯敦 160 多公里，有着 10

五、创业时期（1983—1990）

万人口的博蒙特市作为试金石。我租了一家旅店的会议室作为卖场，并在当地报纸刊登广告，随报纸发出 1 万多份彩色传单。

我和二弟租了一辆 U-HAUL 货车去布置展会。中途货车水温升高，车头冒烟了，原来是水箱的水管破了。车子抛锚在路旁，我们走路到 2 公里外的加油站，打公共电话找人来修理。路旁没有路灯，我们打着手电筒走在车流量很大的 10 号州际高速公路上，甚是危险。

我们打完电话，又回到车上等人来修理。车内非常闷热，水箱没水，我们不敢开空调，于是便打开车窗。蚊子非常多，我和二弟被蚊子叮咬了很多包，但我们也只能忍受。3 小时后，救援车到了，车子修好后我们继续开往酒店，第二天才开始布置展会。

尽管我们在地方报纸上刊登了广告，还附上大量传单，但人流和销售额还是不大理想。后来我们从客户口中得知，原来大半个月前印第安纳州的 Homier 已经来此地做过"卡车大卖"了，而且是在同一个地点，也是在同一家报纸上刊登广告，售卖的商品也和我们的商品类似。我只怪自己事前没有调查清楚。

扣除开支后，我们劳师动众只赚得数百美元净利润，最后还剩下大量存货，这种生意真是不值得做。于是我们只做了这一次便罢休了，之后我们又去寻找其他的发展途径了。

对我人生的影响：

在人生路上，我们要敢于不断尝试。

> 我最大的损失是没有抓住机会买下土地，在中国建设工厂。

◎创业时期之八：锤子工厂

我的二弟锦昌来休斯敦，随我拜访各位客户，又和我一起到中国看过各家工具厂。当时美国市场上刚开始流行玻璃纤维手柄的锤子等打击工具，好奇心驱使，我们拜访了密苏里州一家专做玻璃纤维拉挤成型的工厂和加利福尼亚州洛杉矶的 Nupla 公司。两家工厂的生意都非常好，锤头是美国和中国生产的，但都打上"Made in USA"（美国制造）的标签——美国法律规定，产品超过 50% 的部分在美国生产，就可以算作"美国制造"。

我认为，新兴的玻璃纤维柄锤子会在美国市场逐渐地取代木柄锤子。当时市场上的主流产品大多来自美国、中国，中国的玻璃纤维柄锤子价格最低，品质也有保障。我们计划用中国锤头、美国锤柄来生产锤子，以略高的价格，把"美国制造"的锤子销往全美。

一位贸易商介绍我认识了中国一家锤子厂的负责人——何先生。何先生经营的这家工厂专门生产玻璃纤维手柄。他是工人出身，文化程度有限，但他非常勤奋、好学，他在一家工厂当工人时学会如何制造玻璃纤维手柄。我们从何先生那里购买了技术和机器，然后我和弟弟在美国以各占一半的股份成立了公司 United Manufacturing, Inc.(UMI)。

1988 年，我和弟弟在中国逗留了一个多星期。他原本就是化工工程师，因此他很快便学会了技术。我们用模具生产 16 英寸（约 0.41 米）、18 英寸（约 0.46 米）的手柄，用于 1—2 斤的锤子，我们用拉挤成型技术生产 36 英寸（约 0.91 米）的玻璃纤维手柄，装上 5—18 斤的大锤头。我们买了一台射出成型机，生产出一种使用起来很舒适的塑胶手柄。

我们选中两家中国的锤头工厂，打算和它们开展合作。我们从山东日照工厂购买 1—2 斤重的小锤头，从浙江瑞安锤子工厂购买 2—27 斤的大锤头。两家锤子工厂的产品质量都不错，但也存在一个问题：锤头锻打后，安装锤柄的孔靠手工冲打，孔位时有偏差，要加以筛选，但我们并不能挑出全部瑕疵件。

生产手柄的机器于 1988 年年底运到美国，我们在公司附近租了一个 300 平方米的仓库。公司的客户都是批发商，但产品不是卖给 Builders Square、Home Depot 等全美连锁店，也不是卖给 ACE 等加盟连锁店，因此客户给出的价格不高。

虽然产品是"美国制造"，但锤头的孔不准导致手柄安装时有偏差，有时工人滴的胶水过多，会滴到其他部位，影响了产品美观。16 oz 锤子原本定价 2.5 美元，经过批发商的压价，最终只能以 1 美元 8 美分的价格售出。

开一家工厂是非同小可的事。麻雀虽小，五脏俱全——从安装机器、购买原料、调制配方、聘请工人、试生产，我们足足忙了 1 个多月，最后经消防局查验通过，工厂才正式投入生产。谁知那时，市场中出现了一款偷工减料的锤子：用射出塑胶柄和铸铁锤头。锤柄用力敲打数次便会断裂，锤头也会生锈，批发价格低至 1 美元以下。这对市场的冲击很大，我们的锤子批发价格一度跌到 1 美元 5 美分，在这个价格下，我们已经亏本！

大锤头的情况略好，但我们的挤塑机生产速度太慢，每天开工 8~10 小时仍无法满足需求。锤头仍时有孔位偏差，有些锤柄偏了，我们便只能将锤子低价出售。计算成本时，我才发现人工成本太高，商品的售价太低，工厂根本不赚钱。

20 世纪 80 年代后期，石油价格一直下跌，因此休斯敦人口锐减，房地产行业也不景气，Harwin 批发街上有一半的房子出售。1989 年，有一幢 9000 平方米的房子要出让。房主已破产，我们只支付了 10% 的首付款，以 250 万美元购得了这幢房子，这里成为公司的新址。我们用 1500 平方米作为批发、零售部，楼上是办公室，另外的 7000 多平方米是仓库。这幢楼一直使用至今。

挤塑工厂也随我们搬入新址而迁到仓库后面，厂房和办公室约占 500 平方米。虽然当时工厂不赚钱，但我们还是对未来满怀希望。

1989年买进的公司现址

浙江瑞安工厂的厂长曾表示要和我们合作生产玻璃纤维柄锤子。那时中国的土地还很便宜，只有三四万元一亩，我买下30多亩地应该没有问题。但一方面我不想弟弟和我相隔甚远，另一方面我又怕技术外流，最终我还是放弃了这个机会。

1990年年初，第一批中国制造的玻璃纤维柄锤子在广交会出现，我们如梦初醒，知道在中国开工厂的机会更加渺茫了，UMI的发展前景并不乐观！

但我们还是获得了一个机会。美国的Estwing（ES）锤子工厂找到UMI生产玻璃纤维柄。ES提供美制锤头，UMI生产玻璃纤维柄，安装、包装好之后，再将锤子运回ES工厂。每支锤子UMI收取1.2美元的费用，ES派工程师来检验质量，非常严格。他们开发了3款新的玻璃纤维柄锤子，最初的订单数量不大，但ES保证日后产品会销售到美国各大连锁店。虽然每个月有五六千支锤子的订单，但UMI还是处于保本状态。

努力了两年多，新公司却没有赚到钱。有一天，二弟对我说，在加利福尼亚州圣何塞有一份很好的半导体工程师工作，他必须在一个月内离开。我很舍不得二弟离开，但那时我们的工厂效益不好，我尊重他的选择！

五、创业时期（1983—1990）

我只好和一位墨西哥客户商量，由他派人来休斯敦学习，把工厂迁往墨西哥蒙特雷，以节省人工成本。而我们给 ES 交付了几批货后，对方因质量问题要求退货，而且以后也不再订货了。我们就这样失去了 ES 这个大客户，现在想起来还是有一点可惜。

这件事给了我一个很大的教训。除了损失 20 多万美元和时间外，我最大的损失是没有抓住机会买下土地，在中国建设工厂。如今那块土地已价值 400 万元以上一亩。当时在中国内地开办工厂的人工成本、建筑成本都很低，还有 5 年免税期。而我们有固定的客户和销售渠道，在产品销售方面没有问题，那时天时、地利皆有，只是我做出了错误的决定。痛失良机，引以为鉴！

> **对我人生的影响：**
>
> 逆水行舟，必败！

> **创业铭记：**
>
> 创业固然要冒风险，我在不同市场中披荆斩棘，不断扩大商业版图。

六、进军南美洲（1991—1995）

> 阿根廷是南美洲第二大国，有 3000 多万人口，如今放开了对进出口的限制，必然有很大的市场发展空间。

◎ 进军南美洲之一：问路新市场

1989 年，我们的销售总额超过 1000 万美元，客户基本上固定了，公司的制度也建立起来了。公司中有负责内外部业务的销售员，我不用再频繁拜访客户了。那时公司有 20 多位员工，会计由妻弟的太太担任，妻弟在公司担任仓库主管并随我拜访客户。

公司刚成立时，我看到什么货便宜，便会买下，结果错误频出。现在改由公司采购部用电脑下订单，下单前都要通过程序审核，价格很优惠时，采购部的员工才会立刻下订单。这个改变，使我有时间去发展新的市场和客户。

我请了外援 Jack 给我们做市场拓展，他是美国 Handy Dan 公司的采购经理，该公司拥有 100 多家大型家庭装修连锁店。我和他参加了在迪拜举行的产品展销会。"美国制造"的五金工具尚未普及中东市场，我和美国工厂说好做他们的代理，把货销往中东。

迪拜港是中东大港之一，港口停泊了许多 500 吨级的货船。这些船驶往很多国家和地区，日夜无休。货船所载货物以日用品、礼品、轻工纺织产品为主，特征是体积小、价值高、利润高。而五金工具类货物较为笨重，且价值不高，因此销量不大。批发街上有许多移民开的批发店，竞争很激烈。如果客户要的货店内没有，客户只需稍等一会儿，店员便会从别的店调货过来。客户只

六、进军南美洲（1991—1995）

需多支付 1% 的费用，店主便会把货送往指定地点。迪拜港的货物吞吐量很大，多以中国货为主。

在为期两日的展销会上，我们一共卖出了 9 个货柜的货物。7 个货柜的货物卖给了一位沙特阿拉伯的客户，另外两个货柜的货物卖给了一位本地零售商。展销会令我大开眼界，我看到世界各地都在开放，因此我们的市场不一定局限在美国。

1989 年，中国出口贸易发展缓慢。出口贸易的付款方式变得更加灵活，很多公司给我们公司放账。美国是中南美市场的门户，听说我要开辟南美洲的新市场，各公司的老板都表示全力支持，鼓励我在中南美洲开展业务。

经朋友介绍，我认识了一位进口商陈先生，他在智利北部港口城市伊基克的保税区内开了一家店，卖进口礼品和玩具。他说他在当地的生意很好，他在我这里购买了一个货柜的五金工具，并邀请我到伊基克参观。

1990 年夏，我和公司的一位同事去南美洲，做了一次全面的市场调查。秘鲁的利马市是我们的第一站，我们从休斯敦直飞那里。

第二站是智利首都圣地亚哥。智利国土狭长，海岸线从北到南有 4000 千米，港口很多，人口分散，运费很贵。北边的伊基克是通往玻利维亚和秘鲁的门户，在那里有做生意的机遇。

第三站我们去了巴拉圭，这里的人均月收入约为 100 美元。巴拉圭是内陆国，没有港口，因此货物只能经由巴西港口转入巴拉圭。巴拉圭在巴西、阿根廷和巴拉圭三国交界处设立了一个自由免税港——东方市。白天，东方市的大街上和购物中心处处都停泊着来自巴西的旅游大巴和私家车。街上那些店铺的面积大多不超过 100 平方米，但是店铺后面往往都有数百平方米甚至数千平方米的仓库。这些店铺的利润高，货物交易量也大。

我认识了一对来自香港、做进口电动玩具批发生意的夫妇，对我这个从美国过来的香港人来说，也算是"他乡遇故知"。他们很热情地招待我，告诉我他们的生意非常好。我也发现巴西这南美洲面积最大、人口最多的国家消费能力很强，一旦开放，市场是非常广阔的。

看过 3 个国家后，综合多种因素，我内心更倾向于在智利开拓市场。之后，我又只身前往伊基克了解市场状况。

伊基克位于智利北部，靠近北边的秘鲁、东北边的玻利维亚和东南边的阿根廷。在伊基克，所有进口到保税区的货物都不用支付关税和19%的营业税，只需支付少量捐税（以"捐"为名目的税收）和一些其他费用。秘鲁、玻利维亚和阿根廷在那时还未开放进口，关税在20%以上，贸易商还要缴纳各种其他的税收。

在伊基克租一个仓库的费用不是很高，这很吸引我。但是我在美国的生意规模比较大，开辟一个新的市场我往往慎之又慎，唯恐"牵一发而动全身"。调查之后我发现，伊基克周围国家对进出口控制比较严格，伊基克的进口渠道有限。再者，在伊基克，所有商家都只是守株待兔地等着客户上门，而不主动寻找客户，也不向客户介绍、推销新品，这样一来，如果商家进错了货，那么就很难卖出。因此，综合考虑多方面因素之后，我认为伊基克现有的经济模式与我们公司的发展策略不是很符合，于是我便打消了在伊基克设立分部的想法。

有一位贸易商进口了一批旧车，计划改装后出售，他邀请我入股。我对卖车的生意了解不多，秉持着"不熟悉的生意不做"的原则，我拒绝了他。听说后来因为秘鲁经济好转，这笔售卖旧车的生意让他获利颇丰。

我在伊基克时听到了阿根廷实施对外开放政策的消息。有很多阿根廷人到伊基克的保税区整货柜地买货，进口商看到阿根廷买家都眉飞色舞。那时我认识了一位新朋友，他介绍我去阿根廷首都批发区，那里有他一位开礼物店的亲戚曾先生。

阿根廷实施对外开放政策对我来说是天大的喜讯。因为阿根廷是南美洲第二大国，有3000多万人口，如今放开了对进出口的限制，必然有很大的市场发展空间。因此，第3天我便离开智利飞往阿根廷的首都布宜诺斯艾利斯。

对我人生的影响：

时时刻刻寻找机会的我，把握一切可能的时机，到异地寻求商机。

六、进军南美洲（1991—1995）

> 那些警察说我们阻碍交通，不允许我们卸货，罚了我们50美元。

◎ 进军南美洲之二：阿根廷开店

阿根廷曾一度是世界上较为富有的国家。但到了20世纪80年代末期，阿根廷的通货膨胀很严重。到餐馆吃饭，经常会出现这样的现象：结账时的饭菜价格和点单时的已经不一样了，顾客要多支付一些钱。1992年，阿根廷发行了新货币比索，并锁定1美元兑1比索的汇率。这样商品的价格得到控制，美元和比索的汇率也稳定了，实现了自由兑换。这对进口商而言，是一个莫大的机会。

到了首都布宜诺斯艾利斯，我走出机场，看到很多欧式旧建筑和旧款汽车。福特于20世纪60年代生产的Falcon车已停产多年，在美国也难得一见，而在布宜诺斯艾利斯到处都是，马路上还有很多20世纪40年代的"老爷车"。

我不会讲西班牙语，也因此多支付了一些车费，但能有出租车司机愿意载我，已经算是我走运了。我找到批发区帕斯特乌街曾先生的店，曾先生听说我是他的亲戚介绍来的，便对我很热情，请我到家里吃饭，并答应尽力帮忙。他安排我在批发区的一家旅馆住下，他的热情令我十分感动。

阿根廷人民的生活水平很高，一杯咖啡1美元多，食物也比美国贵。在批发区里，纵横的四五条街为批发主街，货品以从伊基克进口的中国货为主。批发区里也有本地货，但价格是同样商品在伊基克的价格的两倍以上。进口的五金工具类商品，批发价是美国工具类商品的两倍多。

我不禁暗想：这不正是我心中期望的市场吗？我非常高兴，当天晚上便打电话给太太，告诉她我要在这里多停留几天。我想在阿根廷首都寻找一个合适的店址，以期日后在这里大展宏图。

第二天，曾先生向我介绍一位地产经纪人，他陪着我一起看店铺。我们在批发区主街走了很长时间，几个位置很好、100多平方米的店面，店主都要收取数万美元不退还的钥匙转手费，如果有抵押物和担保人，那么月租金是四五千美元。而我开展五金工具类批发业务，至少需要500平方米的店面和仓库，而且要有停车位，以方便装货、卸货。而批发区的街道太狭窄，停车很困难，不符合我们的需求。

在距离批发区主街约10个街口的科连特斯大道上，我看到一处宽约30米的店面，店铺门上挂着一个大牌子，上面写着"700平方米店铺出租"。我打电话询问，这是一位医生D的店铺，他会说一些英语，我们约好第二天一早他来开门带我看店。原来位于高层公寓楼下的这间店铺有两层，地面铺位和地下室各350平方米。D开价月租1.2万美元，最后以1万美元成交。

我去银行用美国运通卡取了2000美元给他作为定金，3天后太太又汇来2.8万美元，我用这3万美元支付了两个月押金和1个月的租金。这个房子的租金略高，但是阿根廷业主都要抵押物（如房产证等）和第三方保证人作为交租金的担保，我这么容易就租到科连特斯大道位置不错的店铺，真是奇迹。

法律规定，在阿根廷开公司一定要有一位阿根廷人担任法人代表。曾先生愿意帮我这个忙，他担任我们公司的法人代表，持股30%，这样公司便成立了，公司名为UGS, S. A.。UGS是我美国公司United General Supply Co., Inc.的缩写，S. A.是西班牙语"Sociedad Anonima"（股份有限公司）的缩写。我在阿根廷只认识曾先生一个人，还是经友人介绍才认识的。我们才认识没几天，但曾先生愿意承担风险，帮助我这个陌生人开一家新公司。这家公司的成立为我在南美洲的发展打下基础，对此我总是对曾先生心怀感激。

在旧金山开洗衣店的三弟比较辛苦，工作时常吸入有害气体，他想换一个工作环境。我计划开拓南美洲市场，他便和我一起赴南美洲考察。我在阿根廷成立了一家新公司，他便成为阿根廷公司的股东。他太太是会计，也辞工和我们一同前往阿根廷，为新公司的发展助力。三弟有一位中学同学保罗也想去南美洲游览一番，于是他便和我们一起去了阿根廷。就这样，我们4个人在阿根廷开了一家公司，店面租下来了，接下来我们就需要将货物运到阿根廷了。我根据对阿根廷市场所进行的调研，再加上我在美国市场中摸爬滚打的经验，我给阿根廷公司配了3个40英尺的货柜，每两个星期从休斯敦发出1个货柜。

六、进军南美洲（1991—1995）

我们 4 人在店铺楼上租了一套三室的公寓住下，之后便准备招聘一些本地员工。在阿根廷，不会讲西班牙语使得我们办任何事都很困难，所以我们请了两位会讲西班牙语的中国人在店里帮忙，空闲时他们教我们说西班牙语。

很多中国人因阿根廷经济不好而离开，因此阿根廷的唐人街只剩下半条街，街上只有寥寥数家杂货店和餐馆。杂货店里商品的价格是同样商品在美国的价格的 3 倍以上，许多日常食品都没货，蚝油等调味品、蔬菜更是"紧俏货"，罐头食品，如竹笋、甜面酱等，大多是过期的。在阿根廷首都的中国人大多开一家中小型超市或中餐馆。中餐馆以自助餐为主，口味中西结合，如牛舌煮熟后放酸醋拌，披萨难以入口，只有炒饭还可以吃。平时家里多是三弟做饭，有时我们会去餐馆吃牛排。我们用的调味料、干货和罐头，都是放在休斯敦发到阿根廷的货柜内运来。

第 1 个货柜快到了，阿根廷的关税、营业税等高达货价的 60%～70%。报关后，我们收到了货柜。

第 1 个货柜到店，我请了 4 个阿根廷年轻人在科连特斯大道卸货。谁知一辆警车突然停下，那些警察说我们阻碍交通，不允许我们卸货，罚了我们 50 美元。我们继续卸货，几分钟后又来了一辆警车，又罚了我们 50 美元，否则就把车和货拉回警局。半小时后，又来了另一辆警车……我们交了 5 次罚款才把货卸完。事后，我们和店铺所在地隶属的第七警察分局协商，每个货柜向警局支付卸柜费 100 美元，晚上 8 点后卸货柜，不会阻碍交通。

支付了这么多费用，货物总算卸到店里了。店面宽约 30 米，深 100 多米，只能放得下一长列的柜面，后面是货架。我和三弟指挥工人把一箱箱的货放在地上，打开纸箱上盖，在箱子上贴上批发价格标签，散货则摆在柜面后的货架上零售。我们刚开店，没有名气，也没有客人，因此我们既做批发也做零售，以求生存。我定了批发价，在批发价格的基础上上涨 50% 作为零售价格。

第一个货柜的货，种类很多但数量都不多。我们的工具比阿根廷生产的工具工艺更先进、更好用，但价格只有它们的 2/3 甚至一半。第一个星期，店里的客人屈指可数，但这些客人购买我们的商品后，替我们做了宣传。新店的商品物美价廉的消息不胫而走，3 个星期后，我们的商品基本上都卖完了，Lee Tools 品牌的工具很快就在阿根廷打开了销路。

> 对我人生的影响：
>
> 看准目标，把握时机。承担可承受的风险，勇往直前。

> 我们店里的4位售货员和10多名工人全天都忙得不可开交，连吃午饭的时间也没有。

◎ 进军南美洲之三：阿根廷最大工具进口商

第2个货柜顺利出关并很快售完了，第3个货柜出了布宜诺斯艾利斯港口大半天，工人们等到深夜居然还未抵达，我只好去警察局报案。一查之下，原来货柜出了港口后，被人劫走了。第二天，我们找回了卡车头，又过了两天，警察说货柜在工厂区找到了，但货柜内空空如也。幸好我们在美国给货柜买了保险，数月后保险公司赔了货款，但我们仍损失了关税和运费。

我们是批发街上货物最齐全、价格最优惠的工具批发零售商。阿根廷传统店家中午关门休息三四小时，我们星期一到星期五全天营业，星期六开门大半天。我们店里的客人太多，我便在店里安装了号码机让客人取号排队等待。平时有一位店员在门口查看客户的发票并清点货物，核对清楚才放行，如果店内生意太忙碌，客户接待不过来，他会请示我把店门关上，店里有空间才放新客人进店。零售店主常常利用中午关门休息的时间来我店里买货，因此，我们店里的4位售货员和10多名工人全天都忙得不可开交，连吃午饭的时间也没有。

为了防止阿根廷员工偷货带回家，我从美国买了一个可靠的手提金属探测仪，在员工打卡离开时检查，但仍然常常丢货。

有一天，三弟发现一个箱子被打开过又封好，而且箱子很鼓。他觉得不对劲儿，试着提一下，标明重量为10公斤的箱子居然重到提不起来。我们打开一看，里面全是钳子和贵重的气动工具，价值大约400美元，而一箱打气筒的

六、进军南美洲（1991—1995）

价值只有 50 美元。原来一位客人给我们的员工支付一些小费，两人串通，偷天换日，封箱运出。那时我们的货卖得很好，不愁客源，我们就断绝了和这个小客户的合作，还解雇了几名员工，以杀一儆百。过了一段时间，我们店里的货还是丢了。原来是我们一时疏忽，下班时让信任的员工拿金属探测仪检查所有 10 多名员工，后来发现这位可信的员工根本没有开探测仪，而是让工友们顺利偷货带回家，为此我又开除了几名员工。

在阿根廷，雇主解雇员工，和员工必须达成协议。雇主或多或少都要给员工支付一笔遣散费，以免被员工告上法庭。公司雇用了一位律师，随叫随到，但每个月公司需要向他固定支付 3000 美元的律师费。他很多时间都用于调节员工和公司的纠纷。

1989 年之后，中国各大外贸公司都急于扩大出口，开拓市场。我去中国内地时告诉很多供应商我在南美洲开店，于是那些供应商派团队来阿根廷视察。他们看到我是在认认真真地做生意，而且效益不错，他们心里踏实了，便更加放心地给我放账。一家家贸易公司的货柜络绎不绝地发出，我们公司的货源毫无问题。

每天来我们店里买货的顾客很多，但是我们缺少连锁店和大批发店这类客户。我们非常需要一位有经验的推销经理和若干推销员。三弟和我都不会说西班牙语，我们只有依靠其他中国人店主给我们介绍推销员，但都不理想。最后我选用了上门毛遂自荐的卡洛斯做推销经理。他从小在贫苦家庭长大，受过初中教育，原本是在街上到处推销香味避孕套的。大家都反对他成为推销经理，但我一意孤行，因为我看中了他的三寸不烂之舌和不屈不挠的精神。

卡洛斯听说我给他机会让他向批发商和连锁店推销我的货，他欣喜若狂。他负责寻找客户、带客户上门、下订单、开发票、取样品等工作。他每个星期工作 6 天，每天早上 10 点上班，晚上 9 点多下班，他的底薪只有 1000 美元，但他每个月的工资一共有五六千美元。他自己花钱请了一个私人秘书，他的秘书负责处理他接来的大量订单及货运、收款等事务。我们公司规定，如果收不到货款，就要从销售员的工资中扣除。我又聘请了两位销售员和卡洛斯竞争，谁先拿到客户第一张订单，那位客户就归谁。如果客户对哪位销售员不满意，公司有权换人。于是销售员之间展开了竞争的激烈，而公司的利润和销售额节

逆风高飞

节攀升。

1991年10月，我们从中国进口了一个40英尺货柜的圣诞彩灯。这是"大路货"（市场上价值/品质关系比值最一般的产品），这类商品竞争大，但是价格不高。卡洛斯去一家有10多家分店的某中型超市推销我们的彩灯。这家超市没有购买过我们的货，因此对我们的商品质量和交货准时性存有戒心，这家超市只购买了300串彩灯在总店试销。11月初，阿根廷处于盛夏，离圣诞节还有1个多月的时间，我们的彩灯堆在货架上卖不出去。卡洛斯和我想了一个办法：我们以零售价分3天买光了那家超市里的试销彩灯。那家超市看到彩灯的销量这么好，还没有人退货，就赶快向我们又购买了5000多串圣诞彩灯。

货柜源源不断地运来，700多平方米的仓库不够用，我们又向房东D医生租了毗邻的300多平方米地下仓库。一些体积大的货物，仓库放不下，因此我们必须降价出售，但降价的策略也使得我们的生意越来越好。

在阿根廷刷信用卡收款，银行要收取10%以上的费用，收支票我们则担心不能兑现，很多时候我们要等客户的支票承兑后才给客户发货。因此，大部分交易都是客户上门用现金买货，再把货运走。开店1年后，我们的店铺平均每天都有两万美元以上的营业额。这些钱全是美元现金，里边可能还夹杂着假钞，我们需要耗费大半小时的时间算账、点钞，很费时、费力。后来我聘请了一位会计负责算账、点钞等事宜，又买了美元验钞机，我们才得以从中脱身。我们逐渐成为阿根廷工具市场的"明星"，从1993年开始，我们成为阿根廷最大的工具进口商。

对我人生的影响：

机会永远留给有正确目标和努力拼搏的人。

六、进军南美洲（1991—1995）

> 夺冠大热门阿根廷河床队输了。我心想真好！

◎ 进军南美洲之四：阿根廷见闻

阿根廷的店铺刚开业的半年时间里，我每天都去店里。除了下订单、卖货外，我一有空闲时间便去拜访客户，了解当地市场。Lee Tools 的货品新颖，质量也好，因此销量很好，客户都能赚到钱。新品到店时，客户都争着买，因此我们常常要给每位客户分配适当数量的货品。每个周末都有客户邀请我们去他家里做客，他们请我们吃阿根廷烤肉、喝啤酒，我们交了很多朋友。那时阿根廷刚开放进口，我们是阿根廷工具市场中最大的进口商，因此我们有选择合作伙伴的主动权。一般来说，只有付现款的大客户邀请我，我才去拜访。

大布市（大布宜诺斯艾利斯市，由布宜诺斯艾利斯市及其周围 24 个卫星城组成）的人口占阿根廷全国人口约 1/3，但我们也不能忽视其他地区的客户。

阿根廷地广人稀，很多地方我们开车一两天才能到。阿根廷南部天寒地冻，畜牧业发达；北部靠近巴西和巴拉圭，常年炎热，农业发达；西部靠近安第斯山脉，盛产葡萄酒、矿产；西北部大多是移民聚居处；中部和布宜诺斯艾利斯相连，是工业、农业、畜牧业的主要生产地。

我们的主要客户都在中部和布宜诺斯艾利斯附近，如科尔多瓦、圣达菲等地。拜访圣达菲的一位客户时，他请我们去吃了巴拉那河中的巨型鲇鱼——20多公斤重的 Surubi。这条鲇鱼在烤炉中烤了大半天才熟，肉质鲜嫩，毫无腥味，令我回味无穷。

我还曾坐飞机到距离布宜诺斯艾利斯 1000 多公里的图库曼省和里奥内格罗省去拜访客户。除了布宜诺斯艾利斯外，在其余的城市，中午 12 点到下午 4 点是午睡时间，全城的店都关闭了。店铺通常在下午 4 点后才开门，晚上 9 点打烊。餐馆在晚上 9 点半或 10 点才开始上客，直到凌晨一两点打烊。为了便捷，午饭我们经常吃小摊贩卖的 70% 肥肉、半斤多重的阿根廷热狗。晚餐我们经常吃阿根廷烤肉或牛排，配以红酒，饭后还有甜品布丁。加上我平时比较忙，运动量比较小，去阿根廷1年我胖了十几斤。

我不习惯喝阿根廷的马黛茶。杯中放入马黛草配方，加热水，插一根金属吸管，围上三五个人，每个人轮流吸一口。阿根廷人为表示友好，通常叫我"Che"，即老友，但在广东话中这是骂人的。这我还可以勉强接受，我最不能接受的是客户或我的工人为表示友好，称我是"Boludo"（混蛋）。

观看足球比赛对阿根廷人来说很重要。1992年6月，自由杯决赛阿根廷河床队对巴西圣保罗队，市面上的所有电视机都卖光了，我们店内空无一客，所有员工都围在电视机前观看比赛。我希望早点进球结束比赛，我们店里能早点有客人，怎知两队竟打成平手。加时赛两队还是打成平手，最后靠罚点球定输赢，结果夺冠大热门阿根廷河床队输了。我心想真好！这样一来，阿根廷人不必喝酒庆祝，可以早点睡觉，第二天我们的生意也比平常的好。

有一次，一位客户请三弟和我去博卡球场看一场博卡对河床的大决赛。场外街道上，随处可见穿着博卡球衣的球迷，他们打鼓、唱歌、喊口号，列队入场。场中有4万多球迷，他们身上穿着自己支持的那队的球衣，脸上涂了球队球衣的颜色，手挽手唱着支持的球队的队歌。比赛中场休息时，有乐队打鼓鼓舞士气，两队球迷有组织地唱歌、叫喊。幸好有大量警察维持秩序，在两队球迷间架起高栏，否则很大可能会发生冲突。两个多小时的比赛，我充分感受了球迷们的热情，比赛的每分钟都有不同的高潮，绝无冷场，这样看来，我买的票还是挺划算的。

对我人生的影响：

沉得住气，努力不懈，才能融入陌生的社会。

六、进军南美洲（1991—1995）

> 中国货在几年间就轻易占据阿根廷市场，阿根廷最大的电动工具工厂因此关门。

◎ 进军南美洲之五：扎根，开花

我们门店的生意蒸蒸日上，地下仓库和店面渐渐不够用。地下仓库很潮湿，货物外包装霉烂、工具生锈。再加上受空间所限，很多货物堆放在一起，我们查找起来十分麻烦，经常出现我们告诉客人某种产品缺货，过一会儿却又在仓库找到的事情。而且，晚上一直在大街上卸货也不是长久之计，因此找一个位置合适的大仓库刻不容缓。

1992年年中，我开始到处寻找合适的仓库。刚好距离我的店铺4个街口处，有一块约3000平方米的土地，上面盖有一幢800平方米的仓库。这块土地的卖家出价70万美元，最后以65万美元成交。支付了定金后，我请了一位建筑师和我一起构思，我想建造一栋商住两用建筑物。我们建造了一栋独立的4层高的建筑。第三、四层为我们居住的地方，里面有4个卧室，3个卫生间；顶楼为阳台；底层是批发零售中心；二楼客厅侧门可通往办公室和会议室，会议室连接仓库。楼前有停车场，可停一辆货柜车和8辆汽车。房顶隔热材料和部分建筑材料都是用货柜从美国运过来的，我们睡的床垫是美国Sealy（丝涟）牌的。

我们计划将这里作为公司在阿根廷的总部，这里也将成为公司在南美洲的总部，我会逐渐将业务辐射到南美洲各个国家。

1992年年底，建筑正式动工，1993年年中仓库完成。我们总算有了自己的家和仓库，装货、卸货方便了许多。财务、销售、行政人员都有自己独立的办公室，员工由1991年的1人变成45人。1993年年底，我们公司举办了一次聚会，员工可以带上自己的家属参加，那一次聚会有超过150人参加，盛况空前。

1994 年，三弟在阿根廷新总部前

三弟爱好足球和赛车。公司出资，员工子女组建了一支少年足球队。他们身穿印有"Lee Tools，Argentina"字样的球衣，在批发区内打小型球赛。虽然球队成绩平平，但这毕竟是一大创举。有一位客户的亲戚是专业赛车手，他经常参加方程式比赛，我们公司先后资助他数千美元。我们还在他车前引擎盖上打广告，贴上 Lee Tools 的贴纸，但他从未获得过第一名。

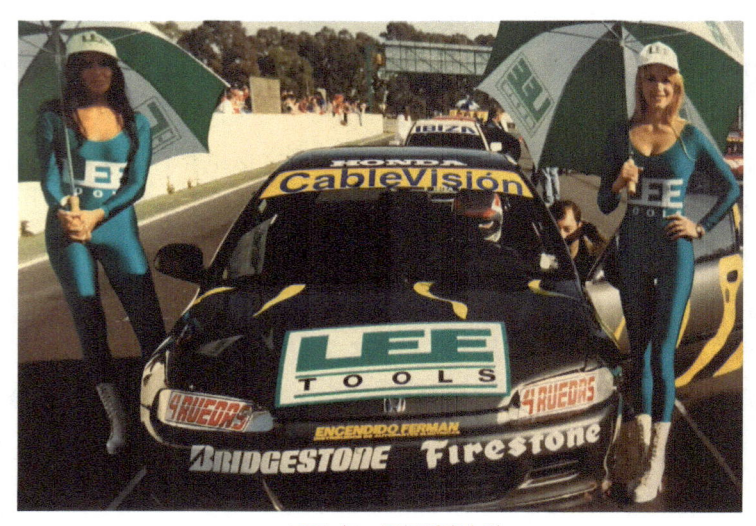

1993 年，阿根廷赛车队

六、进军南美洲（1991—1995）

1994 年，阿根廷 Lee Tools 的足球队

所谓"树大招风"，有人举报我们偷税漏税，税务稽查员来我们店突击检查发票。有一位客人购买了 100 多美元的货准备在火车站销售，但他没要发票，这被税务稽查员当场逮个正着。税务局说我们违法逃税，将我们告上法庭，虽然有律师为我们辩护，但我是公司负责人，要上两次法庭，在法庭上我用西班牙语为自己辩护。后来税务局又上门查税，说我们公司存在很多问题，对我们处以 52 万美元的罚款。正所谓"欲加之罪，何患无辞"，我们和税务局多次讨价还价之后，税务局警告我们，如果不缴纳罚款，将在 10 天内将我们的店查封。最后，我们向税务局缴纳了 13 万美元的罚金，才将这件事平息。事后，有人告诉我是一家进口商举报我们的，我怀疑是我们在批发区最大的竞争对手干的，但这件事最终也不了了之了。

在美国，我们需要缴纳的税款不多，下单、收货和销售都用电脑上的系统操作，因此账目很清楚，也从来没有发生税务问题。

阿根廷刚开放，所有的进口货都很稀缺。除了工具外，我们还进口了其他产品，如 BMX 自行车、帐篷、哑铃等。我们还进口了一些较大型的机械，如钻床、铣床、木工机、空压机等，这些产品都非常容易销售出去。我们需要常备的货物有 500 种以上，再加上各种杂货，我们需要很长的时间才能把货备齐，断货一年半载是很平常的事情。很多时候客户给了我们定金也要等上三四个月。不得不说，我们的生意非常兴隆。

阿根廷最著名的旅游胜地之一是巴里洛切，这里有冰川、湖泊，景色绝佳，是阿根廷学生毕业旅游必到之地。一对中国夫妇，在巴里洛切开了一家旅馆。那位太太看到我们货品多，批发价便宜，刚好她旅馆的一个铺位空置了一段时间，便提议由她代理我们的产品，批发零售给当地店家和用户，但她要求在方圆两公里内不能再有第二家代理商。我们在该地没有大的客户，我和三弟商量后，便答应了她的条件。

巴里洛切便有了我们的第一家加盟店。她又建议我们多进口一些户外旅游用品，如各种帐篷、登山器具、钓鱼用具等。

Lee Tools 专卖店消息传开后，很多人都有兴趣加入。我也不厌其烦地到不同城市看店铺，并划分它们独有经营权的范围。阿根廷南部的旅游城市罗森，只有 3 万多人，我就把方圆 20 公里内的客户都划归了当地的加盟店。有着近 100 万人口的大城市罗萨里奥市有两家加盟店，我没有给它们划分经营权的范围，直到 1996 年年底。

1994 年，Lee Tools 在阿根廷的 6 家加盟店与 20 家分销店之一

六、进军南美洲（1991—1995）

1993年后，中国的电动工具开始出口到南美市场，但价格还不到阿根廷货和巴西货价格的1/3。中国货在几年间就轻易占据阿根廷市场，阿根廷最大的电动工具工厂因此关门。我那时经常去浙江永康、金华等地的工厂实地考察，我采购的货物除了销往阿根廷外，还销往巴西和乌拉圭，因此我每次采购的货物数量很多。

由于采购的货物种类太多，同时1995年后竞争者也越来越多，我们参考美国的Ace Hardware、True Value等加盟店的模式，允许一些小型零售商成为我们的加盟店。总公司对每家分店进行审核后，给予其一个放账额度，只要分店以我公司名义从阿根廷各进口商、工厂和批发商处进货，在一定信用额度下，由我公司保证货款按时支付。

当时在阿根廷，许多小商家经常拖欠货款，甚至消失，而追讨货款会花费大量人力、物力，这令各大商家头疼不已。我们提出在我公司规定的信用额度内，一旦加盟店不付货款，就由我公司补足。这无疑给各大商家吃了一颗定心丸，因此他们都愿意和我公司名下的加盟店做生意，我们则从大商家那里赚取3%~5%的佣金。小商家也深知"背靠大树好乘凉"的道理，争先恐后地申请加盟，我们很快就有了27家加盟店，风头一时无两，总公司每天为加盟店准备的货量占我们总销量的1/3左右。

在这27家店中，多家店不准时付款。这些欠款必须由总公司偿付，我们再向分店讨要或要求增加抵押物，否则很难维持他们的信用额度。由于20多家加盟店良莠不齐，且1996年年底我的婚姻出现了问题，我要回美国处理，因此这种加盟店的模式最终没有真正运转起来。

火车站、公车站、大小工具店，Lee Tools的货物在阿根廷的各个城市都有销售，Lee Tools的广告牌在各大小城市比比皆是。我曾去过一家位于渺无人烟的巴塔哥尼亚的加盟店，途中我在一个小加油站内看到这里有卖Lee Tools的钳子和锤头，我内心很高兴。

我们的冒险和努力得到回报，Lee Tools在阿根廷扎了根，开了花，并开始结果。我们成为首屈一指的工具批发进口商。

> **对我人生的影响：**
>
> 我们在阿根廷的成功绝不是偶然，恒心、魄力、时运，再加上夜以继日的努力，我们才能取得这样的成功。

> 我们只有十几箱货，而竞争对手有半个货柜的货，但是我们在竞争中取得了胜利，而且商品利润普遍在 30%～40%。

◎ 进军南美洲之六：乌拉圭分公司

由于 Lee Tools 在阿根廷一枝独秀，加盟店接连开设，邻近国家的客户也想和我们合伙做生意。

20 多岁的法比奥是乌拉圭人，旅居阿根廷多年。他家境贫穷，没有汽车，每次从我店里买了货，就将货整理好放入大型的旅行袋或帆布袋内，然后坐公交车或火车去布宜诺斯艾利斯附近的城市，逐家逐户上门推销。有时运气好外加天气好，他一天能回来补两三次货，城市外围的很多工具店都是他的客户。看到他，我不禁回忆起数年前，自己带着工具和玩具去拉雷多、麦卡伦等城市逐家逐户推销的情景，我当时吃了不少闭门羹。他不辞劳苦，每天提着七八十斤重的货上车下车，我被他的努力感动，因此想给他一个机会。

20 世纪 90 年代初，乌拉圭、巴西等南美国家陆续放开对进出口的限制。布宜诺斯艾利斯对岸的乌拉圭人口不多，但货物紧缺。首都批发区 Arenal Grande 只有 1 条主街和 3 条横街，其中的批发店不到 80 家，每家店每天都人头攒动。乌拉圭全国大小店铺、地摊等都从那里进货，那里的利润比阿根廷的更高。

我和三弟、法比奥 3 人在乌拉圭成立了一家公司。我和法比奥先到乌拉圭首都寻找店址，最后我们租下了距批发区中心两个街口一栋 900 平方米的

六、进军南美洲（1991—1995）

仓库。经过价格谈判，最后我们和业主签下租约，租期两年，每个月的租金为3000美元。我们制定了经营方针，计划从美国往这里发3个货柜。乌拉圭人口少，同一个种类的货不能进得太多，因此1个货柜要装百余个种类的货。我们计划等有了固定客户后，再酌情增加进货量。

1996年，Lee Tools 乌拉圭分公司

第1个货柜在1994年年中发往乌拉圭。货到前1个星期，我到乌拉圭等候清关，那时我住在法比奥父母的家里。公司买了一辆菲亚特1000小汽车，我教法比奥开车，学会后，他自己开车四处闲逛。法比奥周末时会和女朋友到夜总会跳舞，他常常到早上5点才回家。

在空闲时间，我也到处游览。蒙得维的亚是乌拉圭的首都，大部分建筑物都是20世纪初到60年代的欧式房子，新建筑很少见。阿根廷游客是乌拉圭的主要收入来源之一，周末他们到乌拉圭把在阿根廷赚的钱存入不用记名的银行（如瑞士银行）。巴拉那河上每天都有多班数千吨的渡轮载着车辆和乘客横渡，只需两个多小时，阿根廷游客便可抵达乌拉圭，非常方便。

乌拉圭和阿根廷的渔产非常丰富，但两国人喜欢吃牛肉，很少吃鱼。我曾和客户3人在阿根廷的马德普拉搭乘带马达的橡皮艇去离岸1公里处钓鱼，船不用下锚，钓钩下水不用等，重一两公斤的黄鱼（当地人叫它Covina）就上钩了，而且常常是一竿两条。但在那里钓鱼，我们要特别小心，因为那里有很多鲨鱼围在游艇边游弋觅食，等我们的猎物上钩拉到船边时，它们就会将猎物抢走。它们的牙齿很锋利，可以把橡皮艇咬破，非常危险。

不到一小时我们便收获满满，我们带着 50 公斤的黄鱼返回岸上。黄鱼太多，我们来不及仔细将鳞片清理干净，因此只好把整条鱼放在炭炉上烤熟后把鳞皮去掉，撒上盐，一人吃两条，鲜美无比。乌拉圭很少有人吃黄鱼，有的黄鱼能长到 10 公斤多，烤一条便够全家人享用。

第一个货柜到店时，店里还没有货架，也没有叉车卸货。我们买了很多旧的木托盘，和阿根廷店一样，分行放好，让工人把一箱箱货物分门别类地放上托盘，然后打开箱子，放上价格标签。我们的店周围是老区，失业的年轻人很多，新店开业的第一天，生意不多，但吸引了许多附近的居民进来闲逛。第二天我们到店开门，发现电脑不见了，店中心屋顶的玻璃天窗破了——夜间有人从屋顶打破玻璃，用绳子吊着进入店内。大门由外反锁，偷东西的人打不开店门，因此他们只好用绳子把值钱又比较轻的东西吊走。我们损失了电脑和一些电动工具。

电脑被偷走了，我们没有电脑开发票，不得不手工开发票，费时又费力。因美国总公司方面疏忽，电动工具发出来的货是 110 V 电压的，而乌拉圭的用电是 220 V，因此小偷将电动工具偷回去也卖不掉。我们去警察局备案，警察建议我们夜间要有人值守，我们便雇了法比奥的朋友晚上住在店内，门仍然从外面反锁。

我们进的货种类很多，但每种货只有几箱，于是我制定了策略：如果附近批发商的货和我们的货价格差不多，便把这类货的价格压低，以吸引顾客；如果我们的货市场上没有，便把价格抬高。我们只有十几箱货，而竞争对手有半个货柜的货，但是我们在竞争中取得了胜利，而且商品利润普遍在 30% ~ 40%。

乌拉圭的小商店很多，露天市场的小摊贩也很多。我们的货款式新颖、包装精美，吸引了很多顾客。我们的店铺一个月的营业额有 20 多万美元，在这个人口不多的国家，这已经很不错了。

我们的店开业 4 个月后，乌拉圭最大的两家超市都从我们这里进货。如果我们需要进多个种类的货，便可直接从中国进口，这样也能减少费用。但直接

六、进军南美洲（1991—1995）

从中国进口工具货柜，每款商品的数量太多，只能放在仓库慢慢卖。我们需要更大的仓库，于是便在 1997 年搬入现址 2000 多平方米的仓库，雇了 20 多名员工。

那时中国的供应商也特别支持我，一次性给我发了 10 多个货柜，而且准许我半年后再付钱。

> **对我人生的影响：**
>
> 　　借着天时、地利、人和，乘风破浪，势如破竹。正如小米创始人雷军说的，"站在风口上，猪都可以飞起来"。

> 他们呆若木鸡，好像在想：1 万美元买 1 张餐巾纸，是不是上当了？

◎进军南美洲之七：巴西分公司

巴西是南美洲最大的国家，人口和面积约占南美洲的一半。20 世纪 90 年代初，巴西实行对外开放，对我来说，这是一个天大的喜讯。

在阿根廷布宜诺斯艾利斯，离我的店约两公里处，有一位开五金店的客户 B。他的太太是巴西人，他的孩子会说葡萄牙语和西班牙语。他屡次请我们到他家做客，并言明如果我们要在巴西圣保罗开公司，他愿意做股东。可是他们一家已在布宜诺斯艾利斯定居，不想背井离乡，因此如果我要在巴西开公司，就必须找一位巴西的负责人。刚好我的一位布宜诺斯艾利斯的客户卡肖刚离婚，他想去外地闯荡一番，我们 3 人一拍即合，成立了一家公司。我的股份最多，B 次之，卡肖的最少，因为他出力而不出钱。

1994 年，我第一次去巴西，拜访了太太那边从中国移民到圣保罗 10 多年的一位亲戚。我参观了圣保罗的批发中心 25 De Marco，对于巴西偌大的市场信心十足。我在圣保罗住了 1 个多星期，经亲戚介绍，我认识了麦先生夫妇，他们答应帮我注册公司。我在皮拉蒂宁加找了一个 8000 多平方米的仓库，后面还有两间住房和一个厨房，可以住三四个人。价钱谈妥后，我便准备于 1995 年年初在圣保罗市中心附近的布拉斯区开店。

位于巴西圣保罗的仓库

1993 年，一对年轻的兄弟 Vino 和 Kell 从巴西里约热内卢到阿根廷游玩。在布宜诺斯艾利斯，他们偶然进入我的店，他们看到店里的工具非常廉价，于是想购买一些在巴西销售。1994 年，我在圣保罗到处找店址时，Vino 和 Kell 两兄弟给了我巴西的第一份订单———一个 40 英尺货柜的儿童自行车。这笔生意是在圣保罗一家中餐馆的晚餐桌上谈好的。我一句葡萄牙语也不会说，只能用西班牙语夹杂着英语和他们谈生意。饭后，他们向我支付了 1 万美元现金作为定金，并要求我给他们开一张订单收据。我毫无准备，只能把总金额、货物、定金和交货日期写在餐巾纸上，交给他们。他们呆若木鸡，好像在想：1 万美元买 1 张餐巾纸，是不是上当了？

3 个月后，自行车货柜抵达巴西，他们松了一口气。从此我们成了好朋友！

六、进军南美洲（1991—1995）

1995年年初，我们在圣保罗的店开业了。我从不知道阿根廷人说葡萄牙语这么吃力。3个月过去了，卡肖还不会说葡萄牙语，我的葡萄牙语倒是越来越好。卡肖请了一位阿根廷朋友劳尔来帮忙，这样他便有时间去外面推销。小摊贩客户和零售客人有所增加，但大客户除了里约热内卢的Vino和Kell两兄弟外，没有新的进展。而且我们虽然有40%的毛利润，但是营业额一直没有大的提升。

有一段时间，我们店里的很多货无缘无故地消失了。聘请了守卫之后，我才发现钱也少了，原来劳尔收了客户的钱装进自己的口袋里。我立刻把他辞掉了。我们吃饭用的刀叉和日用品也经常不翼而飞，原来打扫卫生的钟点工把我们的私人物品从铁花窗扔到巷口，按时有人接应拿走。我不禁感叹道：真是无奇不有。

麦先生是帮我们成立公司的好朋友，又是香港来的同乡，我们把要汇出的巴西货币或美元都交给他，他帮我们汇到国外，从未出过问题。他经常出席一些有社会各界名流参加的聚餐，很多时候他会带我出席。

某一天，两位警察到我店里搜查。那时我刚好去了阿根廷，于是卡肖便独自应对。巴西调查员说卡肖非法居留工作，要把他抓到警局立案拘留，还说他漏税。卡肖胆小，为了息事宁人，便依他们的要求给了他们8万美元。

此事引起巨大的风波。本来这个店的营收就不多，现在又支付了8万美元罚款而且没有人证物证，阿根廷股东要求退回本金。卡肖因其他股东不信任他，又怕移民局再来找他，便辞职回阿根廷了。

巴西公司开了大半年，我订了数家公司10多个货柜的货已在海上，就快到巴西了，实在不能半途而废，于是我在阿根廷请了一位曾在巴拉圭做生意的朋友赵先生来帮我经营业务。

巴西公司有一位外务员做得不错，我们开始向家乐福和Pao Azuca等大超市供货，销售情况开始好转。1995年和1996年超过一半的时间，我都在巴西度过。

2008年，广州，与巴西合伙人 Vino（左一）、Kell（左四）、两位巴西客户和张家港的供应商赵小姐

那时巴西有全南美洲最大的汽车产业，汽车工具很贵。巴西本国只生产立式千斤顶，而不生产卧式千斤顶。卧式千斤顶比较安全、易操作，在开放初期销量很大，每个月我都进五六个货柜的卧式千斤顶，很快就销售一空。

我一年中约 9 个月都在南美洲发展业务，1 个月在中国，其余两个月在美国。我每个月都做空中飞人，很疲累却很充实！

对我人生的影响：

在陌生国度里摸着石头过河，诚信、忍耐、努力与人和，是成功的必备要素。

六、进军南美洲（1991—1995）

进军南美洲铭记：

想要开拓更大市场，就要紧抓机遇，敢于一搏。还是得益于我对市场的敏锐洞察力，我才能在南美洲市场做得风生水起。

七、由盛转衰（1996—2003）

> 我感觉自己像北宋的岳飞，在北伐中节节胜利，却接了十二道金牌不得不打道回府。

◎由盛转衰之一：家庭巨变

我在巴西、阿根廷和乌拉圭的生意蒸蒸日上。1996年年底，我去了秘鲁考察，发现秘鲁和1990年时有着天壤之别——币值稳定，进口生意发展良好。经过朋友介绍，我认识了莫伊塞斯和他的弟弟保罗。我从阿根廷调出20万美元，准备在利马开一家分店。

我们公司在乌拉圭的生意已经稳定，其中一位股东法比奥的弟弟和父亲可以维持门店经营，法比奥便和我商量，让我给他一些股份，他去秘鲁经营新门店。由于莫伊塞斯没有经营的经验，我便答应了。

1996年年底，莫伊塞斯在利马郊区找到了一处1000多平方米的仓库。这个仓库价值40多万美元，因长期租不出去，房东同意我们以月租的方式支付房租。我们每个月需要支付3000多美元的房租，20年支付完所有租金。我觉得这是一笔很划算的交易，便筹划在秘鲁开分店。因为当时南美洲的生意十分顺利，没承想后来阴沟翻船了。

20世纪90年代中后期，很多对我们放账的进出口公司，准许我们的账期由半年缩短至3个月以下。1995年后，大部分新的公司要求进行信用证或现款交易，而货运条款由到岸价（CIF）变成离岸价（FOB）。产品的包装品质也改善了很多。很多大工厂获得出口权，不用再通过外贸公司交易，而是以比较便

七、由盛转衰（1996—2003）

宜的价格直接和客户交易，这样客户可以节省 8%～10% 的交易费用。我们公司当时直接和金华机电厂等工厂进行信用证或现金交易。

我们公司的存货超过 600 万美元。因为我们的货品种类太多，交货周期长，再加上对外的放账也多，所以我们公司无法在短时间内调整经营方针。但我坚信，我们有市场、客户，生意版图还可以继续扩大。

从 1991 年开始，我每年有大半年时间都在阿根廷和南美洲度过，还有一年两届的中国广州交易会和年底大采购我是必回中国的，一年中，我在美国家里的时间只有两三个月。家里有岳父岳母帮忙照顾 3 个小孩，公司有太太负责业务经营，而妻弟夫妇则负责财务和销售，妻姐负责采购事宜，空闲时也兼顾我们在杭州新设立的办公室。我认为，一家人在一起做生意，虽然自己辛苦点，但长远来看还是值得的。虽然我不在孩子们身边，但我每天都和他们通电话。1993 年暑假，我还将两个儿子接到布宜诺斯艾利斯住了一段时间。他们在那里上了一个半月的暑期班，学习西班牙语。

1994 年，阿根廷，前岳父母、前妻姐和我们一家

1993年，我在休斯敦Memorial区21E Rivercrest买了一栋700平方米的房子，为了打球方便，我还新建了一个标准的网球场。当时房地产市场不景气，我买房和装修一共才花费了不到100万美元，对我来说，这些钱我是绝对可以负担得起的。

房子入口处有一扇大铁门，驶入200多米的私家道路，经过左边的半圆大游泳池和右边10多棵大树，才到家门口。游泳池分浅水区和深水区，树上筑有木树屋，还有楼梯以方便孩子们爬上爬下。我的房子后面古木参天，前岳父岳母种了很多蔬菜和果树。

我的3个孩子上的是私立的国际学校，他们在学校选修第二语言法语。1995年夏天，我和太太以及孩子们去欧洲度假，太太很喜欢欧洲的生活方式。孩子们参加了法国夏令营，我们认识了夏令营中一位18岁的男孩——M。1996年年初，我聘请他来美国，做孩子们的法语家教老师。他在我的家里住，还帮忙接送孩子们上下学。

怎知M竟和比他大一倍的太太日久生情。1996年年中，前岳父岳母等亲友告诉我此事，让我经常回家。但我要经营生意，不可能离开南美洲，也不可能不去中国采购，秘鲁的新公司又在筹建。我坚信我们拥有幸福的家庭，家里还有老人和小孩，经济条件又好，我不相信太太会变心，便没把这件事放在心上。

1997年正月时，我在南美洲。前岳父岳母和公司员工都给我电话，让我尽快回去处理家里的事。这令我很不安。我知道公司和家庭中许许多多的事皆由太太一人负责，她实在是太辛苦了。于是我便计划每年大半年的时间回美国居住，把南美洲的股份出让或让三弟负责经营公司。我感觉自己像北宋的岳飞，在北伐中节节胜利，却接了十二道金牌不得不打道回府。

1997年3月，我把南美洲的事务交接妥当，但我回到美国时，已为时太晚。太太向我提出离婚，决定和M带着3个孩子去欧洲定居。我苦苦挽留了近两个月，女方家人也多次劝阻，但都没有效果。在匆忙中，我们起草好离婚协议。把新的奔驰420房车运到欧洲给她和小孩用、房子卖掉，都是离婚协议中的内容。1997年7月底，我以低价快速将房子卖掉，如今那套房子价值400多万美元。

七、由盛转衰（1996—2003）

1997年8月，我租了一套有3个卧室的公寓，和前岳父岳母搬入暂住。我也看好了一栋300平方米尚未建好的房子，到年底时才能入住。

1996年，与前妻的娘家四姐弟

1997年6月到8月，孩子们和前妻去欧洲度假，我一个人留下来处理生意、房子等事宜。我的心情和状态非常差。我去看了心理医生，每天都需要吃抗抑郁的药，借助安眠药才能入睡，白天我也无法集中精神工作。得益于前妻弟媳的帮助，我才有时间去莱斯大学进修了1个多月的MBA课程，我还学潜水，以分散注意力。我没有心情管理公司，更遑论去中国采购和管理南美洲的生意了。

1997年8月，我把房子交给新屋主前的最后一天，我和孩子们在房子中的游泳池里游泳。游泳后我们回到空空如也的大房子里，3个小孩哭作一团。7岁的小女儿抱着她平常跳芭蕾舞的架子说："再见了亲爱的家！"这真令我伤悲！当天晚上，我和孩子们回到面积只有以前主卧大小的公寓里，前岳母已经做好晚餐了，她和前岳父在等着我们吃饭。我们6个人围坐在桌子旁吃饭，只缺少

逆风高飞

孩子们的母亲。慢慢地，大家有说有笑起来。家里只有3个面积不大的房间，我和孩子们睡在一张床上，反而觉得很温馨。

1996年，与前妻、孩子们在圣路易斯

几天后，前妻和19岁的M带着孩子们坐飞机前往法国定居了。到法国后，孩子们在瑞士日内瓦一家著名的私立学校就读。我把孩子们送去机场后两小时，便坐飞机去开曼群岛潜水散心了。

对我人生的影响：

钱是赚不完的，多年辛苦创造出来的家业，却可以在短时间内湮灭。由此我认识到事业和家庭都很重要，不能顾此失彼。

七、由盛转衰（1996—2003）

> 因为船身经常颠簸，再加上一天潜水 4 次，所以我疲惫不堪，夜间睡得特别香甜！

◎ 由盛转衰之二：解脱、开店、网络

7 天的潜水旅行由休斯敦 SSI 潜水证学校举办，由老板约翰带领 10 名学生，先到开曼群岛浅海看魟鱼，然后坐船去人迹罕至的小岛潜水。我们吃住都在船上，有厨师负责船上人员的饮食。我一天潜水 4 次，分别在早上、中午、午后和晚上。早上我潜得最深，约 35 米，以后每次都潜得浅一点，午后和晚上的潜水深度约为 20 米。

开曼群岛的水底地形很奇特，陆地缓慢向海中延伸 100 米左右，突然直落到 300 米以下少有生物的黑暗深海。6—30 米处阳光充足、动植物丰富的海底，有美丽的珊瑚、海草，鱼儿大小各异、色彩缤纷。潜水时我经常看到海龟、大鳐鱼、鲨鱼，以及一群群自由游荡的鱼。这令我大开眼界，我仿佛进入了另一个花花世界。手提电话没有信号，使我可以远离烦恼。在开曼群岛的那些日子，我脱离了现实的痛苦，整个人融入缤纷灿烂的梦里。夜晚潜水时，我穿着长袖的潜水衣、戴上手套，打着手电筒看发光的水母和睡觉的鱼类，我仿佛进入了一个黑白世界。因为船身经常颠簸，再加上一天潜水 4 次，所以我疲惫不堪，夜间睡得特别香甜！

在海里潜水时，我还看到 3 条 10 多公斤重的大石斑鱼一字排开，大张着嘴让一群小鱼在它们的牙齿缝中穿来穿去。小鱼吃它们牙齿缝中残留的食物，顺便替它们清洁牙齿，这真是一大奇观。

随后我又去科苏梅尔岛、坎昆、伯利兹等加勒比海地区潜水。海底景色的确很漂亮，但是去不同的地方潜水很浪费时间——飞往别的国家需要 1 天时间，潜水最少需要两天时间，之后还要用 1 天时间让身体降压后才能走，这样一个星期便过去了。再者海底的景色虽然好看，但千篇一律，看多了便没了新鲜感。

在坎昆，我还在潜水老师和导游的带领下去被石灰岩自然侵蚀形成的地穴

潜水。我跳入小池塘，再潜入洞穴内。我们两人一队，互相照应。我拿着手电筒，在地下没有阳光的黑暗洞穴内探索。地下水比海水寒冷，因此我穿的是厚的潜水衣。洞穴很多，潜水员们要互相照应、跟好导游，否则走错洞穴，便有可能永远走不出来。洞穴内的小鱼很少，植物也不多，没有什么好看的，经历过一次便足够了。

1999 年，地穴潜水

我在这无忧无虑的世界中只是暂时停留，数天后我又重回现实世界。秘鲁的门店刚开业，生意就很好，但南美洲的生意我没时间管理，只好出让一部分股份，由别人代管。再加上中国供货商付款条件改变、放账时间缩短和竞争者增多等因素，南美洲2000多万美元和美国1000多万美元规模的业务开始呈现下降趋势。

我每天要处理美国和4个南美洲分公司近200个员工的大小问题。每次潜水回来，我加班很久也做不完工作。我感觉去潜水得不偿失，慢慢地我不再去潜水了。

七、由盛转衰（1996—2003）

1998 年，Lee Tools 秘鲁利马分公司

那时阿根廷比索兑美元的汇率是 1∶1，币值太高，而阿根廷的失业率超过 15%。外债太多，出口不振，外贸赤字高，在这种情形下，我深知比索一定会贬值。我们卖货给家乐福等超市，放账期超过 60 天，如果货币贬值，我们就会亏损很多。

1998 年，Lee Tools 秘鲁利马分公司货仓

我到中国也没心情去看工厂、做生意，我大多是和朋友游山玩水，如游长江三峡、乐山大佛等。我在南美洲时也经常和朋友一起游玩，我们去了秘鲁

的马丘比丘，以及委内瑞拉、阿鲁巴等地区散心。1998年，在秘鲁的度假胜地Ballesta岛上，我召开了一次南美洲各公司领导人和中国供应商的会议，我希望中国的供应商对我们的业务更加了解，我尤其希望他们能和新开的秘鲁公司有更多的业务往来。但时不我与，没有成效，我们10多人吃喝玩乐三四天，坐船看鲸鱼、海豹、企鹅等，花费了两万多美元。

美国的工具批发市场竞争越来越大，尤其是洛杉矶的进口商，销售价格低，商品种类也多，导致我们的销售利润直线下降。我们在墨西哥最大的客户找到了直接给他供货的工厂。批发业务的发展空间越来越小，只有零售业务还有一些利润。

1998年，我在休斯敦45号公路旁开了第二家Tools Club零售店，希望创造出自己的零售渠道。如果我能复制阿根廷加盟店的经营模式，短期内使零售店覆盖美国南部，我就不必依靠不稳定的批发商，能自己打开销路。

我回到美国后，才发现和时代脱节了，对于很多事我都不懂，连联邦快递（Fedex）都不知道是什么。我去莱斯大学进修了管理学的速成课程，发现刚风行的网络经济是巨大的商机。那时中国经济正处于腾飞的阶段，但中国工厂缺乏直接对外交易的平台，很多工厂找不到真正的买家，找到的都是贸易公司或中间商。而我的理想是通过我的网络，把中国工厂和外国的大小进出口商和零售商联系起来，让全球的进口买家从网上找到需要的供应商，甚至可以找到工厂直接下单。我们收取一些费用把工厂网页放在网站上，让他们能和客户直接联系。另外如果客户有翻译、验货、陪同参观工厂和监督装柜等需求，我们公司也可以有偿提供服务。

1999年，我注册了Facdirect.com（"工厂直接"的意思）网站，在休斯敦聘请计算机硕士冯先生负责，另外还聘请两位计算机硕士编写程序，把工厂的资料放在网上。在中国杭州公司，我聘了3位工作人员专门收集工厂资料，然后把数据提供给美国公司的计算机部门。万事开头难，经过1年的努力，网站终于建好了。

那时公司只有我一个负责人，除了美国进出口批发业务外，我还需要处理南美洲的业务、零售业务、网站以及婚姻和家庭问题。那段时间我每天都疲惫不堪，白头发都长出来了。

七、由盛转衰（1996—2003）

> **对我人生的影响：**
>
> 失意时可以寄情山水，但最终还是要回到现实。由我一人承担的生意，难免会顾此失彼。

> 那时我只有两个选择：一是重振公司支柱——进口和批发业务；二是等着破产。

◎ 由盛转衰之三：全线挂红

从1999年开始，我的什么事情都不顺利。

1999年，巴西货币贬值近半，我们放账给超市的货款，顿时缩水一半。随着货价猛涨，巴西的生意短时间内减少了一大半。再加上有20万美元的货款无法收回，公司的资金骤然紧张。我没有很多时间管理公司，于是只好想办法把股份出让。

秘鲁利马的生意本来还可以维持下去，但我误听股东的话撤换了经理。新经理不仅把货便宜处理，把货款装进了自己的口袋里，还假冒股东签名把我们已经向房东支付了约10万美元租金的仓库变卖了。我和其他股东可以起诉他，但是我们都没有精力和时间去秘鲁和他打官司，于是二三十万美元的存货和不动产全化为乌有了。

乌拉圭公司的生意不错，但竞争对手向税务局举报我们的账有问题。公司换过多位会计导致文件不全，税务局查了两个月，连本带利罚了我们30多万美元。虽然我们可以分期缴纳这些罚款，但公司的资金链因此受到影响。

放账给乌拉圭、秘鲁分销商的货款收不回来，但中国的工厂还在出货，这导致公司的资金十分紧张。幸好阿根廷的公司有三弟负责，生意尚可，可以勉强维持经营。我预料阿根廷比索币值太高，贬值是早晚的问题，因此从1999

年开始，我每年都在银行购买比索兑美元保持 1 ：1 的保险。在美国投保 100 万美元，每年要支付 2 万到 3 万美元的保费，2001 年时保费增加了一倍，100 万美元的保险年保费为 5 万美元。因公司资金紧张，2001 年保险到期时，我没有继续购买。

  美国的股市非常好，很多小公司的老板都依靠公司上市发了财，我也想在股市中分一杯羹。1999—2001 年，我花了很多时间学习上市的相关知识，为上市做准备。我计划在美国获得有财力的风险投资（VC）机构的支持，建立一个互联网平台，先将工具和机械卖到美国的每个角落，然后将这个平台推广到世界各地，之后再增加其他项目。

  我给杭州办公室又雇了 3 位员工，让他们把搜集到的工厂分门别类。2000 年，已经有 100 多家工厂给我们提供了信息，我将这些信息公开在 Facdirect.com 网站上。有了这个网站，我便可以找投资人了。我找旧金山和帕洛阿尔托的几家 VC 机构谈过，他们都不懂外贸，对中国工厂不了解也不感兴趣。继而我在休斯敦找了一家帮人找投资者的公司，在他们的发布会上介绍了我们公司、Facdirect.com 网站和集资情况。

Facdirect.com 的负责人冯启丰先生（左一）和 3 位程序员

七、由盛转衰（1996—2003）

但是我找的 VC 不对口，不懂进出口业务，也对我们公司不感兴趣。我没有太多时间去找更多的 VC、参加更多的 VC 发布会及大力宣传公司，久而久之，编写程序的员工没有了信心。当时毕业于计算机专业的人很容易找到高薪工作，美国公司 3 位编写程序的员工向我提出加薪的要求，否则他们就会离职。我考虑到公司资金困难，只好遣散 Facdirect.com 的员工。同年，我听到了阿里巴巴的名字。

零售的两家店由店长带领着两三名员工经营。货物大部分都是我们自己进口的，每星期都在分类广告 Green Sheet 和西语报纸上刊登广告。货物销量不多，但工作量颇大，每两天要送一次货，每个月还要清点库存。虽然客流量还算可以，但盈余很少。

2000 年，45 号公路的店，3 个月内有两次被盗贼在凌晨打破玻璃偷走货。当时警铃大作，警察赶到只有橱窗玻璃碎落一地，保安公司打电话找不到店长，只有找我去处理及封好橱窗，以免给贼人再来行窃的机会。开车 40 分钟到店后，我到处打电话找 24 小时营业的封橱窗公司来封住缺口，一直到快天亮时才回家。我身心疲惫不堪，第二天根本不能上班。两次失窃后，我发觉我一个人心有余而力不足，无法兼顾很多事情。再加上两家店的盈利并不多，于是我便决定将店卖掉或关闭。有一位客人要

1999 年，孩子们从欧洲回美国过暑假，9 岁的女儿不知道父母已经离婚，以为还有一个完整的家，在卡纸上写了"欢迎妈妈回家"

买下 45 号公路的那家店，仍沿用我们公司 Tools Club 的名字。另一家店找不到买家，只好亏损数万美元把店关闭了。

那时我只有两个选择：一是重振公司支柱——进口和批发业务；二是等着破产。我抛弃幻想，又开着车一家家拜访客户推销货物。暑假时，孩子们难得返回美国和我小聚，但我还得出去推销货物。而把他们留在家里，我也很难过，况且钱是赚不完的！我终于想出一个两全其美的办法：何不带上他们去美国各地拜访客户，顺便一道游览？

连着几个暑假，我开着面包车带着 3 个孩子和样品跑遍了美国各地。我们去了纽约、华盛顿、费城、阿拉巴马、亚特兰大等地，拜访了许多客户。晚上我们 4 个人睡在旅馆的两张床上。孩子们都喜欢旅游，我带着他们推销货物也可以提高他们对做生意的兴趣，陪在他们身边我也觉得很欣慰，即便再辛苦也值得！

1999 年夏，我开车带孩子们和外甥 Wayne（后排右二）到美国东岸推销产品，路过亚特兰大，到地区销售经理阿尔莱的家里与他商讨业务，与他和他的太太合照

孩子们寒假回美国时，我一定会带他们到旧金山和我母亲及弟弟妹妹们一起过圣诞节。孩子们在休斯敦时，前岳父岳母会全心全意地照顾他们，令他们

七、由盛转衰（1996—2003）

感到真的回到家了。

1999年，巴西货币贬值50%后，我们公司在阿根廷的出口业务大受影响。2002年1月，比索贬值2/3，1美元兑3比索。在阿根廷，我们公司的大部分产品销往家乐福等大型超市。我们还有100多万美元的应收货款和200万美元的货物，瞬间变成只值100多万美元的资产。如果还清所欠账款，就所剩无几了，也就没有流动资金了。

为了维护10多年辛辛苦苦积攒起来的声誉，我不顾一切地和债权人谈判。很多时候都是由美国公司替阿根廷公司偿还一部分欠款，剩余的则分期偿还或请求债权人给予一定折扣。这样一来美国公司的资金也告急了，两个会计承受不了资金短缺的压力，相继辞职离开了公司。

人在倒霉的时候，坏事也会接二连三地来——又有两位欠我数万美元的客户的公司倒闭了。对于欠款居高不下、营业额降低、公司出现亏损的客户，银行都会颇为警惕。由于我的公司资金短缺、欠款有增无减，银行便勒令我半年内还款，否则将会拍卖公司资产。这是我一生中第一次遭受濒临破产清盘的苦痛！

我只好和银行商量给我时间慢慢地还款，同时变卖南美洲和美国的资产，给在欧洲读书的孩子们支付生活费和学费。我感到前所未有的压力，晚上无法入睡，也没办法向别人诉苦。因为公司的现状张扬出去只会造成内部混乱、供应商失去信心、家人担心，于事无补，我只有默默地一步一步向前走，希望能走出黑暗。

对我人生的影响：

用有限的时间，做有意义的事情。集中精力，把一件事情做好。

> 银行警告我，要把我们公司清盘以偿还债务。

◎ 由盛转衰之四：专利尝试与失败

我曾寄希望于公司能在OTC（场外交易市场）上市，运用股市资金脱困。1999年，我把公司财务交给一家会计公司评估，准备于2000年申请上市。一位专门帮助公司上市的律师看过公司的财务报表后，表示我们的业务范围太广泛，覆盖南美洲和中国等地，账目很难划分清楚。而美国的法律会保护投资者的权益，我们当时的财务状况不适合上市。

虽然报表上我们公司的营业额有3000万美元，但年收益不超过50万美元。上市的年审计费需要二三十万美元，每个季度还要向证券交易委员会SEC登记，南美洲的账目也要审核，否则违法，而审核又要耗费一大笔费用。如果没有经过股东同意而挪用公司的资金是违法的，有坐牢的风险。

律师说很多私人企业家破产后，很快就能东山再起。但是上市公司必须受SEC管制，稍有不慎，就有倾家荡产及入狱的可能。VC支持的新公司，用的都是外来的基金，比较适合上市。像我们这类传统的进出口公司，最好是在私人名下，如果失败了，还可以重新来过。这一番话，把我想要让公司上市的念头彻底打消了，但准备上市已经耗费了我不少的时间和金钱。协助我们上市的那家小公司，在两年后倒闭了。

我购买中国工具公司的平价存货，不能指定颜色和规格，于是每隔数年我便会接到指控侵权或冒充专利的律师信，例如，钳子上的黄色胶套接近史丹利（美国工具品牌Stanley）钳子上的黄色，橘色夹子套和Pony（美国五金工具品牌）的产品类似，某种工具的外形和别家注册有专利的工具的外形相仿等，此类事件层出不穷。为了解决相关纠纷，我在休斯敦聘请了一位专利律师来辩护。

1990年，美国海关收到线报说我们进了别人品牌的货物，拿了搜查令到公司搜查，看我们报关的货物和真正的货物是否一致，也查了汇出的款项和报关金额是否一致，以核查我们有没有逃税。最终没有查出问题。

七、由盛转衰（1996—2003）

中国工具名牌"钻石牌"和美国工具品牌"Diamond"重名，美国各工具进口商都因此而多次遇到麻烦。我们给中国各出口公司的每个订单都特别声明不要钻石牌的货，但是发错货的事层出不穷，我们经常收到夹杂着钻石牌工具的货。

1988年芝加哥工具博览会上，美国历史悠久的S公司说我们展销的三角尺上印有他们公司的商标。这是中国某工厂使用的标志，我们并无意用他们的标志，后来我们和S公司签订合约，答应不再使用他们公司的商标。

2001年，公司经济情况不佳，无力进口众多种类商品，因此很多货都从洛杉矶或芝加哥的进口商处购买。我们从芝加哥一家进口商处购买的工具中有5箱三角尺都印有S公司的商标，但我根本不知道。刚好S公司派人到我公司的零售部买了一把三角尺。因为重犯是重罪，他们拿到了搜查令，请警察来没收我们的三角尺，又让计算机专家看我们公司的电脑，查我们的单据，找证据起诉我和芝加哥进口商串通假冒他们的产品。警察搜查了一整天，但毫无所获，最终悻悻收队。S公司又在芝加哥的法庭起诉我们侵权，为此我请了一位有名的芝加哥专利律师为我们辩护。官司持续了很长时间，直到2004年在芝加哥庭外花费了近10万美元，S公司才和我们和解。在公司财务紧张时，这实在是雪上加霜。

我知道仅做批发生意终有一天会被淘汰，我们一定要有自己的品牌和专利产

2000年，专利产品 Create-Your-Shelf

品。早在1988年，我鉴于锤头用久了会脱落，做出在锤头两边打孔、装锤柄时用螺丝固定的设计，并申请了专利。

1998年，我因为新房子的车库没有架子而烦恼，思来想去，便设计出可以自由调节的铁架。我还用一些木条将铁架分割为很多层，每层都可以放300公斤的重物。如果搬家，我还可以将铁架拆散搬走。2000年，铁架的专利审批通过了，我把这款产品叫作"Create-Your-Shelf"，即"自组货架"之意。当时我没有太多时间去推销，于是找到好友埃韦拉多合作，他负责参加展销会和上门为客户安装，我则负责中国组件的进口和库存。晚上我睡不着时，便找埃韦拉多讨论如何扩大此产品的用途和销量，这让我暂时忘却离婚的痛苦。

2001年，这个专利让我们有机会向家得宝推销"Create-Your-Shelf"，但是因对方没有兴趣而作罢。这使我知道专利至少可以引起别人的注意，只要能够引起买家的兴趣，终有一天会成功。

1999年4月，我认识了曹静小姐，那时她刚进休斯敦大学就读，后来成为我的太太。我生命中出现了一丝曙光。1999年年初，因为空虚无聊，我去上了几节交际舞课，在课上认识了热情的开珠宝店的Tina夫妇。周末他们常请朋友到家里唱卡拉OK，我也在被邀之列。

曹静小姐刚从国内到休斯敦读硕士，一位

1999年认识我太太，2002年她硕士毕业

七、由盛转衰（1996—2003）

受邀的朋友带她一起去 Tina 家做客。她唱了《哭砂》《笑红尘》等歌曲，非常动听。我天生是乐盲，五音不全，也没有节奏感，歌惊四座。Tina 让曹小姐给我指导，后来我们合唱了《萍聚》《相思风雨中》等歌曲。

她的帮忙令我度过愉快的周末，为了报答她，我特地请初到休斯敦、人生地不熟的她外出吃饭逛街。曹小姐原籍辽宁鞍山，本科毕业于南京大学信息管理系（MIS），工作了两年后，考进休斯敦大学希尔顿学院酒店管理系硕士。自此我们经常见面，双双坠入爱河。

与前妻离婚后，我与前岳父岳母又同住了 3 年，他们知道我已经有女朋友。2000 年，前妻的弟弟买了房子，前岳父岳母依依不舍地搬出。不久后，曹小姐搬过来，我们两个人一起生活。

2001 年，一位秘鲁发明家发明了用矿砂在瓷砖上打孔的技术。我认为这是很好的发明，和他签了专利共享协议，申请了美国专利，我将这项专利命名为"Titan Cut"，中文意思是"切割大力士"。我投资两万美元在中国生产了一批货，在美国试销，但结果不尽如人意。我便带着这款产品去参加德国科隆工具展览会，并带上在欧洲读中学的大儿子伟德一起。展会上对这款产品感兴趣的人很多，但真正有意购买的人寥寥无几。我在这款产品上花费了很多金钱和时间，却没有取得成功，最后我把参展的产品免费送人了。值得欣慰的是，这件事让大儿子伟德对做生意产生了兴趣。这也令我坚信天无绝人之路，只要我继续努力，终有一天会成功找到属于我们自己的产品。

很多时间和金钱耗费在没有收益的事情上，公司财务每况愈下。迫于银行压力和资金周转不济，我陆续把公司 1/3 的员工遣散了。首先，我裁掉了没有创造利润的部门，如网络、零售分店和南美洲的店；其次，辞退薪水比较高的员工，用低薪员工取代；最后，给一部分员工降薪。公司员工普遍士气低落，但为了公司的生存，我也没有更好的办法。

我最后的生财策略是分租我手上唯一的资产——9000 平方米的建筑物。我将后面的 2000 多平方米分成数间，租给一元批发店，门面部分租给家具店，楼上办公室部分则租作展示厅。这样一来，我每个月收到的租金大概够还银行的按揭贷款，而不用再从公司拿出太多钱来偿还贷款了。

那时，巨大的压力导致我经常彻夜难眠。

每年总有几款产品利润很大，如铁栏、空压机等，但欠银行的钱仍有200多万美元，居高不下。公司仅有价值200万美元左右的货物，其中1/3是"死货"（一直卖不出去的货），应收货款只有不到20万美元，公司净资产为负数。银行警告我，要把我们公司清盘以偿还债务，那时的日子真是难过！

公司货品不够，我偶尔也到洛杉矶购买工具补货。有一家进口商因为我跟他们有同一个得州客户，便认为我在抢他的客户，所以他不仅不卖货给我，还把我赶出他们公司。我曾是各个进出口公司的"红人"，广交会时我至少要推掉70%的饭局，总经理级别的人邀请我，我才出席，而今天遭受这种待遇，实在是令我五味杂陈、不胜唏嘘。

> **对我人生的影响：**
>
> 不做投机的事情，做好本分。确定目标，脚踏实地，一步一步地在黑暗中摸索前进。

此次去中国采购，只许成功，不许失败。

◎ 由盛转衰之五：合作求存

我离婚后资金短缺，贷款给我们公司的大银行 Bank One（Chase 的前身）便让我尽快换银行。想和我们做生意的银行还有几家，我换了一家比较小的区域性银行 C 银行，过了 1 年多，我们公司的财务又告急了。我们的销售额每况愈下，利润直线下降，C 银行便要求我们每年由知名审计师核实存货、应收货款、债务等。在这个困难时期，每年 3 万美元的审计费用对我来说是一笔很大的支出。

在我最艰难时，墨西哥最大的客户终止了和我的合作，直接和中国的工厂及贸易商合作，我每年的销售额又少了 200 多万美元。美国进口的门槛降低，

七、由盛转衰（1996—2003）

进口市场的竞争更加激烈，这时又有几家欠我们 10 多万美元的批发商客户倒闭了。银行一度请了评估师来评估我们公司的拍卖价值，如果公司继续亏损，便要拍卖掉公司的资产。如果仍不够偿还负债，则要拍卖我所拥有的唯一的建筑物，直到贷款全部还清为止。

整个公司和家庭的生存都依赖于我，我想尽办法令公司继续经营下去。除了亲自开车去拜访美国各地大小客户向他们推销货物外，我还和国内上海一家工厂合作在美国成立合资公司，卖货给批发商和零售店。2002—2003 年，合资公司卖了 100 多万美元的货。虽然这些货物的利润不是很高，但对我来说，这无疑是一剂强心针，也让各家银行看到我们公司还有希望。

2002 年，我和在美国本地拥有超过 1400 家五金店的大批发商 Handy Wholesale 达成协议，把中国的产品直接卖给 Handy，以提升他们的竞争力。我和推销经理克雷格差不多每个星期都去 Handy，和他们的副总裁以及客户见面。我们的目标是与 Handy 全面合作，从中国进口货物。Handy 当年的销售额差不多 2 亿美元，但它不是直接进口货物，而是从进口商处买货，因此价格比较高。如果他们经过我们公司进口货物，每年购买 500 万美元的货物是轻而易举的事情，而我们公司可以从中赚取 6% 的费用，这对我来说不是一笔小数目。

杭州的公司还在继续收集资料，除工具类公司外，睡袋、登山器材、BBQ 炉（烧烤炉）、玩具、童车、自行车、橡皮艇、PVC 水管等也在收集资料的范围内。美国公司的员工和杭州办公室的员工，夜以继日地为 Handy 找货，为他们提供了许多产品的资料。

为了增加 Handy 对合作的信心，我还组织了中国 5 家分别代表电动工具、户外家具、手推车和杂货等品类的贸易公司的十几人参加 Handy 每年两次的展览会，给他们引荐 Handy 的各位领导。他们目睹了 Handy 10 多万平方米的仓库、现代化的输送带、仓库管理设备和办公设备等，得知 Handy 从来没有直接进口过货物，他们都表示很愿意和 Handy 合作。

我做东请他们去观赏一场休斯敦火箭队的篮球比赛。那时公司发展困难，没有能力购买一楼前排的票，只能购买二楼前排的票。虽然看得不够清楚，但对当时很少出国的中国厂商来说，这是他们第一次在现场观看 NBA 比赛，他们至今仍津津乐道。

参展的公司、工厂投入人力、财力，将样品运到 Handy 来布展，并花了很多时间推销产品。虽然 Handy 很配合，提供了免费的展览摊位，但当时的货物不太符合 Handy 的需求，因此下单的数量很少，我没法向各工厂、公司交代。不过这也令 Handy 对我刮目相看。他们的采购主管对我说，因货物不太对口，不能大量下单，深表歉意。

有了这次的教训，我明白盲目邀请厂商到美国不是明智之举，找到买家需要的货品促使其下单才是王道。经过多次与 Handy 的副总裁等人协商，他们最后同意派两位员工和我一起去中国广州交易会看货，确定采购方案，但是 Handy 的预算里没有出国这一笔经费。我当然不能放弃这个机会，答应全部费用皆由我公司支付，包括签证费、旅行费、食用住宿费等。

Handy 的两位员工、我以及销售经理克雷格，我们一行 4 人去中国，我替他们办理了中国签证。Handy 的两位员工是第一次去中国，之前他们对中国没有任何了解。我特别请他们以及他们的太太吃晚餐，回答他们提出的各种问题。

我和 Handy 商谈直接进口一事已谈了 1 年多，现在应该是收获的时候了。此次去中国采购，只许成功，不许失败，否则这趟行程又要花费 1 万多美元，我没法向银行交代，而公司和员工们的命运也系此一举！

> **对我人生的影响：**
>
> 把握任何生存机会，继续努力。

广交会成为工厂直接对外出口的窗口，而直接出口是工厂发财的捷径。

◎ 由盛转衰之六：Handy 和广交会

20 世纪八九十年代，每年广州都举办春季交易会和秋季交易会，以吸引外国的买家。春交会于每年 4 月中下旬举办，秋交会于每年 10 月中下旬举办。

七、由盛转衰（1996—2003）

1986年，我第一次参加了春季交易会。展览地点是广州市流花展馆，展馆由多栋3—6层的建筑物构成，由弯弯曲曲的走廊连接。参展商是各省市的贸易公司，展览按产品类别分区分时，展览共有两期，每期10多天。工具、农具、机械产品在第一期。所有同类产品都在同一个区域展出。

20世纪80年代，每种产品出口的工厂只有寥寥数家，工厂不能直接对海外经营，必须通过专门的外贸公司，例如，工具一定要经各省市机械进出口公司（CMC）出口。各工厂的产品都放在各外贸公司的摊位上，每个摊位的展品大同小异。各省市公司报的价格用同一个公式计算，也是大同小异。

参加广交会时，我大多住在流花展馆附近的东方宾馆或中国大酒店，通常参会四五天，几乎每顿午餐和晚餐都有饭局。

秋天，蛇是广东人喜爱的补品。一些常见的草蛇、水蛇不是保护动物，因此到处都有专门烹饪蛇的餐馆，各家餐馆还发明出吞蛇胆、饮蛇血等不同的食用方法。我无法接受将蛇作为食物，因此每有公司或厂家邀请我去吃蛇宴，我都婉言谢绝。

20世纪90年代中期以后，大量的私人厂家可以直接出口。很多外贸公司把广交会上的摊位出让给工厂，两三万元的摊位成为"摇钱树"。广交会成为工厂直接对外出口的窗口，而直接出口是工厂发财的捷径。工厂在广交会上展示新产品、新包装等，价格比一些外贸公司至少低了5%~10%。20世纪90年代后的交易会，成为中国商品的主要展览场所，也成为外国客户采购商品的主要交易地。

因为参展厂商数量不断增加，旧场地不敷使用，广交会在2003年启用现代化的、世界最大的琶洲展馆，比流花展馆大了10多倍。以前每届两期的展销会变成3期，每期展出时间略有缩短。广交会成为全世界最大、最重要的展销会，很多工厂的生存全依赖于在广交会上接到的订单，客户也在此寻找新货源和供应商。广州市因为这场盛会而获益，林立的旅馆、餐馆给广州创造许多工作机会和税收。

2003年，我和销售经理克雷格陪同Handy的两位采购经理到达广州，我们在一家四星级宾馆住下。他们3人从未到过中国，看到广州的繁华景象，他们忍不住连连惊呼。当我们步入崭新、雄伟、巨大的琶洲展览馆时，他们不敢相信自己的眼睛。

在第一期的展览会上，Handy 卖得最好的产品，如 BBQ 炉、自行车、电动工具、手推车等，都可以在会上找到相应的生产厂商，也比 Handy 现在的进货价格便宜一半以上。Handy 的采购经理很开心，但也顾虑品质、交货期，以及售后服务等问题。

我只好告诉他们我们公司在杭州的办事处会派人验货，以确保质量；和 Handy 合作打广告的货物，可以优先出货；在美国我们有 200 万美元的产品保险以保障客户利益等。但我内心也暗自担忧，因为这些是我以前从未经营过的产品，我也不知道会发生什么情况。因时间有限，我们只能去广州附近一家的 BBQ 炉工厂参观，然后下单。

很多和我相熟的外贸公司老板和厂商，都争先恐后地请我们吃饭，希望能和 Handy 合作。最有趣的是一些厂商请 Handy 的代表吃海鲜，这些从未到过东方的美国人，第一次看到所有的水产——鱼类、虾、螃蟹、蚌等分门别类放在不同的玻璃缸内，明码标价。当天晚上虽然我们点了许多海鲜，但他们只勉强地吃了一点，我只好再点了 3 份牛排给他们当作晚餐。

在他们上厕所时，还产生了一个笑话。当时中国的公厕大多是与地面同一高度的蹲厕，习惯了用马桶的他们不知道哪个方向才是对的，又不好意思出来问，只好自己想办法。上蹲厕时，蹲也是讲究技术的，对于大肚子的人来说，上蹲厕非常辛苦。据他们说，厕所内有许多非常活跃的蚊子，搞得他们心情很不好。而且最后他们才发现厕所内不供应厕纸，幸好他们有自带的布手帕，否则将会狼狈不堪。我暗想还好这是水厕，如果用工厂内的旱厕，更不知如何交代。

回到美国后，Handy 陆续订了 10 多个货柜的货。我把这一消息告知银行，又陪银行的负责人去 Handy 了解情况，以让银行放心，暂缓对我采取行动。但是居高不下的贷款，犹如一个定时炸弹，使我一直无法安稳地做生意。

七、由盛转衰（1996—2003）

对我人生的影响：

虽然我中途掉队，但仍然能够找到队伍，继续往前迈进。

由盛转衰铭记：

自1987年伊始，到1997年离婚前，我是中国外贸公司的大"红人"、美洲客户的主要供货商，在进口商眼中我是"教父级"人物。广交会上，因为时间关系我常常推掉外贸公司的饭局邀请。离婚后，因资金短缺，不时要去洛杉矶补货。一家洛杉矶的工具进口商，和我在得州有同一个客户，因此视我为竞争对手，把我赶出店外，实在是奇耻大辱，我毕生难忘。

八、重生（2004—2014）

以前都是我求客户买货，现在是客户求我供货，这真令我高兴！

◎ 重生之一：救命产品

我想尽一切办法研发新产品，但是"Create-Your-Shelf"和"Titan Cut"两款产品浪费了我很多时间和金钱，仍无法打开销路。从这个教训中我深深明白，要改变消费者的习惯是非常困难的，除非有很好的广告和媒体的渲染。

2002年年底，公司的财务状况极为严峻。2003年年中，一位在宁波开贸易公司的朋友寄来了一个手摇发电的手电筒，当时这类手电筒在美国电视广告上的售价是19.99美元，我便买了一批试卖，没想到很快就卖光了。我把充电的灯上的一些装置进行了改动，申请外形和结构专利，使产品得到专利申请期的临时保护。我将这款产品命名为"Survival Light"。

美国最大的电视购物公司QVC和另一家同类公司的电视广告频道每天播放手电筒的广告，我们的手电筒搭上了免费宣传的顺风车，供不应求！2004年年初，我把产品带到两个展销会上，吸引了许多大大小小的买家和推销员。以前我要上门找客户求订单，如今他们主动找我买货。

销售经理克雷格接触了一家做船舶附件的上市公司，那家公司在沃尔玛连锁超市设有专柜，公司经理非常喜欢我们的产品。他们常规的产品是绳子、指南针、挂钩等，但这类产品卖得比较慢。把手电筒放在沃尔玛的货架上试销，不到两天全部卖光。于是他们把不畅销的货下架，用我们的货取而代之。有一次我去沃尔玛店里，看到货架上还有10多个Survival Light，第二天一早我再去

八、重生（2004—2014）

看时，已经空空如也了。

Survival Light 卖得很快，早上我们卖给 Handy 1 万只手电筒，下午各分销店便一抢而光。为了提高供货速度，我要求厂商将这些手电筒空运到美国，我们公司和客户各支付一半的运费。每天工厂生产完包装好后，这些手电筒便被直接空运到美国。

阿肯色州小石城的一位房地产开发商，听说我们的手电筒非常畅销，也购买了 20 万美元的手电筒，以从中获利。经过商议，我给了他比较优惠的价格，他向我支付了定金，要求我两个月内交货。

原本只有 20 个人的国内工厂规模迅速扩大，短时间内员工数量增加至四五十人，工厂的面积也扩大了一倍。工厂内的原料堆积如山，工人们彻夜加班，就连老板全家人也加入赶工。

我们接到全美最大的运动器材店 Bass Pro Shops 的大订单，订单金额大概有 50 万美元。他们要求分批出货，但是工厂根本生产不出来，我只能催促工厂尽量快点出货。

高速公路的连锁加油站，也想从我这里买货。我的新订单越来越多，一时之间我不知该如何是好。他们都要现货，我只好把现货分成几份，给每位客户交付一部分，例如，客户订了 10 箱货我先给他两箱。虽然我们交货不准时，但我们的货在市面上很稀缺，供应商又寥寥无几，每天推销员都打电话来催货，我只有请他们耐心等待。以前都是我求客户买货，现在是客户求我供货，这真令我高兴！

随后我又增加了手摇收音机、旋转手电筒等求生系列产品。我使尽浑身解数开展促销活动，减价、买 10 送 1、收货半年后再付款等招数都用上，但没有电视广告的大力宣传，产品都卖得不是很好。

手摇发电的手电筒给我们带来了 100 多万美元的利润，我们的营业额提高了，贷款减少了，银行也不再催着我偿还欠款了。这是我在离婚后得到的第一桶金，也是救命的"及时雨"。

2005 年，产品销量开始下降。这一年新奥尔良经历了美国历史上破坏性最大的一场飓风——卡特里娜飓风。灾难来临，人们都需要急救用品。店家趁此机会推出急救包，内含净水片、生火器、万用刀、胶贴和手摇发电的手电筒等。手摇发电的手电筒的销售量又回升了。

卡特里娜飓风过后1个月,休斯敦又遭遇了飓风丽塔。食品、瓶装水被抢购一空,五金店里所有的手电筒、电池、胶带、木板,也被一扫而空。我刚刚从芝加哥购买了一个货柜的发电机,全市的商店里都没有发电机了,只有我们店里有。不知是谁在电视上宣传我们店里有发电机存货,台风来临的前一天,我们的店还没开门,门口已有10多人在排队,他们都是来购买发电机的。我们没有因为"物以稀为贵"而提高售价,只用了半天时间,货柜里的发电机就全部零售完。店里的胶带、工具也卖出去了差不多一半。甚至有客人为了抢最后两台发电机,差一点打起来。这天零售店的销售额是平常的20倍,打破了我们的纪录。

飓风过后,一切恢复正常,但我知道这款产品的末路为期不远。分销商因订不到货而继续追加订单,再加上预期的销量,看似需求量很大,但实际需求不到1/3。

2005年第四季度,这款产品的电视广告销声匿迹。卡特里娜、丽塔带来的灾难逐渐被人淡忘,手电筒订单也如风一般消失,最后连 Bass Pro Shops 的几个订单也因我们延迟交货而取消。我还有两个货柜的手电筒存货,只好慢慢地卖。

2005年后,公司资金运作正常,脱离了紧急状态。第二年,我将资金存到另一家利率比较高的银行。我要继续寻找比较容易销售出去的货,以继续创造奇迹。

对我人生的影响:

不气馁,努力向前,机会就在前面,终有"柳暗花明又一村"的一天。

八、重生（2004—2014）

> 他们都用怀疑的目光看着我，认为我在做白日梦。

◎ 重生之二：乡土产品

即便在手电筒销量比较高时，我也并未停止寻找其他的生财之道。因为我知道，只要求生系列产品的风潮一过，公司业务就会回到原状。

我于 2004 年开始和 Handy 接触，2005 年，我和 Handy 在中国开展了不少业务。合作渐入佳境时，Handy 的总裁詹姆斯看生意开展得不错，就请他的前老板 A 做了总代理，把过去经我们进口的部分产品转交给 A 来做。以往我们延迟交付货物或者货物出问题了就要向 Handy 赔偿，而现在 A 延迟交付货物不会被罚款，货物出了问题，总裁也会下令一笔勾销。A 也知道我们的货卖给 Handy 的底价，他只要便宜两分钱，便可拿到 Handy 的订单。这对我太不公平了，但"形势比人强，半点不由人"，我只能逆来顺受！

思忖再三，我认为做"大路货"的工具和没有难度的进出口业务，迟早都会被别人取代，只有努力发展具有特色的自己的产品，才可以持久地保持竞争优势，立于不败之地。

Handy 的采购经理对于总裁的做法非常生气，但他们也没有办法。其中一位采购经理告诉我印有得克萨斯州标志的特色纪念产品卖得不错，但在墨西哥和得克萨斯州生产这些产品，成本很高，比较难销售。他先给了我 23 英寸得克萨斯州铁环孤星装饰的订单，继而给我壁炉保护罩的订单。产品要在中国开模具生产，交货需要一定的时间，但产品的销量不俗。我从未接触过这类产品，很难在短时间内变成专家，于是我便花时间去研究得克萨斯州的历史，到市面上探查得克萨斯州特色的纪念品和用品。

得克萨斯州是美国本土面积最大的州，农牧业和能源产业发达。起初，得克萨斯州的大部分居民从事畜牧、农业生产活动，后来在得克萨斯州发现了大量石油、天然气等资源，居民就富起来了。得克萨斯州的居民自给自足，形成了独有的得克萨斯州文化。

铁环五星装饰

得克萨斯州地广人稀，居民喜欢大的东西，到处都是大皮卡、大房车、大房子、大院子等，家具也是大的，和美国其他地方不同。得克萨斯州的居民喜欢把自己的房子装饰一番，院子里经常摆放具有得克萨斯州特色的家具和装饰品，假期时，居民会请朋友和家人在后院喝酒、烤肉。此为得克萨斯州的生活写照。

得克萨斯州又被称为"孤星州"，五角星图案在日常用品、家具、装饰上随处可见。Handy 初次给我们的订单，就以挂在墙上的铁环五角星装饰为主。这款产品大多生产于墨西哥，但品质比较差，很容易生锈。借助于这款产品，我们打响了发展得克萨斯州特色产品的"第一枪"！

后来 Handy 请我开发一款复古冰桶。这款冰桶的外面是木板，里面是镀锌铁板，有 4 条木质的腿把冰桶架高。我改变了冰桶原来的设计，让工厂根据图纸生产出冰桶，Handy 的相关人员看到冰桶后很满意，价格也比原来的便宜不少，我很快拿到订单，开始大批量生产。在生产复古冰桶方面，我非常感谢上海俞德根厂长的大力支持。

虽然冰桶的销量有限，但利润空间很大。冰桶开发成功，使我对本土产品有了一些了解和信心。然而，要找到一款既有特色、销量又大的乡土产品，并非一件容易的事。

2006 年年初，在中国一个展销会上，我看到一款炭烧摇椅（炭化木摇椅）。这款摇椅的外形很土，但古色古香，很符合美国乡村的风格。我对这款摇椅一见钟情，和销售员及工厂 H 老板谈了几小时，才知道用火烧原木外表后，用铁刷刷去黑炭，原木就会露出灰黑色的天然木纹，不用上漆。炭烧摇椅的设计多为欧式，不适合美国市场。回到美国后，我把我的意见告诉了 H 老板，请他生产改进。

八、重生（2004—2014） 199

后来我还去了他在安徽的工厂，改进了一些生产程序。我命名这款原木产品为"Char-Log"，即"炭烧原木"。样品改了很多次，我试订了两个货柜，后来又追加1个货柜。此后两年，我花了不少的心血去改进这款产品。这家工厂的产品原本是面向欧洲和日本市场，家具的尺寸比较细小，而我需要的是大尺寸、具有美国地方特色的个性化家具。我要求工厂把产品尺寸改大，颜色加深，背板变大并雕刻上镂空的五角星，使之更具得克萨斯州特色。

我没有这类产品的客户，但我还是订了3个货柜的货。货运到休斯敦仓库，雇员们纷纷问我这是什么。我告诉他们这些炭烧摇椅将成为公司的主打产品、主要收入来源，他们都用怀疑的目光看着我，认为我在做白日梦。这批货运来后并没有客人主动上门购买，一直堆放在货仓中，但我并不担心。

复古冰桶

专利产品炭烧大板摇椅

> **对我人生的影响：**
>
> 只要方向正确，有坚定的信念和自信心，努力付诸实践，就一定会有收获。

多接20多个货柜的订单本来是一个大喜讯，但……

◎ 重生之三：开发成功

我订的这3个货柜的货有炭烧摇椅、普通椅子、小矮桌、吧椅和吧桌5款家具。暂时还没有客户购买这些产品，因此我先将货物存放在仓库，等待时机。2006年8月，Handy在休斯敦举办展览会。家具体积比较大，因此我多租了两个摊位以展出产品。工具生意在走下坡路，继手摇发电的手电筒之后，公司的员工都在拭目以待，看我订的这些家具产品能否推动公司进入一个新的纪元。

每年下半年是销售圣诞货物和礼品的旺季，室外家具不是当季的产品。平时这类产品都是手工生产的，虽然质量不是很好，但卖得很贵，一张原木摇椅的零售价格为两三百美元。现在Handy各会员店看到我的家具每件批发价仅数十美元，而且拆件包装，运输便利，炭烧的颜色又很有乡土气息且很独特，他们在惊叹之余都兴趣浓厚。平时人气不旺的摊位，来了一批又一批的客人。客户的店都比较小，因此大都先试订少量产品，后期再根据顾客的反应，选择是否继续订购货物。在展览会上，我接到了数十个炭烧摇椅的订单，一共是4个多货柜的货量。展览会过后，我立刻向安徽工厂订了3个货柜的货。

展览会上客户们的反应，证明这款乡土产品是有市场的。于是我便告诉员工，公司发展了另一个系列的新产品，让他们不要担心公司未来的发展前景。在展览会上，客户告诉我们还有哪几款家具容易销售。我和工厂商量后，相继

八、重生（2004—2014）

开发了双人椅、双人摇椅和餐桌等产品。

"Char-Log"开发成功了。以前的经验告诉我，有销量的产品，如果没有美国的专利保护，很快会有人抄袭，最后不过是白忙活一场。以往我进口的工具产品有千余种，进口之前根本没有查专利，以致多次无意中侵犯了其他公司的版权或专利。仔细一算，近20年来公司一共支付了20多万美元的专利官司律师费和罚款，其实这些支出都是可以避免的。

在竞争激烈的市场中，找到一系列销量可观的产品实为不易。因此，我设法给每一款新产品申请外观或实用新型专利保护。每个专利需要1000多到2000多美元的申请费用，通过申请还要等1年多的时间。

2006年年初，一位外州销售员告诉我，他可以把我们的家具卖给拥有700多家分店的乡镇零售商TSC。但他屡次欲见TSC的采购经理都约不到时间，而他的太太即将临盆。他告诉我每年6月TSC有两天的开放采购日，第二天我便打电话给TSC的负责人，约好采购日第二天的下午两点去见他们公司的采购经理。如果我稍晚一会儿打电话，采购经理的时间就已排满，我就只能等到第2年才能有机会见到TSC的采购经理了。

2006年6月，TSC的采购经理雷伊看到我们的冰桶、炭烧摇椅等乡土产品，提出在椅背上印上马匹图案的设计建议。他说这是这两天中他看到最有价值的产品，他要把样品留下。随后的一个月我又给他空运了两件样品，和他继续沟通。2006年9月，我接到他20多个货柜的订单。

我们的供货工厂位于中国安徽省南部黄山附近，这里是一处林木生产重要基地。H工厂的厂长为人友善、好客。工厂一年生产30多个货柜的货物，产品大多出口到日本和西班牙。对工厂来说，美国市场是一片空白。厂长看我不断地下订单，还开发很多新产品，便很配合地扩大产能，工厂的烘干房面积加大了一倍，工人数量和机器也增加了。工厂原来每个月只有3个货柜的产量，现在变成6个40英尺货柜的产量。

多接20多个货柜的订单本来是一个大喜讯，但在5个多月内要生产出40多个货柜的货，再加上中国农历新年，工厂要放将近1个月的假，因此想要在规定时间内交货便成了一件困难的事。我们没有理由推掉TSC的订单，只能让工厂先生产TSC的订单，再生产我们自己销售的产品。

意料之外的事不断发生。那年天降大雪，绵绵不绝，工人要不停地上木结构厂房的屋顶铲雪。但这场雪实在太大了，木梁承受不住，部分生产厂房的房顶被压塌了。工厂只好把机器设备搬去其余厂房，等雪停后赶快修缮房顶。

连绵不断的冬季雨雪，造成山路封闭，木材和其他材料供应受阻。往往因为欠缺一种材料，导致无法出货。烘干木材也遇到困难，没有太阳，空气又冷又湿，木材无法在室外自然变干燥。原木在烘干房中烘干需要3—7天的时间，如果想要木材快速被烘干而增加烘干房的温度，又会导致木头开裂，次品增加。这些问题都在拖按时交货的后腿。

工厂想尽办法赶工，但很多工序都要有经验的木工完成，招聘没有经验的工人临阵上场也需要一些时间训练他们。工人是按件计酬，为了赶工，工厂让有经验的工人住在厂房，每天工作10多小时、一个星期工作7天。一对木工夫妇一个月能收入1万多元，在当时，这是普通工人收入的两倍了。

冬雪后，又到农历新年。大部分员工都是本地人，不用回老家过年。外地的工人在农历新年前20天，便想回家。农历新年是中国最重要的节日，年轻人离乡背井赴外地打工，每年只在这个时候才回家和家人团聚10多天，老家的长辈、妻小也都渴望见到在外打工的亲人。外出打工的人有男有女，在临近新年时挤满了火车、长途公交车。为了省钱，很少有人愿意坐飞机回家。

老板为了防止员工流动，在平时往往会扣压员工的一部分工资或奖金，额度为3个月到半年不等。在新年放假前，老板会全额返还员工被扣压的那部分工资。从某种意义上来说，这也相当于老板替员工储蓄，但也有一些黑心老板年底前卷款逃跑的。

回家一趟不容易，外地工人直到农历正月初十后才陆陆续续从家乡出发，元宵节前后才能回到工厂，恢复正常生产。换言之，工厂在正月底才能正常出货，但我们春天旺季的货就已交付晚了。

交货晚的另一个原因是船期。过年前后即便多支付运费，也不一定能订到舱位。过年前10天，很多外地来的司机要回乡过节，从内陆到港口的拖车费涨价，价格每一次都要重新商谈。临近大年三十晚上，即便支付双倍的价格也找不到卡车。如果过年前赶不上船期，那么货柜往往要到正月十五后才能上船。

八、重生（2004—2014）

这一年经历了大风雪的洗礼和各种问题，那些货物延迟了半个月才交付，TSC 扣了我们晚交货的罚款。虽然过程很坎坷，但我们把产品销售给了在美国有着很多分店的大公司。对我们公司来说，这打开了一个新的纪元。

> **对我人生的影响：**
>
> 披荆斩棘，路虽然是人闯出来的，但也要依靠"幸运之神"的眷顾。

王厂长硬着头皮去找了安徽一家生产棺木的工厂。

◎ 重生之四：见利忘义

中国生产炭烧家具的工厂有 10 多家，但大型工厂只有几家。起初，是 H 工厂把这种产品推销给我的。我把产品外观设计、生产工序、包装盒尺寸都改了。我不想让其他工厂知道我们的做法，以免最后市场上充斥着仿品，所以我把所有订单都给了这家工厂。我认为做进口生意必须拥有稳定的供应商，这样产品的质量才有保证，而厂方也不用担心订单问题，常年都可开工。在我看来，工厂和进口商要组成一个双赢的合作联盟。

H 工厂直接外销的客户不多，但厂长雄心勃勃。几年前他花费近 200 万美元买了一家竹地板工厂，但苦于找不到大客户，产能一直过剩。最后，他好不容易才找到一位在新奥尔良开店的旅美中国人 N。这位新客户下了一次订单后，厂长为了扩大销售规模，答应给他放 1 个货柜的账。第一个货柜的货款按期还上后，对方开始要求大量发货，厂长也答应了，陆续给他发了 30 多万美元的货，谁知对方称产品质量有问题，拒绝付款。这件事拖了将近一年，厂长觉得我诚信、可靠，且休斯敦离新奥尔良不远，于是他趁着来休斯敦拜访我的机会，请我大儿子陪他一起去找 N 理论。他要了解清楚为什么 N 会说那些货的品质不好，还要让 N 偿还欠款。

我没有事先通知 N，我儿子和厂长开了 4 个多小时的车，抵达了 N 的店。N 接待了他们，大家也算和气，有说有笑。对方说不好的货已低价卖掉，没有存货可以看，又说银行没有钱，厂长就赖着不走。如此过了一个晚上，N 给了厂长 10 万美元，答应 1 年内会归还其余的钱，厂长这才离去。我不知道后来 N 给厂长还钱了没有。20 世纪八九十年代，工厂和进出口公司大多会给客户放账。2000 年后，资讯发达，工厂利润不高，要求出货时客户就付款，对新的小客户放账，更是绝无仅有。

我们的订单越来越多，H 工厂的厂长就在安徽黄山祁门的杉木出产地，新开了一家木材加工厂以确保原料的供应。此外，他还在工厂中新建了一个烘干房以加快木材干燥速度，保证出货时间。总之，大家齐心协力把生意做好！

2008 年 3 月，H 工厂的厂长看到我的生意好，订单源源不断，便提出要涨价 10%。我调查发现，其实木材、木工等成本不过涨价 2% 左右，可是我只有他一家工厂供货，无奈接受了他的涨价要求。经过协商，各款产品涨价 6% ~ 8% 不等。

我们公司在杭州办事处的负责人郭先生，看到公司的生意不俗，也想和朋友合开一家炭化工厂。我听到这个消息，十分支持他，答应给他一些订单。2008 年 4 月，他在广交会上接到数个订单，这家小工厂就这样在浙江安吉开办起来了。H 工厂的厂长不把郭先生的小工厂放在眼里，尤其是我向他保证了大订单全由他们工厂生产之后。

2008 年 6 月，我将 8 款炭烧家具的样品发给 TSC，但他们一直没有回音。原来是之前的采购经理雷伊辞职了，换了新的采购经理鲍勃。8 月底，我和销售经理约了时间去见鲍勃。他说今年他们向合作伙伴——全球最大的贸易商利丰公司采购所有炭烧家具。他把向利丰采购的产品图片给我看，我立刻发觉他们的家具和我设计的 8 款样品一样，全是抄袭我们的。鲍勃说今年的订单已给了利丰，如果我们明年报价比利丰低，就可以考虑把订单给我们。

幸好我在 2006 年就给这些产品申请了专利，在 2007 年年中陆续获得批准。利丰经手的产品侵犯了我们的 4 个专利。2008 年 9 月初，在和律师磋商后，我们发律师函告诉 TSC 那些产品是我们的专利，警告 TSC 不能再在美国销售相

八、重生（2004—2014）

关产品。9月中旬，我接到 H 工厂厂长的电话，他说他们已和 B 工厂合作，生产该年 TSC 约 70 个货柜的家具订单。他还说 B 工厂一直与利丰合作，为 TSC 生产产品，侵犯专利一事，他可以做中间人，让利丰公司向我公司支付 5000 美元作为专利费。他还让我把 TSC 之外的订单也给他，他保证准时交货。

他的理由是 TSC 和利丰都是大公司，我们这种小公司在美国和他们竞争，从长远来看，大公司绝对是赢家。他劝我放弃做 TSC 的生意，大公司和大工厂联手才是顺理成章的。他还说，B 工厂在炭烧家具行业中是老牌，最大的工厂之一，如果 H 工厂和 B 工厂合作，产量会有大幅度的提升，4 个月内生产出 100 多个货柜的货物没有问题。

我只和 H 工厂合作，一时之间束手无策。郭先生的工厂刚刚起步，只有十几个工人，我们春季的 30 个货柜，工厂能否按时交货都还是一个未知数。H 工厂的厂长估计我们就算接到 TSC 的订单也不能完成生产，因此他非常坚持让我只收一点专利费，把订单让给利丰，否则他的工厂是不会替我们生产产品的。

当时我在中国，于是我让我们公司的销售经理去和 TSC 协商，把专利的文件、号码等资料发给他们看。过了两个星期，TSC 终于决定把所有订单都给我们。我虽然接到了订单，但同时面临一个非常棘手的问题：TSC 70 个货柜的货，加上我自己公司需要的货，一共 100 多个货柜的货，要在短短 4 个月内生产出来，其间还有一个春节假期，可以说这是不可能完成的任务。但是订单我已接下，如果到时无法按时交货，不仅将被罚款，而且 TSC 也不会再给我订单了。

我和郭先生工厂的王厂长商议，最后决定由他们工厂招兵买马，生产 3 种主要产品，约占订单总量的 50%。此外，我又让 H 工厂生产 35% 的订单，余下约 15% 的订单购买 B 工厂已做好的半成品和成品。但 H 工厂的厂长因为没拿到利丰的订单而生气，拒绝接受我的订单，同时他说他持有产品的中国专利，要查封我们的出口货物，双方顿时陷入僵局。H 工厂的厂长认为我们必定交不了货，这样明年 TSC 的订单就会给他们工厂和 B 工厂，而他也拒绝生产我们给其他客户的货，到时候我们生意全无，就要反过来求他。

在这样的窘境下，和我新合作的王厂长硬着头皮去找了安徽一家生产棺木的工厂，以及另一家浙江安吉做户外木栏的工厂。这两家工厂正在发愁冬天和春天订单量不足，于是欣然接受了我们的订单。王厂长派了技术工人前去指导，我仍担心不已，害怕出错，暗自估计能准时交货的可能性不大。虽然我忧心忡忡，但我没有表达出来，以免伤了士气。

3家工厂都是第一次生产这种产品，工人熟练度不够，加上出货量大、出货时间集中，一时难免手忙脚乱。好在天公作美，天气持续晴朗，木材供应及时，也能自然干燥。而B工厂已做好一部分TSC的产品，由于利丰已失去今年TSC的订单，不可能再向他们采购，这些产品就成了库存。为了避免积压，他们也同意由我们收购转而卖给TSC。这可真是雪中送炭，否则我们很可能交不出货。

3家工厂的生产好不容易步入正轨，开始顺利出货了，H工厂的厂长用他的中国专利向上海海关申请查封我们6个已在港口的货柜，这使我措手不及，出货计划受阻。货柜在港口每天产生上千美元的滞箱费，我们还要因延迟交货而被TSC罚款，资金周转、货物仓库费用等都是麻烦。而在中国和H工厂打官司，也要耗费我们很长一段时间。

幸好我们有所准备，我找了一家四川省的进出口公司作为出口商。依照中国的法律，H工厂只能到四川成都和我们打官司。我们也做了两手准备：一是聘请律师和H工厂打官司周旋到底；二是立刻加急再生产6个货柜的货，即便在港的货柜被扣下超过1个月，我们仍可以出货，只是交付时间晚了一些。

当时中国法律规定：控方（原告）要在30日内把与货物价值相应的保证金存入法庭指定账户内，否则海关会将货物放行。这是一个异地官司，而且有可能拖得很久，而H工厂的厂长在四川人生地不熟，打赢官司的概率不大。最重要的是，H工厂的资金不是很宽裕，很多坏账收不回来，付不出这笔保证金，这样过了30天，货物便放出来了。虽然我们因向TSC延迟交货而被罚款，但总的来说，货物交齐了。

几个月的时间，H工厂和我们公司的业务量从高峰跌到0，而郭先生的工厂从0开始发展成为拥有100多名员工的大工厂，这实在是太戏剧化了。

八、重生（2004—2014）

> **对我人生的影响：**
>
> 诚信是做人做事之道。算计虽然是打败对手的方法，但以算计取代诚信，注定会失败。

> 只有我一个呆头呆脑的"外星人"，他们都发表高见，我既听不懂，也没有意见。

◎ 重生之五：街上都是钱

21 世纪初，中国的房地产行业和经济都处于上升阶段。虽然 2008 年世界爆发了金融危机，但我对公司在中国的发展充满信心。

2008 年，我走在杭州公司附近的路上，突然被一家地产经纪小店的陈经理拦住。我每天都从她的店门口经过，我们聊过几句，她知道我长住在国外，在中国做生意。陈经理说有一个好机会，半年多可以让我赚 100 多万元。好奇心驱使，我便跟她前去看看她的葫芦里到底卖的什么药！

我们进入清河坊，由中山路转入一条只有两米宽的小胡同，两边都是 20 世纪近百年的旧房子。在这条胡同的转角处，有一家家庭式的面馆。面馆约 60 平方米，里面有 5 张木桌子。老板是一位 30 岁左右的男子，他挺着大肚子，没有穿上衣，颈上搭着一条毛巾，口齿不清。陈经理介绍，这位戚老板的房子是民国初年所建，两层楼高，砖木结构，木梁瓦顶，楼上有两个房间和一个小厅，楼下为面馆，后面有一个旱厕。据说他家住在这里已有数代。

戚老板父母相继去世，而他有轻微智障和语言障碍，很难找到工作，只能继承经营父母的面馆维生。他一看到陈经理就大声说："不要介绍客户了，少于 150 万元的客户，不卖，不会卖！"我们说就是 150 万元向他买，他才安静下来，带我看房子。原来前一段时间，许多人来看房子，没有出价高于 130 万元的。

我上楼看到他简单的卧室里,放了一张 1.5 米的木板床,墙上挂有他父母的遗像。另一个房间以 500 元租给外地的打工人。二楼没有厕所和浴室,上厕所只能去楼下面馆旁的旱厕。据他说他以前有一个从外地来的女朋友,后来跑了,临走时还偷了他一笔钱。他的姨母住在附近,经常来照顾他,但最近他姨母要搬去富阳区。戚老板的姨母曾答应他父母照顾他,不留下他一个人被别人欺负,于是她就在富阳区新家附近看好了一个约 100 万元的房子,让戚老板卖了旧房子,和她一起搬去富阳区,以方便照顾他。

就在这时,杭州市要整治清河坊和上城老区,很多旧房子要拆除重建。这是一个好消息,但在重建的这半年多里,戚老板的面馆不能营业,他也没地方住了。他要尽快出让祖屋,这样才有钱买下富阳区姨母新家附近的房子。

以前这套房子的市值不到 100 万元,现在翻新重盖,因此他要价 150 万元。附近的人都瞧不起他,认为他有智障,想要占他便宜,只出价几十万元。中介带人来看房,最高也只给到 120 多万元,但他买新房子大概需要 100 万元,还要装修,日后生活还需要生活费。戚老板的姨母让他坚持出价 150 万元,不能减价。

我向很多人打听,确认拆迁重建是真的。我觉得那套房子重建后可以划分为两个三层的小房子,每个小房子都能卖一百多万元。于是我接受了他的开价,以 150 万元买下了他的房子,戚老板高兴极了。

我没有现金,但我信用好,于是我向上海一家工厂的俞厂长借了 130 万元,8% 的年利率,一年内归还。我们是老朋友,我连借据也没有给他写,只凭借他对我的信任与他握手约定。至今我每次途经上海时都会去探望俞厂长。

我向戚老板支付了 150 万元,他把房子过户给我,戚老板仍暂时住在这里,但我不收他房租。上城区房改会组织了数次街坊会议,我参加过一次。数十人聚集在一个大厅,他们都说杭州方言,只有我一个呆头呆脑的"外星人",他们都发表高见,我既听不懂,也没有意见。会后有人对我说我的祖坟冒青烟,洪福降临在我头上,杭州市扶贫,扶到我这个"异物"头上。我说店主想要 150 万元出让房子已有一段时间,但是没人接手,现在他用这笔钱买了新房子,这是公平的。

八、重生（2004—2014）

　　1个月后，拆迁令到；3个月后，房子被拆平；5个月后，开始盖新房子。我把这套房子分成两个3层楼：底层是厨房、饭厅和卫生间；二楼有两间卧室；三楼为阁楼。我知道一个卫生间是不够的，便在二楼又建了一个卫生间。3层古色古香的楼房，一套房子是65平方米，另一套为90平方米。

　　在杭州这个繁荣的中国新一线城市，城中心带地皮的房子是很少的。我很快以135万元和180万元把两套房卖出了，赚了一笔钱。

　　我认识一位广州的朋友，他在2005年用自己的房子做抵押，贷款买了两套房子。如今那两套房子升值六七倍，他从中赚了1000万元。

　　在安徽省宁国市有一家小型工厂和我们有一些生意往来，工厂里有10多名员工。这家工厂的老板以前是一家木业工厂的经理，他看见别的家具工厂生意不错，便也想自己做。他租了一所废弃的小学，把教室改造成烘干房，买了一些简单的木工机械，便投产了。但后来生意欠佳，负债颇多。

　　杭州一家生意不错的卫浴工厂厂长，曾被评选为浙江省年度青年企业家。2008年，他在银行获得数亿元贷款，用于扩大事业版图。他购买了数百亩土地盖工厂，又投资养猪企业，还买下一家经营不善的公司，准备上市。这些公司和产业都没有多少进账，所获利润连支付巨额贷款的利息都不够。贷款每年要经过审核再放款，他每年都亏损，每年都要向银行求情。几年后，银行让他变卖产业还款，他把所有产业变卖了还不够还款，还牵连了一批担保人。如果他当初没有获得这笔大额贷款，或许今天他仍是出色的企业家、成功的工厂老板，在杭州拥有价值过亿元的土地。

　　20世纪末期，一批又一批的外资涌入中国，使中国成为世界制造业的龙头。虽然有不幸失败者，但凡是在那时开工厂的老板、投身于房地产行业的"大佬"、从事新科技行业的企业家，以及购置了房产的市民，大都获利颇丰。

对我人生的影响：

　　在中国房地产行业腾飞时，虽然我没有赚到大钱，但亦有小惠。我仍坚守本分，谨慎投资，做长远的打算。

> 越南工人普遍 20 多岁，2017 年他们的薪酬只是中国工人的 1/3，人口红利很大。

◎ 重生之六：应对变局

2008 年，世界性金融风暴导致贸易萎缩，许多银行和大企业倒闭，全世界大量人口失业，休斯敦也不例外。幸好得克萨斯州有新开发的油页岩天然气和石油，经济尚可，但仍下滑了不少。

我们公司因拥有美国专利，销售额尚可，每年均有增长。公司着眼于品质，对客户投诉的产品加以改进，包括对产品的包装、装柜量和说明书等进行改善。同时我们又开发了多种不同款式、规格和外形的新产品，幸得大儿子伟德帮助，在三十几个展销会上将这些新产品展示给客户。

Leigh Country 专利摇椅产品系列

每年春天，美国家具连锁店的买手大都到中国采购第二年的室外家具，他们尤其喜欢到上海采购。上海是中国最大的商业中心，每年我们都到上海租场

八、重生（2004—2014）

地向几个重要的客户展示产品。出口大公司，如利丰，则派员工到各大公司内，和他们的采购部门一同设计产品，再找工厂生产出来。比起他们的财大气粗，我们这种小公司的确处于劣势，幸好我有美国专利，再加上工厂配合，我的产品每年都能被大公司选中，进入连锁店销售。我们每年都要推出5—10款新产品，以供客户选择，否则他们明年就不会再花费时间来看货了。

网络飞速发展，网上销售渠道和工厂信息非常透明。很多公司看我们的产品卖得不错，就盲目地抄袭我们，而不去了解我们的产品是否申请了专利。每年我们都能抓到抄袭我们产品的零售商或进口商，幸好美国保护知识产权的制度比较健全。

2010年，我和大儿子在Garden Ridge连锁店内购物，看见店内有两款木头做的冰桶，外形和组装方法都和我们的产品一致。我们请律师去调查及沟通，对方承认侵犯了我们的专利，向我们支付了一笔专利费。2022年，我们在Lowe's网站上及店内发现两款摇椅抄袭我们的专利产品，对方答应赔付专利费。而他们的网站实际上帮助我们的产品做了推广，我们因此赚了一笔。

大部分侵犯专利的事件，都是我们在别的州的推销员发现的。他们看见别的店卖我们的产品，拍照发给我们，我们再通过法律程序维权。五六年前，田纳西州一家小镇店铺售卖与我们的家具类似的产品。那款家具很便宜，外形、配件和说明书都和我们的产品大同小异，但木头质量、包装比我们的差。细查之下，我们发现他们6家连锁店都在售卖这款产品，我们感觉是供应商那里出了问题。

我派人去合作的郭先生的工厂了解情况，原来他们也接了这家公司的订单，和我们的订单一同生产，我们看不出来他是将货供给别的客户。我没有预料到郭先生的工厂会"窝里反"！除了警告厂家并减少给他们的订单外，我们又起诉了这家美国零售商。零售商对我不理不睬，官司拖了两年，直到法官要宣判前他们才和我们达成和解。这家零售商向我们支付了两万多美元的专利费，答应以后不再侵犯我们的专利，此事便作罢了。

与郭先生的工厂合作初期，双方都为彼此的利益全力以赴，以实现双赢。我们的订单不多时，工厂的产能是足够的，但我们的销售量每年以两位数的增长速度攀升，慢慢地，在旺季时，工厂的交货速度越来越慢，到后来我们要等上五六个月才能收到货。客户因为我们交不出货而取消订单，每年我们因此损失 100 多万美元。我每次与工厂交涉，王厂长都答应我扩大生产，但迟迟未能落实。

郭先生后来还开了一家工厂做木塑加工生意。刚起步时，他急需资金。为了获得长期订单，工厂给木塑的客户放账，却以订单量太大为由让我们公司预付定金以便备货，实际上却把我们的预付款偷偷挪为它用，因此造成木制家具的产能不足。每次到了客户要求出货的时间，工厂都急急忙忙地赶时间出货。生产周期缩短带来了一系列问题，例如，木材未干透就开始生产家具，导致家具发霉；一部分加工程序，如手工打磨，为了节省时间而减免了；由于交货时间很紧张，工厂没有把挑选木材的工作做到位；包装印刷和纸箱的质量也时好时坏。产品质量越来越差，我们收到的客户投诉越来越多。

好几次郭先生的工厂都无法如期交货，我们便又找了一家工厂。因为彼此是合作关系，我们也通知了郭先生的工厂，希望他们有所改进。但他们认为，如果不给我们一些教训，我们便会"远走高飞"，于是他们威胁说要提高价格，否则便将货直接卖给我们的客户。

我正一筹莫展时，以前和利丰合作的 B 工厂主动找上门来。原来利丰已抛弃了这家工厂，找了另一家工厂合作。所谓"敌人的敌人就是朋友"，B 工厂找我们合作，我正好借此机会摆脱"在一棵树上吊死"的困境，于是我们一拍即合。那时正值旺季，郭先生的工厂的订单很多，没有注意到我把一部分订单转给了 B 工厂。

直到淡季订单不多时，郭先生的工厂才发现事有蹊跷，为此他们私自将货卖给田纳西州的一位小客户，但我们的一位销售员发现后及时制止了。此后，两家工厂为我们生产产品，有了竞争，郭先生的工厂的交货时间、质量和包装等都得到改进。

2015 年，我们将一部分产品转移到东南亚国家生产。越南是相思木的产地，印度尼西亚产柚木，马来西亚产各式硬木，用这些木材生产出的家具品质更好，价值更高。同时，越南工人普遍 20 多岁，2017 年他们的薪酬只是中国工人的 1/3，人口红利很大。印度尼西亚的人力资源也很丰富，薪酬只有中国工人的 1/4 左右，虽然生产效率不及中国高，但潜力非常大。

八、重生（2004—2014）   213

从 2015 年开始，我们公司设计、在越南工厂生产的一款摇椅，销量一直上升，现在是我们的主力产品。2018 年，我们参观了印度尼西亚的家具展览会，之后开始从印度尼西亚中爪哇的一家工厂进货。

> **对我人生的影响：**
>
> 互联网时代，信息是透明的，如果公司没有独特的竞争优势和专利保护，就很难生存下去。公司要及时调整发展方针，与时俱进。

"病人心理上因和太太分隔及要谋生两件事，产生焦虑症，导致精神无法集中。"

◎ 重生之七：家庭团聚

女友曹小姐因为签证过期问题而苦恼不已。如果我们在美国结婚，她就可以加入美国国籍，但我刚离婚不久，对婚姻心有余悸，她也不想过早成婚，结婚这件事就一拖再拖。

5 年未曾回国的她，思乡情切，恰逢她外婆去世，于是她便计划回国。她认为，她可以在国内拿到美国新签证后回到美国。2004 年下半年，她买了机票回国，打算办完外婆丧事，见过父母和亲戚，再去广州办理回美签证。孰料她回国后，因种种问题签证遭拒签，还进了黑名单，10 年内不能办理签证。

2005 年 4 月 11 日，曹小姐和我在沈阳登记结婚。我在美国有生意，一年最多回中国住 3 个月。我告诉她，合法移民是唯一的途径！我们共同努力，耐心等待，她一定可以拿到移民签证回美国定居的！

她听从我的意见从沈阳搬到了杭州居住，租了一个 30 多平方米的小公寓。每次我回到中国，她都陪我去工厂和贸易公司等地方，我们一天经常要走几百公里拜访数家工厂。我们公司的订单量不大，很多工厂其实不是很愿意接单，只是看在我们是老朋友的分上，才接单发货。我们往往要把好几家工厂的货凑到一起才够装1个货柜运出。长时间的奔波使我们十分疲惫。幸好我们公司在巴西的生意还可以，公司可以维持经营。

我在休斯敦聘请了一位有多年移民经验的华人王律师。王律师对我说，可以用我在美国做生意和回国探望太太这两件事的冲突作为理由提出困难申请。那时，公司刚刚扭亏为盈，我需要多花费一些时间在美国管理公司、找客户，赚钱养家。但另一方面，我还要多抽出一些时间和太太在一起生活。对我来说，一个星期7天根本不够用，我每天都精疲力竭。王律师希望移民局能考虑我的困难处境，批准太太来美国。

3年多很快过去了。2008年，因为屡次提出申请均遭美国移民局驳回，太太连到美国驻广州总领事馆面试的机会也没有了。太太开始失望，也开始闹情绪，我们的爱情生活也因为我不能经常留在国内而出现裂痕。最后经过我们商量，她决定离开公司。后来她在上海找到一份外国俱乐部的秘书工作，但她仍继续住在杭州。我也另外聘请员工接手她的业务。长期奔波劳累，导致我得了轻微的焦虑症。

2009年，经朋友介绍，我在美国最大的移民律师事务所Fosten Quan Associate聘请了一位律师。虽然费用昂贵，但那位律师对美国移民法了如指掌。我去看了医生，医生给我开了抗焦虑的药，我还去心理医生那里做了心理测试。测试报告说："病人心理上因和太太分隔及要谋生两件事，产生焦虑症，导致精神无法集中。"她提出多种数据为证。这一招很管用，太太得到了美国驻广州总领事馆的接见。但是移民官以她有前科为由拒绝给她发放签证。

2010年年初，我太太怀孕了。因为我有美国国籍，所以我的孩子一出生便可以获得美国国籍。中国只承认一个国籍，因此我们必须做出选择。权衡利害后，我们决定让孩子在香港出生。

2010年11月底，我们坐了20多小时的火车从上海抵达香港，在新界汀九找到一处公寓住下，距离孩子出生的荃湾广安医院步行只需10多分钟。在公寓中能看到海景，不远处便是海滩，黄昏时还可以看到马湾桥的日落，总体来说，公寓的环境不错。11月底的香港，气温在18~22℃，气候宜人。

岳母从沈阳飞来香港帮忙。我在香港的好朋友日生、刘光华、潭源等也都

八、重生（2004—2014） 215

来为我太太加油打气。

12月6日，太太唱着《小燕子》从公寓走到医院，第二天生下我们的孩子伟诚。伟诚和30多名刚出生的婴儿都在育婴室内，一个婴儿哭了，别的婴儿也跟着哭。护士们把啼哭的婴儿抱起来安慰，但哭声此起彼伏，护士们忙个不停，十分有趣。公司的事情幸得大儿子伟德帮忙，让我有时间在医院24小时陪伴太太、伟诚，以及每天负责太太的饮食。20天后，我们便飞回杭州了。

有了一个小孩，移民律师说我们有了新的证据和理由再度提出困难申请。我又重做心理测试和财务报告，说明不能令母子二人和我这做父亲的两地分离。2011年，我们提出申请，2012年，太太在美国驻广州总领事馆的面试中又遭驳回。太太这时也麻木了，不知何去何从。我告诉她我要寻找好的理由继续申请。

2012年年初，太太又怀孕了。因为我们家里有一个不到两岁的小孩，所以这次太太不方便再到香港去生产。我们选择在上海虹桥区的和睦家医院生下这个孩子。

和睦家医院是一家可以为外国人看病的私人医院，以妇科为主，设备很先进。在此出生的婴儿大部分都是外籍。太太的妇科大夫是一位从法国回来的留学生，他给了我们很多建议和帮助。

这家医院很新，病房的设备很好，我们有一个50平方米的单人间，太太能和刚刚出生的婴儿住在一起。病房里还有折叠床，我或岳母可以在此陪我太太过夜。相比香港那家医院两位产妇共用一个小病房，中间只有一帘之隔，这简直是天壤之别。医院内有亲属休息室，里面的食物任由我们食用。我们又在医院附近租了一个小套间公寓，以便岳母和我休息、做饭。

2012年10月底，太太入院第二天，我们的第二个孩子伟隆出生了，是通过剖宫产手术生产的。除了在手术中主刀的法国留学生大夫外，还有3位护士帮忙。这是我第一次进手术室，我目睹全部分娩过程，并剪了脐带。在场的还有一位毕业于亚利桑那大学的儿科大夫，他也有一位护士助手。进行剖宫产手术时，手术室里忙成一团，这是我以前从未体验过的，我由衷地佩服现代医学技术的发达，也赞赏生命的奥秘。

逆风高飞

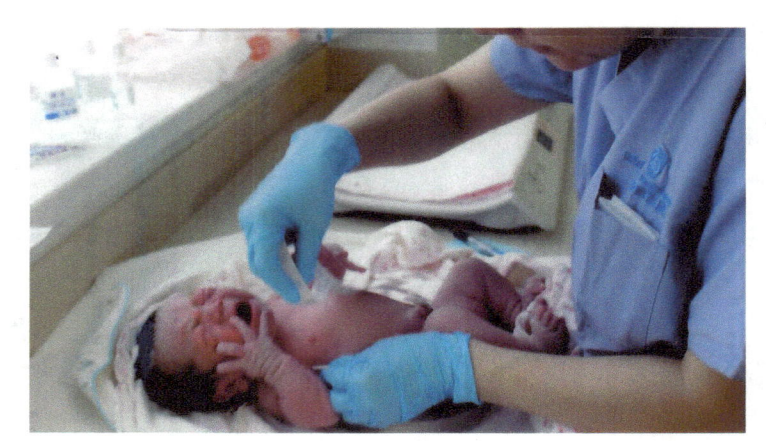

2012 年，我的第 5 个孩子伟隆在上海一家和睦家医院出生

  婴儿很健康，整天都和太太在一起，护士每小时都会进来探看一次。伟隆的儿科医生是一位美国人，他也毕业于伯克利加州大学，后又就读于弗吉尼亚大学的医学院，因此他非常亲切。那天出生的另外 5 个婴儿皆是外籍，太太加拿大籍的老板和他中国太太的儿子与伟隆同日出生。我女儿爱苓刚好在上海东华大学学中文，她便来医院看刚出生的弟弟，很多工厂的老朋友也都来医院看伟隆。虽然在和睦家医院一共花费了近两万美元，但其为我们提供的一流的服务是值这个价格的。

  4 天后，太太出院了，我们很开心地带着小婴儿和两岁的伟诚开车回杭州。

2013 年，与太太和伟诚、伟隆在杭州

八、重生（2004—2014）

因为家里有了新生婴儿，所以我又多了一个理由提出新的困难申请，于是我又做了心理测试。这一次美国更改了移民困难户的批准程序，让我们先在美国本土审批，再去广州拿签证。2013年，我们的申请获准了，我太太不敢相信这次竟然成功了，9年的努力总算没有白费！

2014年4月，我们一家人又回到休斯敦生活在一起了。

2014年，我60岁生日，与太太和5个孩子

2018年，钢琴比赛中伟诚、伟隆两兄弟合奏

2019 年，与太太和伟诚、伟隆在得克萨斯州

太太回到美国后，我们一家人住在熟悉温馨的房子中。不到半个月，她便考取了驾照，买了一辆汽车，平常可以开车买菜及接送孩子们上下学。太太的全部时间都用于做家务、管教孩子们、接送孩子们上下学及带他们参加各种课余活动，太太不仅是贤妻良母，还是孩子们的导师。每到星期天，孩子们会去上中文学校，太太在一个学校中教二年级中文。她以前是辽宁省鞍山市一所重点中学的学霸，中文底子非常好。孩子们每个星期还要上国内的网课学习中文，我们在家里沟通也以中文为主，以使他们不会忘记自己的根在中国。

太太通情达理，和我的 3 个成年儿女、我的弟弟妹妹、亲戚朋友都有着良好的关系。我前妻的姐姐和母亲也成为她的好朋友，她对前妻态度大方，因此大家能融洽相处。

2014 年，一向生意不错的巴西公司出现了问题。原因有三：一是卖给大公司的货要放给对方长达 3 个月到半年的账期，账期内巴西货币对美元贬值，公司蒙受损失；二是巴西生意常常需要现金周转，只能从私人那里借贷，每个月要支付 2% 的利息，这是一笔数目很大的支出；三是公司在当地投资失败，

八、重生（2004—2014）

入不敷出，面临破产的危机。

为了挽救公司，也考虑到巴西的那些朋友曾在我最困难的时候，帮我支付孩子们在欧洲的学费，我毅然卖掉了我名下的一套房子，偿还了巴西公司欠中国工厂的 30 万美元过期债务，又给巴西公司 10 万美元作为流动资金，这才把公司救活了。

我卖掉的那套房子如今已价值 100 多万美元，虽然我损失不菲，但经过那件事，我与巴西的朋友保持了长久的友谊。

> **对我人生的影响：**
>
> 家庭和事业对我同等重要。定下目标，始终坚持，苦等了 9 年，终于得偿所愿。

重生铭记：

我在广交会上认识了 H 工厂的老板，他为我们公司生产美式炭烧家具，是我们这类产品的唯一供应商，我们成为 H 工厂最大的客户。想不到 1 年后我们给 H 工厂下春季大订单时，厂长不由分说地要加价，竟然还联手一家跨国贸易大公司，让我让出大客户和订单，想把我挤出局。

我亲赴 H 工厂，厂长告诉我，你这小公司和大公司拼是以卵击石，让我死心。我的确很心碎，在厂里又待了 3 个小时，希望他回心转意，但他不理不睬，我只好悻悻地离开。幸好我们的产品得到美国专利法的保护，后来又得另一家家具厂相助，也打赢了国内的官司，把订单与局面扳回来。

H 工厂的生意自此一蹶不振，厂长多次找我道歉，让我给他订单，我啼笑皆非。不久后，他的大工厂就倒闭了，这正是"种什么因，得什么果"的道理吧。

九、万变时代（2015年至今）

> 母亲说，千万不要送她去老人院。

◎ 万变时代之一：母亲的故事

母亲在我们兄弟姊妹眼中，是毕生为家庭和子女奉献的英雄，也是我们的榜样。

虽然受教育程度不高，但是母亲是我们成长过程中的风向标，她的奉献精神潜移默化影响我们一生。从小到大，她除了给我们做饭、送饭、洗衣服、照顾我们的日常生活外，还督促我们的功课。虽然她不懂初中的知识，但每次测验、小考、大考，她都要查看我们的成绩，鼓励我们积极向上，不气馁，努力学习。她常说"书中自有黄金屋，书中自有颜如玉"。

我们的英文跟不上，她就鼓励我们晚上去玫瑰英文夜校再学3小时。白天功课很多，晚上又要读英文夜校，只过了一个学期，我便受不了了。但她没有灰心，敦促我一定要给弟弟妹妹们树立榜样。于是我又坚持了一个学期，可是我实在太累了，无法长期坚持下去。她便恳求父亲一位同事的好友每个星期免费为我们补习3小时数学和英文，我的成绩才有所提高。

我二弟则一直坚持上英文夜校，一直上了5年。夜校晚上9点多才放学，一天晚上他独自走回家，几个比他大的孩子把他的手表和零用钱洗劫一空。母亲、我和二弟去油麻地警局报了案。二弟害怕再被欺负，就想放弃，不再上英文夜校了，但母亲让他坚持下去。她让我去接二弟，并且尽量和同学们一起走，之后就再也没有出过事了。二弟后来考进了浸信会书院。

九、万变时代（2015年至今）

到美国后，母亲做打扫房子的工作，每个星期工作3次，能赚100多美元。我开餐馆创业时，她还拿出3位数的血汗钱资助我。

父亲过世后，母亲和我那两个还在读大学的最小的弟弟妹妹同住，弟弟妹妹成家后搬走了，她便一个人独居。我们买了一辆车让她代步，我有同学和朋友从香港过来时，她常常开车带他们去金门大桥和中国城游玩。在没有移动电话的时代，看不懂地图的她，在旧金山驾车从未迷过路。每次我带孩子们回家，她也开车带他们到处游玩。

她原本有一群好朋友，她们一起打麻将、打太极拳。她有一位朋友不会开车，每次母亲都开车接送她。有一次母亲在开车回家的路上被一位闯红灯的少年撞了，背部受了伤，她却没有将此事告诉保险公司，因为她认为这不道德。她以为慢慢就会好了，实际上却留下了腰疼的后遗症。那次撞车给母亲的心里留下了阴影，在那之后她就很少开车了。

又过了几年，她的眼睛出了一些问题，还很健忘。在她70岁时，我们决定不让她开车了。不开车后，母亲的朋友圈就越来越小，只剩下少数几位朋友，包括父亲的一位船员朋友黄先生和独居、比她年长5岁、从夏威夷来的Elaine。

母亲仍和香港的表弟等人一同前往日本和东南亚游玩。每个星期弟弟妹妹回家时，她一定会做饭给他们吃。我每次带小孩回家，她也一定会带他们到海边散步。

在75岁时，母亲立下亲笔遗嘱，大致内容是：她唯一的房子属于我们兄弟姊妹6人，她过世后，房子12年内不能变卖，收益用于家庭聚会和帮助有困难的兄弟姊妹。这一来把我们兄弟姊妹6人的情感联系在一起，不会因为她的去世而各奔东西，失去联络。我们每年都会聚会，相互帮忙。

母亲约80岁时，有一次妹妹带她去旧金山附近的旅游胜地蒙特雷游玩，走了一阵儿，母亲便跌倒在地，头和脸摔伤了，经过急救后才回家。有一天晚上，妹妹给母亲打了好几个电话都没人接，她从圣何塞开车1个多小时赶到母亲家，才发现她晕倒在厕所。

第二天去看医生，发现她的心跳非常缓慢，医生给她装了一个起搏器，才没有再发生晕倒的事。为此，我们请了50多岁、有看护老人经验的勤姨来照顾母亲起居。她和母亲成了好友，两人有说有笑，从此母亲开心多了。

母亲的好友黄先生，平时的健康状况比母亲的好得多，可是被子女送去老人院（敬老院）后，孤独地过了3年就逝世了。母亲说，千万不要送她去老人院。因此，我们一定要让她在熟悉的房子里度过人生最后的旅程，我们兄弟姊妹6人出钱出力，使家里井井有条，让母亲能够安享晚年。每年我们全家都会在旧金山或附近聚会。

2017年年初，我在去中国前在旧金山停留了两天，妹妹让我带着87岁的母亲去看心脏科陈医生。原因是母亲用了快10年的起搏器需要更换电池了，她当时的脉搏只有正常人的一半以下，如果没有起搏器便无法生存。那时母亲已患老年痴呆症晚期，只记得身边几个人，认不出方向。因为腰痛，她每天只能坐在沙发上或躺在床上，上厕所也需要有人搀扶。后来，她吃饭时需要坐轮椅，身体比较虚弱，易受感染易感冒。

医生说，她的生命已到最后阶段，如果我们决定更换电池，那么母亲就要接受一个小手术，术后会有伤口发炎的风险，而她最多只能增加一年痛苦的生命。或者我们也可以选择不更换电池，让她安详地离世。和弟弟妹妹商量后，我们决定不给母亲更换电池了，让她在熟悉、温暖的家中度过人生最后的时光。

因为母亲不走动，所以体重由90多斤增至130多斤。家中一个全职阿姨，一个兼职阿姨，每天早上两人帮她洗澡，并24小时在她床边守候，随时帮助她上厕所。阿姨和锦良弟弟时常推着母亲坐在轮椅上外出晒太阳，以补充维生素D。每次上车去看医生，母亲都需要两个人搀扶。母亲已失去大部分记忆力，常常答非所问，每天看中文电视，生活质量每况愈下。

2017年6月初，我和太太及两个孩子经旧金山前往中国时去看望母亲。当时她患重感冒，在医院躺了数天，医生说她的生命已到最后时刻，没有起搏器正常发挥作用，她只能减少活动以延长生命。我们3个在场的子女提醒母亲，一定要等到7月1日以后，所有弟弟妹妹都回到旧金山，家庭团聚时才能离开。她点头示意。

当天下午我们便飞往中国，希望母亲能等待我们一家人全部归来见她最后一面。

九、万变时代（2015 年至今） 223

1989 年，旧金山，全家人在秀心妹妹婚礼上的合照

2003 年，旧金山，第 4 届家庭聚会

2009年，旧金山，第10届家庭聚会

2019年，加利福尼亚州纳帕，第20届家庭聚会

九、万变时代（2015 年至今）　225

2021 年，得克萨斯州康罗湖，第 22 届家庭聚会时与关家的合影

对我人生的影响：

为孩子贡献了一生的慈母，是下代以身作则的典范。

直到今天我仍心有余悸——如果我出了事，我们一家便完了。

◎ 万变时代之二：边境和遇险

我们一家四口离开母亲，第二天抵达太太的家乡沈阳。趁太太、孩子们和岳父母及亲戚们相聚，我马不停蹄地去杭州看工厂以及发展新产品。

逆风高飞

2016年，沈阳，岳父母农产大丰收

2017年6月中旬，好友黔南开着他2015年的奔驰商务车从北京来沈阳，接我们去吉林天池、中朝边境玩一个星期。我们北上吉林省，第一站是人参之乡——万良镇。

在吉林省最大的万良长白山人参市场中，每根人参的标价从5元到几百元不等。工作人员说，人参是大棚里种植的，比山上种植的人参功效差一点，但平时煲汤养生也足够了。我买了一大包5—10元的人参，又买了人参花，用作送礼。一大包人参不到200元，他们又送了我10多根小人参，真是便宜！

卖人参的摊主说，9月是人参收获的季节，那时山林中人工培植19年以上的"山参"最值钱。生长期为4~6年的"大棚参"更是云集，完整的人参能够卖个好价钱，断了和根须不全的人参，工人用铁铲聚成一堆售卖，这些人参大多是加工厂买去做成人参茶或人参粉出售。

第二天，我们抵达长白山万达喜来登度假酒店。那时学校还没放暑假，旅游旺季未到，而房费已200多元每天。2006年以前，长白山每年10月到次年4月都封山，天池在10月冰封，次年6月冰才全部融化。山上雾雨弥漫，能看到天池的机会低于1/3。第一天，我们去温泉遍布、山路颇多的北坡，由于山

九、万变时代（2015年至今）

上雾和小雨不断，北坡封山了。我们只好下山，沿途吃了温泉鸡蛋，看了小天池、长白瀑布、谷底临海等景点。

太太和孩子们太累了，就在酒店休息。我与黔南父子3人从西坡走1442级台阶，再上长白山。因路太陡，台阶太多，黔南唯恐力有未逮，就支付500元坐滑竿上山。

挚友张黔南乘滑竿上长白山

那天天气晴朗，山路两旁都是融化中的冰雪，途中有很多来自中国各省市携老扶幼的登山者。约3小时后，我们到达山顶，天池赫然呈现在眼前。湖上云蒸霞蔚，看见天池全貌我顿生不虚此行之感。登山客中有一位70岁的老者，他是从海南岛骑自行车来到长白山看天池的，他骑行了6700多公里。他告诉我们如何骑自行车旅行全国，这真是难能可贵，有志者事竟成。

2017年6月20日，我们到达珲春。我们往东走，经过朝鲜、俄罗斯中间数十公里的狭长走廊，有好几个边防检查站查验证件，最后到达中朝边境最东端的防川。站在防川的龙虎阁上，我们可以看到图们江如何把中国、朝鲜和俄罗斯分隔开来。

晚上我们入住珲春希尔顿酒店，有趣的是酒店英文名是"XI ER DUN

HOTEL",而不是"HILTON HOTEL",酒店的服务挺好。

6月21日一早,我们沿着中朝边境,到达中国边境城市图们,朝鲜一边的城市为南阳。平时有许多卡车把中国货物运到朝鲜去,再把煤从朝鲜运回来。对岸朝鲜建了许多漂亮的高层公寓,但没看见有人出入。

中国关口的税务大楼中设有零售部,可以买到朝鲜的纪念品。我们来到中朝边境横跨图们江的一座桥上,一直走到了桥中间,在两国的国界处摄影留念。我们又沿图们江,向中朝边境前进。中国边防工作人员查看证件,非中国公民不准进入。我持香港证件,太太有中国国籍,我们得到放行。

中国和朝鲜以一条河为界,河的两边都高高竖起带刺的铁网篱笆。走过崎岖不平的土路,前面出现一大段平坦的混凝土公路,我不觉将车子开到每小时60公里,突然又变成崎岖土路。我来不及放慢车速,只听"嘣、嘣"两声,全车猛然摇晃。停车检查,我发现右侧的轮胎都"挂彩"了,前轮还好,出现了数个鼓包,后轮则爆裂了。

备胎在车后面的底部,车因一侧爆胎而倾斜。我爬到车底,但备胎距离地面太近,我不知道应该如何卸下备胎。刚好有一辆出租车路过,问我们是否需要帮忙,我赶忙答应。司机先生和我用剪刀式千斤顶把车子升高,取下坏了的后胎。

我忘记如何卸下备胎。在我的记忆中,以前的车子都是把固定备胎的螺帽松开,便爬入车底去找螺杆和螺帽,但看不到螺帽。我刚想爬出来时,突然车往下坠落,发出巨响。我耳朵以上的头部还在车底,被车压住了。我好像休克了一会儿,挣扎了半刻才把头慢慢拔出。过了好一会儿,我才能慢慢地站起来,到离车不远处坐下。

帮忙的司机惊魂未定。我问司机怎么回事,他承认是他的身体靠了车子一下,导致车子往前滑,千斤顶朝前翻倒,车子便塌下来了。我觉得头部两侧都湿了,用手一摸,是少量的血混合着淋巴液。我心里暗想,如果刚才我的头再伸入一点,可能便一命呜呼了。

又有一辆出租车经过,两位热心司机找到了卸下备胎的方法,不一会儿就帮我换好了轮胎。

九、万变时代（2015年至今）

2017年，中朝边境遇险

　　黔南把车开到一个比较大的镇上，给车换掉了两个坏了的轮胎。我也在不知不觉间度过了九死一生。直到今天我仍心有余悸——如果我出了事，我们一家便完了。真是愈想愈怕！晚上我们在通化住下，并去全国连锁店"厕所串串香"餐厅吃四川菜。

　　次日，我们在通化参观了山葡萄酒的酿造过程。山葡萄不够甜，酿酒时一定要放糖，我这才知道通化葡萄酒为什么是甜的。中国人口众多，市场空间巨大，这家通化葡萄酒厂收购了法国一家大型酿酒厂，酒厂地窖内放有许多从法国进口的橡木桶，桶里是进口的法国葡萄酒。现在这家工厂已在香港上市，中国的工厂真牛！

　　一天后，我们一家四口回到了沈阳。

对我人生的影响：

　　读万卷书不如行万里路。虽有"幸运之神"的眷顾，但也要对不幸的来临有所准备。

> 后来我们又唱了母亲喜欢的老歌，如徐小凤的《顺流逆流》。母亲面色红润，冰冷的手脚也变得温暖。

◎ 万变时代之三：告别慈母

妹妹屡次来电，说母亲病情还算稳定，但希望我们能早一点返回美国，她担心母亲在我们回去前与世长辞。当时正值暑假，飞机票很难预订，我们只有按照原计划于2017年7月2日返回美国。

2017年7月2日中午，我们抵达旧金山，弟弟、我在美国的孩子们在前一天或当天抵达。我打算从旧金山开车回休斯敦，于是就把我的1999年雷克萨斯470汽车先运到旧金山。回到熟悉的家中，年迈的母亲躺在床上，妹妹们、二弟和二弟媳陪在床边。母亲原来茂盛的头发又脱落了许多，露出前额。妹妹给母亲染过头发，但仍可见斑斑白发。母亲脸色红润，眼睛却眯着，妹妹告诉她"大哥回来了"，她露出笑容，点点头，嘴巴微微张开，想说话，但说不出。妹妹们继续说话，她继续点头，又作深呼吸状回应。妹妹说，母亲那天的脸色比前两天红润，因为大家都回来看她，她非常高兴！

回忆起小时候，母亲总是用背带把妹妹背在背后，左手牵着二弟，右手紧紧牵着我的手，担心贪玩的我走失了。我走到床前握着她冰冷的手，往事一幕幕在脑海浮现。

我们在母亲床边有说有笑，母亲的脸一动一动，仿佛也在参与我们的对话。三弟是最后回来的，母亲知道我们都回来了，头微微地摇动着。妹妹说从未见母亲这么兴奋。

我们一家人聚在家里吃饭，母亲无法坐在餐桌旁，照顾母亲的阿姨一边和她说话，一边喂她吃稀饭。那晚她的食量是平常的两倍。阿姨说母亲的心情很好，这很难得！

第二天早上，我们一行10多人到红木森林游览，大妹留在家里陪伴母亲。下午我们所有的子孙都回到家里。

九、万变时代（2015 年至今）

  小妹带头，大家同唱 Beyond 的《真的爱你》——"是你多么温馨的目光，教我坚毅望着前路，叮嘱我跌倒不应放弃……"唱着唱着，我们都哭了。后来我们又唱了母亲喜欢的老歌，如徐小凤的《顺流逆流》。母亲面色红润，冰冷的手脚也变得温暖。

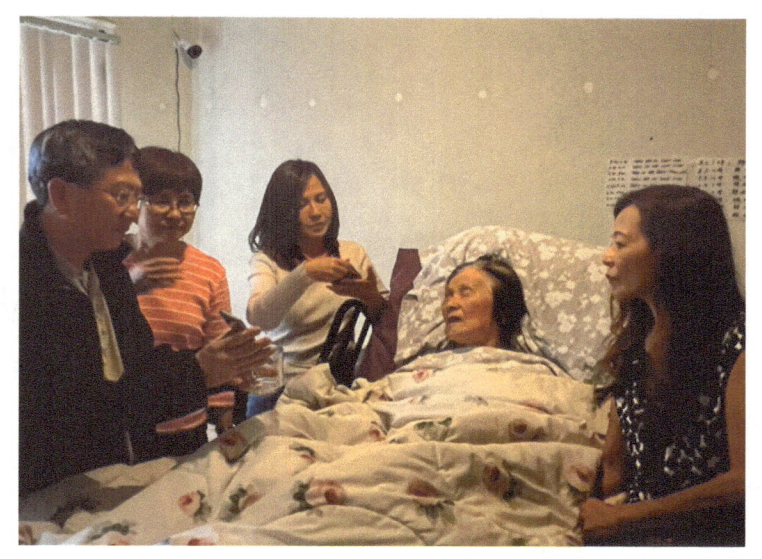

2017 年，母亲去世前一天，我们在家相聚。乏力迷糊的母亲，嘴巴不时颤动，脸上带着微笑，与我们互动，快乐地走到生命最后的一刻

1971 年，母亲和我们 6 个小孩在香港

逆风高飞

1977年，旧金山，父母和我们6个小孩及三弟的女朋友（后排右二）

1979年，弟弟锦昌和妹妹秀娟大学毕业

九、万变时代（2015 年至今） 233

1999 年，旧金山，第一次家庭聚会，母亲和我们 6 个小孩合照

  我们每个人都一一讲述与母亲的旧事和我们的切身感受，母亲以表情和"啊"声应和，表示自己仍是家庭会议中的一分子。我们唱歌、聊天，不知不觉两三小时过去了，母亲可能是太累了，她的表情慢了下来，不再发出声音，我们这才离开房间让她休息。我们在家中准备晚饭，翻看以前的照片，交流内心的感受。妹妹察觉到下午母亲的表现已是回光返照，晚饭后我们 20 个人决定第二天去殡仪馆准备母亲的后事。母亲在 10 多年前就已立下遗嘱，我们兄弟姊妹没有为家产而争吵，同心协力希望一家人能和睦相处下去，实在是难能可贵。

  7 月 4 日是美国国庆日，殡仪馆仍开门，妹妹约好去选棺木及确定葬礼细节。母亲因昨晚比较兴奋，起床比较晚，她手脚冰冷，还有点咳嗽。为了不影响母亲休息，其他人都去了殡仪馆商定母亲后事细节，只剩下我一人陪着母亲。

  在母亲生命的最后阶段，我们选择不送她去医院，有事就打电话请护士来照料，也不做紧急抢救，让母亲在无痛苦的状况下结束一生。弟弟妹妹离开家之前，母亲咳嗽，喉咙里有痰，呼吸不畅，妹妹便打电话请护士来。

我问护士，母亲的手脚比一天前冷，而且咳嗽，是出于什么原因。她解释说，母亲已到人生的最后几天，进食极少，身体系统的所有能量只用于保证基本器官运作，手脚不是维持生命的器官，会停止活动以节省能量。母亲可能只有数小时到一周的生命，无法预料。她又打电话订抽痰机，一小时后会送过来。

昏睡的母亲面色变白，呼吸急促，和前一天红光满面、神采奕奕地向我们点头有着天渊之别。我紧握她冰冷的手，房间里很安静，只有她的呼吸声和我的心跳声。

突然间我的电话响了，一位朋友打来问母亲的事，我走出母亲的卧室去接电话。我们大概谈了20分钟，突然阿姨大叫"李太没有呼吸了"。我冲入房间，看到面色苍白的母亲张开口，没有呼吸，安静地躺在床上。我立刻打电话给护士，请她过来再看，又打电话给弟弟妹妹，让所有人立刻回来。

门口有人按门铃，是抽痰机送到了，但已经没有用了。弟弟妹妹一行人都赶回来了，大家都有心理准备，因此不过于悲伤。护士抵达后诊断母亲已去世，随后殡仪馆派车来把母亲的遗体从家里移走。

2017年7月10日下午，我们在殡仪馆瞻仰母亲遗容。7月11日正式出殡，所有儿孙都出席了，连同友人，共有40多人到场。我们在母亲坟前烧了很多衣纸，希望母亲能在天上过上安好的生活。

母亲坚持数月，等到我们从各地赶回来，又参加我们的家庭会议、合唱。等我们都出去时，她默默地一个人离去，不让我们伤心，我们又都能参加她的葬礼。她给我们种种奇妙的安排，无一不在说明：她自始至终都是我们的慈母。

7月12日，我便开车和太太、孩子们从加利福尼亚州启程。经过拉斯维加斯，又去凤凰城探望了伟光表弟，之后安全抵达休斯敦。

我的表弟伟光毕业于伯克利加州大学化工专业，之后进入摩托罗拉公司做工程师，搬去凤凰城居住，在亚利桑那州立大学获得MBA和电子工程硕士学

九、万变时代（2015 年至今）

位。他拥有 12 个芯片制造专利，和太太开办过芯片光罩代工厂。

表弟的两个女儿和大女婿都是化工博士，小儿子也拿到 MBA 学位。他 55 岁退休，在凤凰城南买了一片土地种植枣树，过着隐逸的生活。他为人友善好客，乐于助人。我们在他家做客，住了两天。伟光表弟曾这样评价我：锦星表兄在众多的亲戚朋友中算是最勤奋的一位，来美国时不会说一句英语，4 年后在加州大学商科毕业，实在是奇迹。

2017 年，伟光表弟和我小儿子，在他凤凰城边的枣园里

绮媚表妹大学毕业后，嫁给了一位牙医，过着美满的生活。

> **对我人生的影响：**
> 天下虽没有不散的筵席，但积福能和一家人一起愉快度过最后一刻，死而无憾。

> 在可见的将来，中国无疑是世界上最大的制造强国。

◎ 万变时代之四：中国崛起

1985 年，我第一次进入中国做生意，此后每年我从美国回到中国，国内都会有大大小小的变化令我惊讶不已。我有幸目睹中国在数十年后摇身变成一个现代化的国家。

以我经营的工具产品为例，1985 年广交会，流花展馆只有 10 个省市一些大公司的摊位，展出的产品千篇一律。那些产品结实、耐用，但外观粗拙，没有包装，在市场较难卖出。故而各省市积极招商引资，吸引大量香港企业在中国内地建厂。

20 世纪 90 年代，中国的一些工厂有市场、资金和技术，可以和外资工厂分庭抗礼，创造众多国产品牌。很多技术员和营业员也成立了自己的加工工厂，为大工厂生产配套产品，形成细密的分工网络，构成中国工厂的生态链。

欧美的产业链也有许多改变。20 世纪 70 年代后期，美国电子通信行业迅速发展，更新换代的速度前所未有，从半导体到个人电脑，再到手机，只需短短 10 多年时间。欧美大公司也开始化整为零，逐渐将很多整机和零配件生产线转移到人工成本低廉的第三世界国家。

中国从 20 世纪 90 年代开始，便成为世界加工厂的一部分，工厂比较容易筹到所需资金。很多财务公司出现，金融业老板以房地产或信用做担保，给新的企业、工厂放贷款，这使得工厂如雨后春笋般在沿海一带兴起。工厂主和家人夜以继日地工作，为上游企业服务，把零配件及时送到它们的生产线，以生产出成品。

我们在广东顺德购买便携石油气炉具的厂家，就是一个很好的例子。工厂老板是浙江永康人，在永康有一家铸铁厂和一家规模为 200 多人的中型炉头工厂，产品的大部分零部件都是自己生产。他经营了 10 多年，大部分产品外销。自从珠江三角洲一带出现无数的零部件加工小工厂，炉具的售卖价格只有永康工厂生产成本的 80%。为了赢得竞争，老板只好解散永康的火炉部门，把工程

九、万变时代（2015 年至今）

人员和部分员工迁往广东顺德，租了工厂大厦二楼全层约 600 平方米，进行组装加工，铸铁炉子仍在永康生产。

2019 年年中，我们有一个炉头货柜第二天要装柜运出，我和公司其他人员到工厂验货。永康籍的厂长带我们参观工厂，我注意到在入口处堆放有大量待质检和装配的零部件，所有零部件均分门别类、整齐地堆放着。管理员忙着打电话催零件商送货。

我们这批货的配件前一天才生产完，第二天就装配。工厂内有 4 条长长的装配流水线，每条线上有 5 个装配工、1 个测试员及 1 个包装工。工人用气动工具、螺丝把炉头装好，再装上丁烷气罐，用明火在炉四周测试，没有漏气，便套上塑料袋，放入纸箱内包装好。我用广东话问测试员问题，他竟用四川口音的普通话回答。

厂长介绍，工人是以件计酬，如果有订单，常常一天工作 12 小时甚至更久。根据实际需要，工厂里还可以增加工人，加开两条生产线，一个 4 万多美元、40 英尺高的货柜的货量只需 1 天或 1.5 天即可生产完成。我真是大开眼界。所有工人皆是外省的民工，他们来广东就是为了赚钱。这些有眼光的老板和一群勤劳的工人，从一点一滴做起，打造出"世界工厂"，真是不容易。

一些中国产品已经走上国际舞台，广州交易会也因为这些工厂而演变成世界上最大的"B to B"（企业对企业）展销会，来自全世界的买家每年都云集于此！

为了降低税负，一些工厂将产品生产线转移到国外，或者和他国工厂合作。而第三国的工厂也几乎必须购买可靠、便宜的中国零配件，然后依靠当地工人和材料等优势完成生产组装，再销往美国和其他国家。

例如，我们公司购买的越南家具，螺丝包是中国产的，部分中密度纤维板也是中国产的，而木材和人工是越南的。所有生产流程如果有 50% 以上是在越南进行的，就符合越南海关的要求，可以打上"Made in Vietnam"的标签出口。我们也从在越南开办工厂的中国人处购买产品，销往北美。

中国工厂的生命力很强，在可见的将来，世界工厂也是中国生产生态链的延伸——世界各国工厂都用中国工厂制造的零部件，且制造地不限于中国和亚洲，会遍布全世界。在非洲、中亚甚至南美洲，吃苦耐劳的中国人到处移民，大量投资助力国际经济的发展。在可见的将来，中国无疑是世界上最大的制造强国，在海外旅居的华侨，包括我在内，都是这个新的生态链中的一部分。

> **对我人生的影响：**
>
> 精细分工，提高效率，是获得贸易成功的关键。

> 这使我非常向往越南，想去看看，以免错失良机。

◎ 万变时代之五：越南往事

早在 2001 年，我就察觉到美国市场上有越来越多的越南成衣及其他货品。从高级专卖店 Restoration Hardware、Crate & Barrel 到平民超市沃尔玛，都有产自越南的硬木家具产品在售。他们的木质家具做工精细，价格公道。我知道如果我想在家具行业中立足，就绝不能忽视越南！

2013 年，一个偶然的机缘，我认识了木材经营商阮先生。他告诉我越南制造业还在萌发阶段，劳动力价格只有中国的 1/4。越南的相思木比中国的松木坚硬，但价格和中国的松木相差无几。这使我非常向往越南，想去看看，以免错失良机。

2015 年，我第一次到越南看 VIFA 家具展览，阮先生安排他会讲广东话的朋友阿明带我们去展会、参观工厂。下飞机很顺利，我和儿子手持美国护照很快就出关了。我们听从阮先生的忠告，用 10 美元买了一张越南电话卡，然后和阮先生及两位朋友去第七郡展览馆附近的旅馆住下。

越南的旧式低层房屋居多，主街楼下为商铺，楼上是民居。路上都是骑摩托车的男女，红绿灯路口，数百辆摩托车齐发，蔚为壮观。

越南一年一度最大的家具展 VIFA，场地不大，只有中国 3 月家具博览会规模的 1/10 左右。有几家参展工厂规模很大，十几个货柜的订单都不放在眼

九、万变时代（2015年至今）

里。另有几家中型工厂，只做室内家具，对户外的不感兴趣。还有许多家贸易公司，报的价格比较高，但不懂技术，很难沟通。

我们在会上认识了 Lam Viet 家具工厂的业务员，随后到工厂参观。工厂规模很大，2000多名员工在一个4万多平方米的大厂房里工作。普通工人穿深绿色的T恤和长裤，管理人员穿橙色衬衫，质检员则穿黄色T恤，人员虽多，却井井有条。美国几家大型高档家具店，如 Restoration Hardware，都从这家工厂采购商品。工厂老板留美的儿子、媳妇负责管理工厂的生产、销售等事宜，非常用心。生产设备都是产自德国和意大利的新型木工机和生产线。对于我们只有十几个货柜而且还要开发新产品的订单，他们不太感兴趣！

阿明带我们去看了两个小工厂，每个工厂只有10多个工人在约500平方米简陋钢架结构的厂房内工作，有七八台木工机械，如钻床、刨床、磨床等。在厂房的另一端，堆放了10多个托盘、直径小于10厘米的相思木材。

我估计工厂的全部资产，即机械加存货，价值1万多美元。他们说每月可供应我5个40英尺货柜、10多万美元的货，我觉得这根本是天方夜谭，浪费彼此的时间。晚上阿明带我们去西贡的饭店喝啤酒，吃酸鱼锅和烤蜜糖田鼠。天啊！这是我这辈子第一次吃老鼠！刷了蜂蜜在炭火上烤的田鼠肉厚而肥美，味道特殊，很可口，和兔肉的味道有些相似。

阿明和他弟弟在西贡第五郡中国城长大，会说简单的粤语，但没有接受过正式的中文教育，看不懂汉字，也不会英语。我们没法深度交流，只有用手机来沟通。他们甚少和外界接触，见识有限，只认得洛杉矶的阮先生。

我和大儿子从美国来越南订货，对阿明来说，是他的发财梦救星。他每天打很多次电话邀请我们去看工厂。盛意难却，我们浪费了半天时间参观那两个小工厂，也发现了一个秘密。

两年前，休斯敦开发8号环城公路，砍下数以万计的硬木林，阮先生以免费处理木材为由，获得这批原木，只支付了人工和装柜费用，运了1000多个货柜来越南销售。但阮先生说越南的工厂声称这批木材有虫蛀和腐烂，找各种理由不付款，使他差点破产。

这次我和阿明接触，了解了其中缘由。因为这批木材大小不一、树种繁多，许多树身弯曲不规则，加上部分树木砍下后在美国放置了数月到一年时间，表面有虫蛀、腐烂，大型锯木工厂不要，只能放账给小型工厂购买。但小型工厂没有客源，只能把木材卸柜整理筛选，好的卖给大型锯木工厂，不好的留下，作其他家具之用。我猜测小工厂从未见过这么多的木材，还给他们放账，因此给越南代理人阿明说木材有蛀虫而不支付货款。阮先生委托阿明替他卖木材并催收货款，最后这 1000 个货柜的木材只收回来不到 200 个货柜的钱。阮先生虽是免费获得这批木材，但赔上了装货柜的人工费用和木材运到越南的海运费，损失惨重。他虽介绍阿明带我看工厂，但我听他言语间对阿明在木材生意中的做法心存疑虑，由此我对阿明略有戒心，他屡次打电话给我介绍新工厂，我都婉拒了。

在展会上，我们偶遇了吴先生。他是 20 世纪八九十年代美国最大的室内家具华人进口商，我们在拉斯维加斯的展会上由朋友介绍认识，成为朋友。这次重聚，我们十分高兴，他邀请我们参观他在平阳省的工厂。晚上我们在一家越南餐馆小聚，谈起以往旧事。

吴先生于 20 世纪 70 年代移民到美国，70 年代末开始在美国进口中国的家具产品。他的公司总部设在洛杉矶，20 世纪 80 年代末在洛杉矶拥有 2000 多平方米的仓库，在北卡罗来纳州、新泽西州及墨西哥城均设有分公司和大仓库，在休斯敦则有亲戚开的分销点。公司有近 200 名员工，年销售额四五千万美元，是当时室内家具主要进口商，叱咤一时。

但好景不长，20 世纪 90 年代中期，吴先生公司在财务方面出了问题。吴先生为了获得更多的银行贷款而虚报营业额：美国洛杉矶总公司的货物销售给各分公司，计为总公司的销售业绩，而货物由分公司销售给客户，算作分公司的业绩。同一件货物销售了两次，整个公司的营业额大幅提高。这家美国大银行的审计发现此事后，认为多贷金额达千万美元，是蓄意欺诈、行骗，触犯了美国联邦法律，是重罪。银行限吴先生数周内把超过千万美元的贷款还清，否则公司就要被清盘，地产及存货将被悉数拍卖，而吴先生本人也要负刑事责任。

在短期内找到一家银行获得 2000 万美元的贷款谈何容易？回想我刚离婚时，公司业务不振，没有利润，我用了两年多时间才找到一家银行获得 200 万美元贷款，得以脱离苦海，况且我没有做假账，没有承担刑事责任的风险。

九、万变时代（2015年至今）

数周后，银行因吴先生不能偿还贷款而把他公司总部和分部全部关掉清盘。吴先生是以私人财产担保借贷，且犯了蓄意诈欺罪，债权人有权没收他一切私产。他的私人存款、车子、房子等都被银行没收、拍卖。法庭判他3年监禁，他在狱中表现良好，不到两年便回家了。

吴先生出狱回家，从前洛杉矶的上千平方米豪宅变成不足100平方米的两室小公寓，太太带着两个儿女打工过活。对比过去手下数百名员工、银行个人账户存款常有6位数字、美国到处都有房产，他不禁黯然泪下。

幸好，细看以前的账单，吴先生发现之前曾多支付8万美元的保险费。这笔退款便成为吴先生东山再起的本钱。

在美国有过破产记录，很难再获得银行贷款，生意很难做大。于是他把洛杉矶的批发生意交给女儿打理，儿子则在广东东莞开办家具工厂。由于越南人工、木材价格比中国便宜，加上在靠近西贡的平阳省有许多中国商人开办家具厂，2013年，67岁的吴先生来到越南创业，从一位中国商人手里买下一家有300名员工的家具厂，从小规模做起。

工厂约3000平方米，生产室内家具。吴先生和夫人住在工厂后面的一个小房子，两个精简的卧室内吊有蚊帐，只有电风扇没有空调。浴室没有热水，要用灶火把水烧热，再兑好冷水洗澡。我不敢相信我的眼睛，这位昔日美国华人进口商的偶像，真是能屈能伸，非常了不起，值得敬佩。

对我人生的影响：

向这群不屈不挠的商人致敬。

> 展览会场内，我发现生产家具材料和配件的中国工厂比比皆是。

◎ 万变时代之六：目睹产业迁徙

纵使越南人工便宜，生活方式和中国相近，但始终是离乡背井。因此，大部分在越南经营工厂的中国商人都把孩子送回中国上学，或出国留学。商二代往往没有接手越南工厂的计划，毕业后便留在国外或回了中国，不愿继承父辈的生意。

很多越南工厂的中国老板都上了年纪，生意后继无人，又不想在越南度过晚年，只有将辛苦创建的工厂忍痛出售，他们大多仍选择从中国来的买家。吴先生又购买了一位朋友退休出让的一家3000多平方米、300多名员工的工厂。工厂设备齐全，又有订单。上了年纪的老板和老板娘无精力经营工厂，以很便宜的价格及分期付款的方式将工厂转让给吴先生。

在越南开工厂，"猛虎斗不过地头蛇"，成本比本地人开工厂高出许多，但吴先生仍深具信心。他很努力地学习越南语，但他毕竟是华人，越南语说得不是很流利，很多时候联系和管理上不太方便。幸好他女儿在美国洛杉矶有仓库，有自己的销售网络，订单不是大问题。这次他帮我生产了样品，但是他的工人毕竟是做室内家具的，与户外家具的水准和要求有差距，价格也偏高，所以我们并没有采购。

每年3月越南家具展览会，我们都到吴先生的摊位和他打招呼。在2019年的展会上，我遇到他儿子和儿媳——约翰夫妇，他们说已在年初把东莞经营多年的沙发厂关闭，搬来了越南，在父亲经营的工厂继续生产。细谈之下得知，中国的人工费用越来越高，价格无法和越南的工厂竞争，于是他们一家人全搬来越南，两个小孩也来了，在国际学校念书。但生产沙发需要面积比较大的工厂，现有的厂房不太够用。

展览会场内，我发现生产家具材料和配件的中国工厂比比皆是，如生产五金、椅子轴承的布料、人造皮、意大利牛皮、弹簧、金属牌、标签等五花八门的厂商，都从国内到越南来开拓市场。在会上，我认识了大熊，他在东莞开办

九、万变时代（2015年至今）

了一家沙发面料厂，2018年年底在平阳省租了一个400平方米的仓库，把国内的面料批发给各越南工厂，尤其是中国人开设的沙发工厂。这次展会使我目睹了中国家具产业的迁徙，这也是中国工厂供应链网络的延伸。

很多通过我们公司直接进口的客户因为仓库有限，要求把一部分货暂存在我们仓库。平常每个星期只有三五个货柜运送到我们仓库，客户在2018年12月一次性进口了80多个货柜的货，一个星期内到了20多个货柜。

我们平时每天只卸一个货柜，星期六、星期日休息。现在造成我公司有大量货柜积压在码头，每个货柜要支付租金，再加上货柜仓租等费用。其中还有5个货柜的摇椅，工厂在组件角度方面出了问题，我们要逐个拆开包装改装。我们请了6个工人，一组两人，每天只能改装60多把摇椅。这令我们阵脚大乱。

吴先生3月在展会上给我们说，同奈省有一个中国商人的厂房转手，他在谈价格。厂房挂出1年多没有卖掉，卖方有意减价出售。

10月广交会之后，我们回到越南买货。我又去探望吴先生，他已搬去同奈省的新厂房。

他说4月时他儿子也来越南和他一起"闯天下"，因此他压价后支付了定金，用300多万美元低价买下工厂。工厂位于繁华地段，有4万多平方米的厂房和6万平方米土地，合约在7月成交。

很多生产橱柜的大型工厂都到越南"打天下"。在越南，面积1万平方米以上、可租可卖的大工厂不多，吴先生支付了定金的那家工厂的价值短时间内得到大幅提高。6—7月，房东提出愿意赔付数倍定金，请求吴先生解约，但吴先生不同意。房东用尽各种方法拖延欲令吴先生放弃购买，都没有成功，7月底那家工厂终于过户给吴先生了。

2019年6月1日之后，从中国来越南考察的厂家越来越多。10月我入住越南平阳省的米拉酒店时，人满为患，房价翻了数倍，住客大多是想在越南开办工厂的中国人。他们都在打听哪里可以租到合适的厂房，如何办理注册公司手续，如何进口、出口等。许多会说中国话的越南经纪人在酒店到处走动寻找机会。这让我想起20世纪90年代初的深圳和东莞等珠江三角洲地区，那时全国各地，甚至全世界的厂家都一窝蜂地在珠三角和长三角开办工厂。

越南厂房租金数月内上涨了 50% 以上，土地价格翻了一倍。

吴先生购买的 4 万多平方米的厂房，虽然是旧的铁皮钢结构建筑，但可用面积大，能分租给多家工厂供它们同时生产。吴先生说，已有多家橱柜工厂要租他的厂房，但他还未决定租给哪一家。吴先生还告诉我，最近有人出价 700 万美元，想要收购他的工厂，但他不愿意！他仅几个月就可赚三四百万美元，真不错！我们谈了一会儿，吴先生坚持要亲自开车送我回酒店。原来他刚买了新的奔驰 AMG 型高级轿车。我内心了然，吴先生是彻底"咸鱼翻生"了！

吴先生私下告诉我，67 岁异域创业，受尽各种困难和苦楚，如今翻盘，又有儿子一家不辞劳苦，把工厂从中国搬到越南和他一起奋斗，真是苦尽甘来！我很佩服吴先生的勇气、胆识！他是我心中永远的偶像！

> **对我人生的影响：**
>
> 制定目标，全力以赴。不怕艰辛，苦尽甘来。

> 鲍里斯开玩笑说，下辈子要做神父，收入高又不用缴税！

◎ 万变时代之七：中欧之旅

向我供应户外木制家具的工厂，是中国木塑行业的佼佼者。为了节省运费，王总屡次到访罗马尼亚，想和当地友人合作开办一家木塑工厂，同时利用当地便宜的木材，在木塑厂附近兴建一家炭烧木制家具厂。2018 年 11 月初，他又要去罗马尼亚筹建工厂，邀我同行。我认为中欧制造也许是日后节省成本的可行之道，我们一拍即合。

有两位通晓俄语的朋友，想与一家中国家具工厂合作生产我们的炭烧家具，人工、木材皆便宜的乌克兰对他们很有吸引力。

我从美国经德国飞往罗马尼亚首都布加勒斯特。王总和我都住在机场附近

九、万变时代（2015年至今）

一家四星级酒店，离酒店不到半公里，有沿河修建的10多公里长的公园，我们早上可以跑步健身。

第二天，我们拜访了王总的好友黎总。他从浙江移民来罗马尼亚4年多，虽不懂罗马尼亚语，却开了10多家中国快餐店，令我甚为佩服！黎总非常好客，他和家人准备了丰富的美食招待我们。

我们参观了布加勒斯特的进口商批发中心——红龙市场。市场内有上千个摊位，中国人经营的超过60%，以衣物、生活用品为主。据一位做报关工作的罗马尼亚籍华人说，以往中国进口的羽绒服是最大宗最好销售的产品，自从2009年进口商人为降低成本，用不保暖的鸡毛代替鸭毛，进口羽绒服生意一蹶不振，也影响了进口衣物等各个行业，红龙市场的生意连带着受到影响。罗马尼亚的中国人约半数和红龙市场直接或间接产生关联，赖以维生。

常住罗马尼亚的中国人约7000人，算上暂居人口则约有1万人。2010年前的移民大都教育水平比较低，没有本钱，想通过移民改善生活。而新的移民和暂居者大部分在国内已有生意或财富，他们很有头脑，来东欧是为了拓展生意或寻求更大的机会。一位30多岁的南通床上用品工厂的何老板，让弟弟留在国内管理工厂，把半制成品发往罗马尼亚，他在布加勒斯特招聘当地女工缝纫成被单、枕套等。在布加勒斯特市及附近的购物中心内，何老板一共开了4家零售批发店。由于语言不通，何总聘请了一位在中国生活过、会读写中文的罗马尼亚人做经理，生意和利润相当不俗，打破了从红龙市场批发零售的传统老路。

王总和他的朋友带我去了罗马尼亚东北部山区的林场和锯木厂。他们的木材资源的确丰富，价格比中国和美国的都低廉，有市场的优势。

我还跟着王总去了一趟有着700万人口的塞尔维亚。在多瑙河畔的美丽首都贝尔格莱德，我们得到华人总商会温州籍的周主席的热情接待。可惜当地市场太小，没有木材资源，塞尔维亚又不是欧盟成员，开展业务的难度较大。

几天后，我们飞去乌克兰西部大城利沃夫，和两位精通俄语的中国友人在机场会面，而后坐了约3.5小时的车，抵达与罗马尼亚相接的山区小城库斯特。开车接我们的是鲍里斯，他非常好客，不但招待我们住在他家，晚上还宴请我们吃他自制的香肠配以当地红酒。俄语和乌克兰语有一些相通，大家谈得甚为愉快。

朋友从国内带了一件炭烧摇椅给鲍里斯看，他已大概明白我们此行的目的。早上他带我们参观一个废弃的木家具厂，售价为10多万美元。该厂占地大约2000平方米，机器大多为半自动的木工机械，很多已生锈，厂房不集中，很难组织生产。厂房外有羊群吃草，还有几头羊在厂房里睡觉、休息。

我们接着去一处2017年才关闭的菜市场，旁边有4000多平方米、10米高、房龄约10年的厂房和仓库，售价为30多万美元。在美国，这样的厂房最低售价为300万美元。小鸟从窗户飞入厂房筑巢，外面有数只野狗徘徊，凋零景象令我有不少失落感。

我们还顺道参观了鲍里斯一个朋友的养鸡场。6个大养鸡舍的面积都超过2000平方米，还有屠宰场、孵化场等，过去产品主要销往欧盟国家。鲍里斯带我们去山腰处参观锯木厂，一路风光如画，山明水秀，到处都是苹果园和小别墅，直到看见山边冒黑烟，就到了木材工厂。原木用货车运出，较小的木材用马车运送，加工机器比较落后。虽然木材质量好，价格便宜，但不能进行大量生产，很难满足我们的需求。

最后我们参观了一家生产原木木屋的工厂，产品大部分远销西欧。木屋的工艺比较简单，本质上就是销售木材。一位会说英语的股东和我们谈合作想生产摇椅，我们接着去他开的酒吧喝啤酒。1年前，他拥有一家有50余名员工的铝窗工厂，原本生意不俗，但因经济不佳而停产。现在他担任本地区工厂的督察，负责发放工厂牌照和查违规工厂。

假日有空时，我们在只有数千人口的库斯特城中心闲逛，到处都是宏伟的教堂。路上行驶的大多是陈旧的拉达1200（菲亚特124）和拉达1300汽车。中午我们在寥寥无几的餐馆中选择了一家披萨店吃午饭。回到鲍里斯家，一位穿紫袍的神父正在募款。神父离开后，鲍里斯开玩笑说，下辈子要做神父，收入高又不用缴税！

九、万变时代（2015 年至今）　　247

2018 年在乌克兰

　　两天后的傍晚，我们 3 人同坐火车由库斯特回利沃夫和基辅，鲍里斯送我们去车站。我们在没有上盖的车站等了 20 分钟，一列蓝色火车到站，我觉得这车很眼熟。列车抵站停定，各车厢乘务员都下车，站在车门等候旅客上车，我们拿着行李走了七八个车厢，乘务员带我们上了车。难怪这么眼熟，这不就是中国的绿皮火车吗？我们在软卧车厢，4 个人上下床一个房间。仅 50 欧元我们就拥有整个房间。很久未坐绿皮火车软卧车厢了，连桌子下面放置暖壶的地方也和国内车厢的一样，太亲切了！

　　3 小时后我在利沃夫站下车，而那两位朋友还得再坐 6 小时到基辅。在利沃夫，我乘飞机经波兰回到布加勒斯特，两天后便返回美国。

对我人生的影响：

人生处处是机遇。

> 2021年3月初，我飞往俄亥俄州代顿，去一家中国工厂的美国代理模具厂。

◎ 万变时代之八：美国建厂

2018年伊始，部分劳动密集、技术含量比较低的工业加快从中国转移到其他国家的步伐。然而，中国拥有数十年的技术积累、熟练的工人、先进的机械、充足的资金以及完整的生产链，是其他国家短时间内无法替代的。再加上中国有良好的基建、通信设备及相关政策有力支持，各行业的出口产品，很多都是世界第一。

2020年，全球远洋运输费和美国内陆运费均大涨。2019年，一个40英尺的货柜从中国或越南运到休斯敦的运费约4000美元，2020年12月，上涨到6000多美元，2021年8月，更是上涨到2万美元以上。我们一个货柜的货值只有2.8万美元左右，运费由货值的15%上涨到70%以上。主要原因是新冠疫情使得卸货速度放慢，太多货柜滞留国外。

2021年，有色金属，如铁、铝、铜等，比2020年同期涨价30%以上，塑胶原料涨价近1倍，美国木材的价格猛涨3倍。加上人民币升值、海运费涨3～5倍等因素，我们只好提价30%～50%。大部分客户不能接受10%以上的涨价，我们的生意因此受损。

早在2019年年中，鉴于一些不确定因素，我和大儿子都认识到在美国生产家具的重要性。木制户外家具是我们主销的产品，美国木材丰富、价格便宜，可惜家具工厂不能实现全机械化生产，需要大量劳工。在美国生产的家具和在中国、东南亚等人工成本低廉的地区生产的家具竞争，简直是不自量力。

20世纪80年代后期，锤子工厂的失败让我对做逆水行舟的事犹有余悸。一些客户看到美国Polywood品牌的塑料仿木椅子卖得非常贵、销量非常好，也向我们订购这款产自中国、发泡塑料挤出成型的椅子。美国塑料便宜，在美国生产可以节省运费，产品还可以销售给现有客户，生意应该很好。

2019年下半年回国，我先后参观了张家港和苏州几家制造挤塑机械的工

九、万变时代（2015 年至今）

厂及生产木塑家具的工厂，发觉生产工艺其实并不复杂，但是人工的要求比较多。而且从开机到生产要耗费一两小时加热调试机器，工厂要持续 24 小时开机，否则就会亏本。细算之下，还不如将中国工厂迁到越南或其他东南亚国家，利用当地便宜的人工、厂房、原料进行生产并出口美国。倘若我自己开一家挤塑工厂用于生产，最终可能会一败涂地，这不值得我冒险。

最划算的应该是研发出一款体积大、运费高、生产自动化程度高，并能在我们客户群中畅销的产品。和大儿子商议后，我决定生产仿旧四五十年代的古典式冰桶。我们已获得可口可乐等公司授权生产和销售这款冰桶，多家全国连锁超市都购买我们的产品。这款新冰桶的特色是材质由中国产钢板外壳转为美国生产的 PP（聚丙烯）塑料，塑料材质成本占总成本的 80%，占其余 20% 成本的金属部件及五金部件仍从中国进口。全新的射出成型机，整套设备自动化程度高，产品质量稳定，待机时间不长，可以根据订单决定生产时间长短。

2020 年年底，我从朋友手中买下休斯敦市中心东面一个 3400 平方米的仓库后，就着手订机器。经朋友介绍，我找到了世界上产量最大的射出成型机的生产工厂——中国的海天。此外，我还接触了规模较小的华美达以及另外两家已经上市的成型机公司。最后，我们选择和其中一家上市公司合作。

2021 年 1 月中旬，我把定金汇出，顺便订了模具，总金额 200 多万美元，产品预计 8 月交货。

之前做生意时，我认识了 27 岁、从休斯敦大学硕士毕业不久的彭先生。他在国内和美国攻读材料工程学，正是我们制造冰桶需要的人才。我们一拍即合，他成为工厂的策划总监。之后又幸得潘工与何工加入。

我们和工厂一直讨论设计和打样，但是进展太慢，最后委托国内一家专门的设计公司负责设计和打样工作，包括用数控加工中心制作样品。我们还需要增加两台射出成型机，但之前合作的那家公司交货较慢，不得已我们只能继续寻找其他合作方采购机器设备。

和我们合作的中国工厂，因为零件和配件都较难买到，所以机器设备推迟了一两个月才交货。机器设备生产好后，船期又延误了 1 个多月，因此我们的生产也延迟到 2022 年 2 月、3 月交货。这样一来，生产时间比预计的晚了 4 个月，资金方面承受很大压力，成本也极大地超出预算。但我对在美国制造体积大的产品仍充满信心。

2022年1月，大部分机器已经运到，但是工厂还没有通过市政府的检查。又因为我们没有经营工厂的经验，冰桶工艺比较复杂，所以我们发展了另外一款木制冰桶和一款简单射出成型的椅子，希望在4月能够生产。生产时间一拖再拖，这是我始料未及的。

大儿子对经营工厂的意志有所动摇，我告诉他：长城不是一天建成的，不入虎穴，焉得虎子；要有耐心，才能做成大事，如果这么容易做成，那么美国到处都是工厂了。

工厂，由左到右：彭先生，吴先生，我和大儿子，潘工

2021年3月初，我飞往俄亥俄州代顿，去一家中国工厂的美国代理模具厂。虽然设计、维修工作都在美国开展，但模具均在中国制造。我们一同到代理亲戚开办的约4000平方米的射出成型工厂。此工厂开了30多年，一直以OEM业务为主，三代人同在工厂工作，年近90的祖父仍然掌权。

厂内有一台300多吨的蓝色庞然大物——辛辛那提Milacron公司于20世纪60年代出品的射出成型机。巨大的马达和油缸耗电量惊人，是现代机器的

九、万变时代（2015年至今）

20倍以上，成品速度则只有1/10。新机器采用伺服马达，宁静且效率高。厂里也有多台20世纪90年代末和21世纪初的东芝射出机，仍在工作，耗电量是新机器的数倍。厂里雇有20多位员工，为了节省人工成本，下班后只有老板60多岁的儿子和侄子加班。我心里暗想：这类专门生产少量代加工产品的工厂，前途是相当有限的。

附近的房子比较老旧，价格在3万美元到10多万美元不等。代理说，以前附近有很多制造工厂，现在大部分已关门或搬走，人口流失严重。这也是过去30年来锈带（铁锈地带，美国东北部—五大湖附近，传统工业衰退的地区）和美国工业的写照。

我想起美国经营近百年的老牌钳子工厂Vise-Grip。工厂创业者去世，年青一代不想继续经营，把工厂卖给了一家上市公司。公司旗下产品很多，为了便于管理、增加利润，公司负责人在2008年关闭了位于内布拉斯加州德威特的这家百年工厂，整个小镇500多人失业，订单都给了中国。

有机会，再分享工厂的后续进展。

> **对我人生的影响：**
>
> 制造业发展的时机已届临，但困难重重，要有耐心、信心和贯彻落实的计划，才能成功。

为了能够获得有限的舱位，我只好选择一家公司签下天价合约。

◎ 万变时代之九：越南寻找转机

2009年，我打网球时不慎踩到球上，剧痛倒地，不能走路。当时以为是扭伤，第一时间看了中医，敷一个星期药，没有好转。我又去看骨科，照了核磁共振，才发现断了脚筋，开刀做了接驳手术。虽然耽误了一点时间，经过4个月持拐的不便，生活终于回复正常。

最近两年，旧患缝线处时有肿疼，看医生后才知道，前次术后伤口缝线不可溶解，医生建议把多出的线切除。他说我很"幸运"，他数百名病人中，要做第二次手术的，我是第二位。经过一个月的排期，终于轮到我了。

2020—2021年，海运费上涨四五倍，从4000美元涨到2万美元以上。我们一柜货物的价值平均不到2.8万美元，运费由成本的15%上涨到70%，材料价格也上扬5%~30%，逼得我们提高售价30%~50%。但最大的零售商家得宝Home Depot只允许我们涨25%，亚马逊则一分也不许我们涨，其他客户也只接受有限度的涨价。为维持公司运转，我们又必须继续进货，满足接受有限涨价的客户的需求。还好有两家船运公司和我们签了6000多美元一个40英尺货柜的一年合约，加上杂费，一个货柜运到休斯敦8000多美元。但是船运公司常常以爆舱和货柜短缺为由，拒绝我们订舱。多半的货柜，我们要支付超高的运费运到美国，营业额提高了，但销售量和利润并没有增加多少。

2022年4月要签新一年的航运合约。每家船运公司都觉得2021年签的合约亏了，于是将2022年新的合约提价到1.6万美元以上，但没有过多的罚款条款。为了能够获得有限的舱位，我只好选择一家公司签下天价合约。

全球船运行业由3个联盟霸占，每个联盟下的船运公司都有能运4000—10000货柜的巨轮，以降低船运成本。以前别的小公司很难和3家"巨无霸"竞争，然而"重赏之下必有勇夫"，超高的运费诱使美国和欧洲的商人纷纷包船，船务代理也租用小到只能装200多个货柜、排水量仅5000吨的"蜗牛船""花生壳船"来揽活，他们运一趟货到美国，赚的钱便够买一条船。美国的港口多了这批"生力军"，卸货速度自然慢很多。

2022年3月底开始，船运舱位增加，运费下跌。5月中旬，中国到休斯敦的货柜，运费已从1.8万美元跌到1.2万美元，越南到休斯敦的运费掉到1.4万美元。我认识的平台销售商说，这几个月销售量比上一年同期少了约30%，电商销售比上一年同期少了10%~20%。高昂运费使货物提价，卖不出去，大家都预测航运费会继续下跌。7月后是室外家具销售的淡季，不需要过多的库存，每多发出1个货柜，我们就要多支付高昂的运费，但货物无法快速卖出。

九、万变时代（2015年至今） 253

我决定去一趟越南，与合作的工厂商量，我们多付订金（预付款），请他们做好产品后存放在工厂仓库，先不发货。此外，我们要看新的样品和订明年的货。

经医生允许，手术后第三天，我坐上满载乘客的美联航客机，到了日本成田机场，再转机到越南河内。

我先到一个工业区，这里有23家中国商人创办的工厂，其中一家工厂给我们供应铁铝制的公园椅。我们每年向他们采购数十万美元的椅子供给家得宝，但2022年因为中国铁价跌了，公园椅价格也大跌，中国椅子比越南的便宜，所以2022年我们没有订单给这家工厂。毕竟是多年的朋友，我特意解释我们的处境，我们商量看有没有好的解决办法。

老板是一位70岁左右的太太，在中国有工厂，在洛杉矶有仓库，儿子在美国。她单打独斗在河内经营1万多平方米、300多人的工厂，主要生产在家得宝销售的铁门。

第二天，生产木地板和家具的工厂的业务员来酒店接我，带我去医院换药。医生精通英语，检查得很仔细，护士包扎后，我支付了3.5美元便出院了。家具工厂原有两处各2000多平方米的厂房，订单爆满时又租用5000多平方米的厂房，生产美国BCP品牌编藤桌椅。现在仓库堆了30多个货柜打包后的货，最近好几个月没有收到美国订单，只好关门。最惨的是他们买了土地，正在建两万平方米的厂房，建成后每个月可以生产100多个货柜的货物。

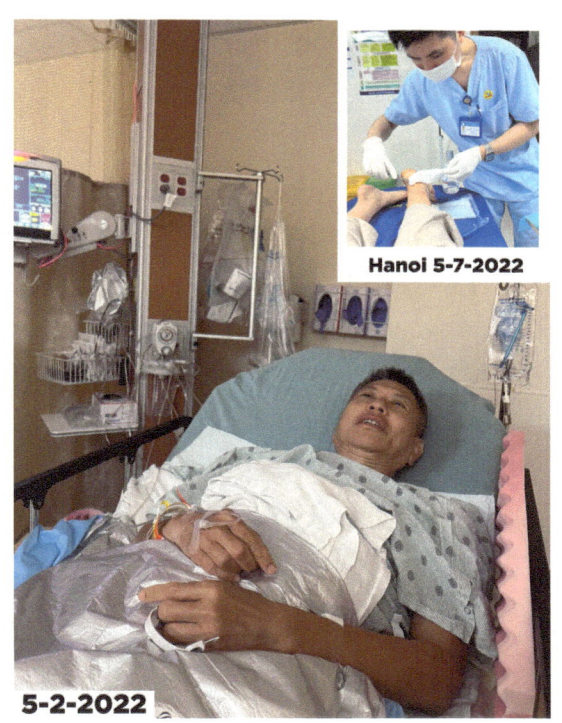

2022年5月2日，在美国手术，5月7日在河内换药

随后我去了岘港和归仁的几家工厂，他们的开工率也不足。值得一提的是归仁新区一家全新的 3 万多平方米的明全家具厂，有 500 多位员工，专门生产欧洲家具，所用的木材皆有 FSC（再生林）认证。归仁市招商引资，在开发区森林里，对有实力的投资者给予免费土地和低息贷款等优惠政策。工厂买了 10 多辆公交车，每天接送上下班的员工。

我的验货员带我去一家医院换药，两位医生会诊，敷药包上纱布，只收 1.7 美元。接着我去了毗邻西贡（胡志明市）的平阳省，这里是中国商人与中国家具工厂在越南最集中之地。我到酒店后，便和朋友吃晚饭，再去卡拉 OK 喝酒。在饭桌上和卡拉 OK，我认识了不少中国企业的老板，他们家人都在国内，白天工作得很累，晚上找地方聚会，放松一下。

第二天，我到了以前为我们生产家具，现在生产塑料编藤沙发和藤椅的一家越南工厂。这家工厂有 600 位工人，旺季时员工数量 1000 多，每年生产 2000 多个货柜的货。我看到一车车焊好的铁管框往外运送，另一车编完的藤椅在点收。工厂另一端，工人们忙着同时装 11 个货柜的货。下午到另一家工厂，我们还有两个货柜在厂里没有运出。5000 平方米的工厂因没有新的订单，停工了，幸好厂房是老板自己购置的，还能勉强生存。

我从朋友处得知，越南家具最大的进口商——美国的亚室丽 Ashley Furniture 因存货太多而不再采购，最近要求供应商降价 6%，还要负担 1500 美元左右的运费，才能订舱位把工厂库存的货运走。这真是霸王条款，但工厂资金很紧张，有的工厂接受了这个条件，亏本求存。

KT 是为我们生产炭化家具的中国工厂，负责人郭总和他的合伙人长期在国内，越南的业务都交给一位在中国打了 7 年工、会说汉语的越南工人小伍管理。KT 在平阳的工厂面积为 2200 平方米，位置比较偏。国内和本地的材料供应配合尚好，工厂一直都在生产，但是工人太多、油漆消耗太快等因素造成工厂不赚钱，合伙人想要退出。这次郭总从中国飞到越南，同我商量如何解决以后供货的问题。

在平阳我有一家 4000 平方米的供货工厂，最近开工不足，这家工厂旁边有一个 2800 平方米的空置厂房。工厂老板和我年纪差不多，但处于半退休状态，他的儿子 30 多岁，在休斯敦念完大学，想做一番事业。我把工厂老板的

九、万变时代（2015年至今）

儿子介绍给郭总，大家一拍即合，以合作和合约的模式运作，郭总会在一两个月内把工厂搬过来。这样一来，我不用担心下半年的供货问题了，不枉此行。

空闲时，我参观了一家1万多平方米的橱柜工厂，才知道越南每个月有3000多个货柜的橱柜运往美国。另一家专门生产纤维板（MDF）贴花的工厂，全部使用中国机器和原料，日产30个货柜，为地板生产商、橱柜工厂和装修公司等供货。平阳和周边地区还没有高速公路，交通主干线每天都被运送货柜的车堵住，我们的车只能慢慢挪动。

郭总住在平阳中国城一个朋友家中，区内有多家中国餐馆、杂货店、礼品店，还有一家豆花店。我们去了一家3层楼的湘菜馆，味道正宗，有一位年轻人向我们敬酒，原来是餐馆老板，刚从中国到越南3年，只有25岁。我不由得想起自己25岁开餐馆的往事。

在越南晚上下班后，中国人常聚在一起吃饭、喝酒。一个朋友和太太住在平阳中国城，吃饭喝酒后回到家，穿高跟鞋的太太上楼看小孩，一不小心从二楼摔到铺大理石的一楼地面，头部着地出血，不省人事。家里人手足无措，一时又找不到救护车，到医院已经是30分钟以后。很不幸，两个孩子的母亲，45岁，就这样与世长辞，丈夫很伤心，两个星期都讲不出话来。异国打拼变成命丧他乡，怎不令人唏嘘。

2022年年底，全球贸易不景气，虽然从胡志明市到洛杉矶一个40英尺高的货柜的海运费跌到2000美元以下，但很多越南工厂因开工不足而关门，铩羽而归的中国老板大有人在。

不知不觉间，我已在越南度过两个星期。我穿着拖鞋，上了全日空的飞机，经日本返美国。

> **对我人生的影响：**
>
> 时势造英雄，胜败乃兵家常事。唯身在异乡为异客，困难重重下，有苦自己知。

> 衷心感谢我太太，她通情达理，大方地让大家融洽相处，使我心中有说不尽的感激。

◎ 万变时代之十：昨日，今朝

1. 家族今昔

1998年，我的祖父在旧金山的老人院中去世。

20世纪80年代初，二祖母被诊断为乳腺癌晚期，癌细胞已经扩散，虽然在美国Kaiser医院做了化疗，但是效果不佳。她听从朋友的建议飞回香港，看中医、服中药，经过数月并不见疗效，身体越来越差。最后，有护士执照的二叔回港，陪同她坐头等舱、佩戴氧气呼吸器飞回美国，救护车等候在旧金山机场，直接送她去医院。没有多久，二祖母便去世了。

二祖母去世后，祖父在唐人街租了一个房间独自居住，在他床底下，有一个装满了金币、银币和钞票的箱子。1988年，他患了老年痴呆症，叔叔和姑姑把他送去Laguna Honda老人院，房间里的箱子却不翼而飞。他一生的积蓄就这样灰飞烟灭了。

我探望过他一次，他已经不记得我的名字。

祖父1897年出生，16岁开始跑船。1954年定居旧金山时，他已57岁，年龄太大很难被轮船公司录用，因此他把年龄改小了7岁，在文件上写成1904年出生。当他跑船回香港时，已经超过60岁了。祖父在老人院中去世，享年101岁。

父亲告诉我，他的祖父（我曾祖父）在乡下活到112岁呢！

如果没有惠娇姑姑准许我住在她家中两年，又全力帮我这个刚中学毕业、呆头呆脑的新移民找学校、谋工作，我就无法在那段日子专心读书、融入美国社会。表弟表妹和姑父也给我提供了不少帮助，令我愉快地度过两个学年。我如今的一切都离不开姑姑一家的功劳。姑姑为人宽厚，乐善好施，实为我们的模范。2001年，姑姑因为患了老年痴呆症而去世，她人缘很好，葬礼盛况空前。

九、万变时代（2015年至今）

  姑父在姑姑过世后独居，退休后还有很多餐馆请他修理炉头、做简单的装修等工作。他常在旧金山 Noriega 的"咖啡小馆"帮忙，周末常去 Reno 和马场散心，开心地度过晚年。2021年11月，姑父以91岁高龄安然离世。

  祖母在我父亲之后生的几个小孩都夭折了，于是便领养一个两岁大的女儿，取名带娣。带娣姑姑于1931年出生，在香港小学读到三年级，之后回到故乡横岗。11岁的带娣姑姑在龙岗一户比较有钱的人家做杂工，每天做割草、砍柴、挑水等粗活，睡在柴房里，吃的是红薯、萝卜稀饭等，久而久之，有了胃病。带娣姑姑因胃病住进人民医院一段时间，人民医院的工作人员帮她找到香港家里的地址，于是她写信到香港求助。我父亲知道后，给她寄生活费和路费。姑姑用父亲寄来的钱雇一个人骑单车载她，从横岗到深圳，再坐公交车到香港市区，和二祖母居住。

2000年3月，国斌姑父（左二）70岁寿辰，母亲（右一）、惠娇姑姑（右二）、带娣姑姑（左一）与三家所有的儿孙在旧金山聚会

  带娣姑姑结婚后生了一儿一女，先后在黄大仙徙置区和葵芳廉租屋住过。

1975年，祖父申请他们一家移民美国。表弟表妹结婚后都买了房子在加利福尼亚州湾区定居，姑姑在旧金山市中心餐馆当清洁工，62岁退休后长住在旧金山里士满区的老人公寓，有一个孙女。

1940年出生的二叔在香港圣保罗中学毕业后，结婚生了两个小孩，再到英国读护士，回港在圣玛丽医院工作。1968年他移民美国，在旧金山总医院等处工作，再婚生了一个女儿，后来离异。二叔三婚有一女和一子，儿子还在大学读书。如今他在纳帕开餐馆。

1960年，刚从香港培英中学毕业不久、19岁的罗颖嫁给我20岁的二叔。生下一男一女后，二叔赴英国学护士，她和两个小孩留港，一直和二祖母同住，同时在一所小学当老师。好不容易等到1966年二叔毕业回港工作，却发现二叔在英国已移情别恋、另觅新欢。但她忍辱负重，等到1968年祖父申请二叔一家移民美国后，才与二叔离婚。

移民后，她学了不到一年的英语，便考入太平洋贝尔电话公司工作，把两个小孩养大，供他们大学毕业。她在旧金山的日落区买了一套房子自住。她顾全大局、不屈不挠、为小孩牺牲奉献的精神着实令人钦佩。她现已退休，过着悠闲的生活。

1945年出生的三叔以航海为生，平常嗜烟酒，没有责任感，太太忍无可忍，带着小孩改嫁了。由于没有好的生活习惯，常通宵打麻将，三叔患上高血压、糖尿病等疾病。2010年年底，他在独居的旧金山唐人街一家简陋旅馆房间的浴缸里，因心脏病发作猝死，只留下几箱杂物。他有一个私生女和一个儿子，都与他没有联系。

家庭聚会是我母亲最关心的大事。每年圣诞节时，母亲都会问第二年家庭聚会的时间和地点，再三叮嘱我们要提前计划好，每次打电话都提醒我们不要忘记。通常每年中国农历新年后，我们就把时间、地点计划好，告诉母亲和大家，不让她担心。

大部分家庭聚会在母亲和弟弟妹妹们居住的旧金山湾区举行，也有四届在加利福尼亚州的太浩湖，一届在夏威夷，一届在洛杉矶迪士尼，一届在圣地亚哥坐游轮游墨西哥，一届在佛罗里达州迪士尼乐园，一届在得克萨斯州，三届在加利福尼亚州首府和其他地区。每次6个家庭20多人，老少在一起有说有笑，20多年没有断过。在2020年新冠疫情期间，我们在Zoom上举办了家族线上会议。

虽然母亲没有读过很多书，却在75岁高龄时写下遗嘱，盼咐我们6个兄弟姐妹要和气地相处，尽可能不把房子卖掉，房子的收入用来帮忙有需要的兄弟姐妹，其余支付每年的团聚费用。我很佩服母亲的长远眼光。

2. 重温20世纪70年代香港美梦——2014年老同学马来西亚之旅

2014年10月，我去马来西亚参加马元坤同学儿子的婚礼。马元坤是我中学的死党（好朋友）之一，早年移民到英国，儿子和媳妇都是英国的注册会计师，亲家公是马六甲一家有名的会计师事务所的老板。

同学及家眷共20位，应邀到马六甲参加婚宴。婚礼是中式的，宾客中有当地政要、商界人士，亲朋好友数百人济济一堂，还有中国民乐演奏助兴，情景很像香港的宴会，大家非常高兴。

马元坤同学（前排右二）长子婚宴

马六甲的唐人街还保存着20世纪70年代香港和澳门的特色，可以买到地道的鸡仔饼、老公老婆饼等。同学的亲家特地请我们到他的火龙果庄园采摘红心火龙果，火龙果非常新鲜可口。我们包了一辆豪华旅游大巴，请了一位职业导游，北上到吉隆坡，参观了著名的清真寺、马华公会、唐人街等，然后游览度假胜地金马仑高原、华人众多的怡保、有中国渔村风味的太平，再到槟城。

2014 年，到马来西亚参加马元坤同学长子的婚礼，乘大巴畅游全国。照片由朱士文同学提供

金马仑高原有著名的茶园、薰衣草园，还有很多中国人开的花圃。怡保有名的是大排档，我们吃到美味的芽菜鸡、鸡丝河粉、牛腩粉等，味道和香港的差不多。大排档店家都是摆上大小圆桌和塑胶椅，玻璃架上挂起一排排烹饪好的鸡和肉，店内只有电扇，大多没有空调，也没有装修，与我记忆中 20 世纪 60 年代的香港大排档没有多大区别，一份鸡饭只要两三美元。饭后，我们去一家生意非常好、能坐 100 多人的咖啡馆喝下午茶，这里也没有空调，家具简陋，卫生条件比较差，但一杯奶茶只要 20 美分，非常便宜。

怡保西面，海边的太平，有很多渔船停靠。我看到很多住户家门前贴有妈祖或观世音菩萨像，并有中文的对联，也建有数个华人宗祠，可见这里的居民以华人为主。房子都比较老旧简单，好像 20 世纪 60 年代的香港。我们在太平一艘没有装饰的木船上吃了一顿美味的海鲜，价格是美国的 1/8 都不到，物美价廉，令我想起 40 多年前父母带我们在油麻地避风塘艇上吃饭的情景。

怡保著名的安记大排档，环游马来西亚大巴合照，照片由李耀威、朱士文同学提供

姑父曾告诉我，他的亲戚去马来西亚发了财。但是我在马来西亚看到的普通华人，都比较穷困，属于没有赶上时代、落伍的一群。

所幸能够和一群年逾六旬的老同学日夜相处，尤其是和多年同窗、已移民英国的李耀威同学住一个房间，我们可以细说往事。我们 20 多个人好几天共坐一辆车，游玩、叙旧，有说有笑，非常开心。

几天后，我飞到欣欣向荣的亚洲金融中心新加坡，探望二弟。我能看到未来工业全球化，新加坡和马来西亚的中国人都有机会参与，能够将本地的优势和中国工业结合，从中受益。

3. 前妻的故事

1999 年离婚后，前妻带着我们的 3 个小孩前往法国，在法国和瑞士边境住下来，孩子们在瑞士日内瓦的私立国际学校读书。

数年后，他们前往葡萄牙里斯本定居，做家具生意。孩子们在里斯本的一家美国学校读书，3 个孩子中学毕业典礼，很感谢她都邀请我参加。她带我参

逆风高飞

观学校，也让我了解他们在里斯本的生活情况。孩子们毕业后都回美国得克萨斯州上大学。小女儿毕业离开里斯本不久，前妻婚变，离开了葡萄牙，到洛杉矶帮朋友照顾家庭和管理财产。

2019年年中，一位朋友告诉前妻，休斯敦市中心一家开了30多年、生意极佳的饺子老店要转让。餐馆一周只开5天，卖午餐，下午两点打烊。讲好价钱，付了定金，本应在2020年年初接手，那时突发新冠疫情，市中心的办公大楼没有人上班，饺子店生意不到以前的1/3。店老板找我商量，愿意大幅降价出让，我和他在2020年年底签好了相关文件，待二儿子和前妻第二年年初接手。

前妻2021年3月接手在市中心大楼里的饺子快餐店

2021年2月，前妻回到休斯敦接管餐馆。经过近一年经营，业务蒸蒸日上，差不多恢复正常，随后又找到好的地点，筹备在市中心区开第二家饺子店。在休斯敦她可以照顾她年逾90的母亲，如果下午有时间，还可以帮大儿子照顾两个可爱的孙女，享天伦之乐。

九、万变时代（2015 年至今）

2019 年，第二个孙女满月。左起：大儿子伟德的岳父母、伟德夫妇和满月孙女、前妻、二儿子、女儿和孙女，我太太与我，前排是两个小儿子

逢年过节，我常会和前妻、前岳母、3 个孩子及各自家庭聚餐。衷心感谢我太太，她通情达理，大方地让大家融洽相处，使我心中有说不尽的感激。

4. 冒险与故交

我们一家每年都趁学校放暑假外出度假。因为新冠疫情，不能出国旅游，2021 年 7 月，我和 5 个小孩及他们的家人、伴侣共 11 人到阿拉斯加十日游。

我开一辆租来的 2021 年产簇新 28 英尺长配有发电机的旅行房车，内有 3 张折叠床，空调、冰箱、炉头、厕所和浴室一应俱全。女儿携男友，我和两个小孩子，5 人舒适地出游和住宿。我们看冰川，游北美最高的德纳里山，还坐了游轮。

最刺激的莫过于在昔日的冰川上开全地形越野车 ATV。我们租了 1 辆四人越野车和两辆双人 ATV，二儿子和女友开的双人 ATV 在水深不到 1 米的河中熄火，要用另一辆车拖出。接着，我和 8 岁的小儿子开双人 ATV 抄小路上山，前面有一处落差近两英尺（0.61 米）的垂直断层要越过，我们把油门拧到底，车子凌空蹿出 1 米多，才掉下来。当时感到很刺激，后来回想，如果车子往后翻，我们两人可能已没命了。

我和 8 岁的小儿子开双人 ATV 在旧冰川浅滩闯荡

后来我们迷了路，要开车涉水过一条河。怎料河床越来越深，水深近 1 米时，我们的双腿和鞋子都泡在水中，车身抖动快要熄火，小儿子本能地紧握油门，终于冲上对岸。他把车停下来，坐在地上哭着要回家。我只有安慰他，继续沿河往前走，终于找到大路返回。

2000 年，我曾参加布莱恩·爱默生的投资公司举办的讲座，把 Facdirect.com 网站介绍给到会的投资者，但未能筹得资金。布莱恩结婚后没有小孩，50 岁时，他觉得钱已经赚够了，在距安克雷奇 40 分钟飞行里程的海边买了一块不通陆路的土地和房子，还买了一架小飞机，携太太离开得克萨斯州，搬迁到阿拉斯加州，过着隐逸的生活。在我们要离开的那天早上，他和太太开飞机来看我们，和我们共进午餐，实在是难能可贵。

九、万变时代（2015年至今）

2022年3月，我和太太、两个小孩路过阿肯色州，专门去贝茨维尔，重访阔别35年的鲍曼手柄工厂。前老板鲍曼先生的儿子雷伊年近60，已接管工厂多年。雷伊和他的太太、女儿热情地接待我们，带我们参观工厂。

我发现工厂仍沿用着数十年前的机器，有一台木工机是20世纪30年代的。2010年年初，他们添置了两台意大利木工机，工厂的生产规模和30多年前差不多。

左起：大儿子、孙女，小儿子和我

雷伊的大儿子是数学老师，女儿阿米莉亚在工厂工作，是下一代的继承者。

旧友布莱恩（后排左一）飞来安克雷奇和我们相聚

逆风高飞

贝茨维尔近几年发展很快，有数家全国性公司的地区总部进驻，如生产刈草机的 Intimidator Group，开展健康护理业务的 White River Health System 等。位于公路边的鲍曼工厂的土地价值也水涨船高。

伟隆和阿米莉亚、我太太和雷伊在工厂。阿米莉亚是工厂的下一代接班人

5. 美国家庭的演变

我的大儿子伟德从葡萄牙回到美国，从得克萨斯州大学毕业后，在北京一家外企工作了1年多，而后回美和我一同在公司工作，现已接管公司销售和日常业务。他在上海时认识了巴西出生的安娜，两人2018年在美国结婚，现在已有了两个可爱的女儿 Katelyn（李凯琳）和 Alice（李凯莉）。伟德热爱举重、骑车、打球等运动，积极参加 EO（Entrepreneurs' Organization，企业家协会）及其他的主流社交活动，在家中用英语、葡语及中文与家人沟通。

二儿子伟奇在欧洲读到中学毕业后回美，入读得克萨斯州农工大学，因为喜欢烹饪，接着就读加利福尼亚州著名的蓝带烹饪艺术学院，现已订婚，未婚

九、万变时代（2015 年至今）

妻是香港移民第二代，在美国出生。伟奇在他母亲的饺子店做店长，还在准岳父母关家的塑料袋厂兼职，身为小股东，生活忙碌而充实。

小女儿爱苓（Lynne Lee）从得克萨斯州大学奥斯汀分校（UT Austin）毕业后，在我的公司服务达 5 年之久。她为公司开创网上销售业务，我们的产品得以在 Amazon、Wayfair、Home Depot 等线上平台售卖。后来 Kathie 等员工加入，组成了公司的互联网交易部门。我十分感谢她的努力。爱苓后来又回得克萨斯州大学拿到 MBA 学位，搬去纽约，在 Verizon 电话公司工作。她于 2022 年 11 月在加利福尼亚州纳帕谷结婚，夫婿 Andrew Horton 是澳大利亚出生的留学生，纽约大学 MBA 毕业，现任职于亚马逊广告部。女儿喜欢跑马拉松、各种运动和社交活动。

左起：女婿 Andrew 和女儿，大儿子和媳妇安娜，二儿子和未婚妻 Harmony

2022年11月，我们兄弟姐妹6人在女儿的婚礼上

  2020年感恩节，女儿从纽约带男友Andrew和其他两个朋友到家里聚餐，介绍她的男朋友给我们认识。2021年感恩节，她只带男友回家聚餐。餐后，Andrew问我可否和女儿结婚，我认为太快了，和他说再等几个月。2022年6月，女儿订婚。

  2022年感恩节，女儿和女婿在加利福尼亚州纳帕山谷卡利斯托加的一个酒庄内举办婚礼。男方的父母和两位姐姐从澳大利亚墨尔本飞来，我的5位弟弟妹妹也从新加坡等各处赶来，加上直系亲属、两位新人和各地飞来的3位挚友，一共35人参加这场盛事。

  当日天公作美，阳光普照，一对新人在亲友前牵着手，弟弟锦良为他俩做证婚人。简单而隆重的仪式后，两人正式成为夫妻。接着我们在一个仅能容40人的山洞酒窖里享用晚餐。

  现在年轻人和我们那个时代的不一样。他们只想和息息相关的、最亲的亲

九、万变时代（2015年至今）

人与一辈子的好友共聚一堂，共享这一生难忘的时刻。这与我们大摆宴席、讲究排场、办大型婚礼的老思想大相径庭。我仔细地想，这是属于他们的神圣的一件事，父母请一大堆与新人无关的人到场，铺张浪费，劳民伤财，图什么呢？我只好改变传统思想，迎接新潮流，也祝福他们为下一代的混血儿（们）努力。

我们一家也更接近美国的主流社会文化了。

两个最小的孩子伟诚（12岁）和伟隆（10岁），在8年多前移民来美后，入读教会学校，在周末上中文课——一节是去中文学校，另外两节是国内的网课。此外，每天还有游泳课和钢琴课，时间排得满满的。

2019年，9岁的伟诚（前排中央花束后）与同学们在教会学校

太太把大部分时间用于照顾孩子，每天一早给大家做早饭，下午为小孩和我准备晚餐，每天接送小孩上下课和参加各项活动，忙得不可开交。她喜欢烹饪、做瑜伽等。

2022年11月，太太和93岁的前岳母合过生日，小孙女等着吃蛋糕

我的外甥 Wayne 从美国医学院毕业后在加利福尼亚州做了麻醉科医生，太太 Andrea 是德裔护士。他们刚生了一个小男孩 Jonas（李进兴）。

李家其他的在美第三代都还没有婚嫁。

6. 宗亲会、同源会、同乡会的衰落

我是休斯敦李氏公所的成员。2019年9月，"全美李氏第廿三届恳亲代表大会"在旧金山唐人街召开，连同在休斯敦的在内，共有来自20多个城市的

九、万变时代（2015 年至今）

200 多名代表参加。全是 50 岁以上的中老年人，以台山人居多，会上都以传统广东话发言，部分老一辈人不会说普通话和英语。

  我去过许多历史悠久的中国传统会所，大部分都青黄不接，由老人掌局。年轻人不愿意参加这种"怪异"的、以当年新移民为主的组织，因为与他们在言语、思想上都不同。我想这类会所会慢慢地式微，再过二三十年，有的将不复存在。

万变时代铭记：

在时代的洪流中，我只是一粒沙子，被推着前进。既然无法改变大环境，那就不断适应，寻找突破点。在岁月的洗礼下，我更加明白亲情、家庭的重要意义，也更加珍惜和家人相聚的美好时光。

回顾与致谢

1. 昨天已过，将来更好

我的一生是由一个又一个挑战所组成。

虽然我没长在一个有权有钱的家庭，"输在起跑线上"，但我得到家人给我的爱。我虽然从名校毕业，却没有用我的文凭赚过钱。

不同的环境、人生观和努力不懈造就了我的命运。我一生经历的事情是我离开一个又一个舒适区，到陌生的地方和领域，闯出一片又一片新的天地。

我的父母从香港的农村迁到城市，父亲又从香港迁到美国。

中学毕业我立志从商，移民选读商科；进入美国普通社区大学，两年后考入一流大学商学院。

大学毕业，我却不敢告诉别人我会英语——我当了餐馆经理助理，在厨房打杂、抓码、炒菜。

我创办了自己的餐馆，没过多久又从餐馆老板变为成功的房地产经纪人，而后再度转型，成为工具地摊贩和批发商。一切都是从基层做起，练好基本功，不投机取巧，脚踏实地一步步往上爬。

20世纪80年代中期，我去中国进口工具；80年代末，我成为美国南部最大的中国工具进口批发商。

1989年之后，我到刚开放的南美洲开辟市场。没有人脉，不懂国情，不通言语，吃亏上当在所难免，在1993年成为阿根廷最大的工具进口批发商。

鼎盛时期，我的工具生意年营业额超过4000万美元，公司有超过200名员工。然而婚姻生变，我无心经营，当地货币大幅贬值更令我损失惨重，渐渐结束南美生意回到美国，落魄潦倒。公司营业额不到 500 万美元，入不敷出，银行以破产相逼。

我从小到大数次经历险境，回想起来都几乎有性命之虞，令人后怕。

我不甘认命，勉力求存，果然觅得生机，脱离财务险境，也因此从工具产品进口商逐渐变成仿古家具设计进口商。

我曾经因侵犯别人的专利吃官司、受罚，现在我持有近百个美国专利，是健全的知识产权保护体制的受益者。

不久前，我 8 岁的小儿子在社会科学测试中拿了零分。原因是不会理解第一题，他一直在想怎么回答这道题，后面的题全部没做，交了白卷。他不会跳过难题，继续做下面的问题。他也代表了很多人，不会绕过问题，以致花了很多时间，还在原地踏步。

我每次遇到困难和瓶颈问题，不会轻易"认怂"，而是另辟蹊径，寻找出路。也有很多时候要等待好的时机到来，才采取合适的行动，但我从不放弃。

很多次，我公司受到攻击，我很快地反击，耗费了很多物力、时间和金钱，换来的是愤怒、颓丧和心灵的创伤，对我而言是没有意义的负累，因为人生很短暂。反省后，我改变了应对方法，尽量不计较，常念及别人的恩惠和好处，乐观地看待事情，设法绕过那些烦恼，另辟天地。

我计划在下一本书中，详细记述这些经年累积的营商、做人的心得、思想与方法。如果一个家庭或公司，只有财富而没有这样的心得与方法可以传承，就像一个人只有躯体，没有灵魂，是不能生存长久的。

昨天已过，将来更好；充实自己，确定目标。把握时机，勤劳尽己；做好今朝，迎战明天。

2.11 年，5000 小时，写书的原因和经过

我父系和母系的家族谱，皆在迁徙和移民香港后遗失无存。上两代人经历动荡年代，生存下来已属不易。我问过外祖母和祖父，他们说上一辈还有族谱，我接着问为什么不找回来，他们都说：父母故去，亲戚失散，各有各的家庭，为生活奔波，就算找到族谱、亲戚们，又怎么样？中国内地的亲戚听说我们在香港，都以为我们发财了，会来要钱、衣物等。还是照顾好自己和我们的

大家庭，提升生活质量重要。

2010年年底，三子伟诚在香港出生。我有机会回到父亲的家乡——南塘村李屋巷。我看见到处是工厂、民工，故乡已举目无亲，比起20世纪80年代回乡时处处稻田、鸡鸭成群，乡亲们认亲认戚，已是大相径庭（参见童年时代之二）。我感到要把家族历史和经历写下，不能任它埋葬在历史洪流中，无声无息地被忘记、湮灭，而是要让后代铭记和传承，于是我萌发了写自传的想法。

2011年2月，我经过加利福尼亚州旧金山，准备前往中国探望太太和买货。我约了挚友Luke邓先生夫妇在圣何塞的五月花餐馆共进晚餐，在餐馆等了1小时，他和太太也没有出现。我打电话给他，是他太太接的电话，说Luke前一晚在篮球比赛时中风，待救护车送到医院，他脑部已经缺氧太久，回天乏术。Luke和我同年出生，去世时仅57岁。我在旧金山待了差不多1个星期，参加完他的丧礼后才离开。

邓先生自伯克利加州大学商学院毕业后，又读了硕士学位。他和他太太曾在加利福尼亚州圣荷塞经营一家有着50多名员工、生意非常兴隆的ComputerLand连锁店。邓先生积极参加社会活动，是当地社区的重要后援。闲暇时他还在地方报纸上发表高科技方面的文章。他的儿子是一位成功的律师，女儿是公用事业部门的专业人士。

邓先生的去世带给我莫大的震撼。人生无常，自传的撰写刻不容缓，留在旧金山时我便开始写童年时代。

我以前从没有写过书，不知道从哪里开始。幸得休斯敦美南华文作协会长、美南新闻副社长秦鸿钧女士指导，把纲要列出。为了写家族史，2011年我独自回深圳横岗父亲老家寻根，2012年夏天秦女士和丈夫随我到香港实地考察，他们夫妻又在2014年参加李家在加利福尼亚州的家庭聚会。她根据我的口述，一点一滴地写了童年时代的几个章节。

2013年她进医院做手术后，书的进展比较慢，我便自己拿起笔写起来。

写作很不容易。我用空余的时间，3个月才把童年时代温黛台风的故事写完。这个速度太慢了，于是我制订了一个计划：每个晚上待太太跟小孩睡着后，我独自在客厅写书，包括和朋友亲戚们通话。细节不清楚时要问当事人，予以证实，找资料，加上回忆，才下笔写出。实事求是地一点一滴把经历写下来，每晚强迫自己写半小时到一个半小时，风雨不改。有几次，因为写得兴奋，我到凌晨4点才入睡，早上无精打采地上班。

由于我常常出差和回国，在飞机上，我也用空闲的时间写书。就这样，我耐心地坚持写出手稿。很多时候我写漏了，就在中间补加章节；写得不好，就删去；部分内容不通顺或有错，则修改或重新再写。每周，杭州办公室的陆小姐不厌其烦地替我打字整理手稿。

这本书完成后，改了5次，每一个版本都重看重写。第6版是经过杭州金先生和纽约李宏宇先生的校对，加上照片，历时超过10年的自传才完成。我用了9年半时间成功申请太太返美团聚，做了近40年进出口生意，写这本书也是我信奉"长远原则"的又一个例证。

我计算过，这本书我每天平均用超过1小时去写，重写，再重写，我用了生命中5000小时完成这本尽可能做到极致的书。

这本书不仅是我的奋斗史，也是李氏家族的变迁史，还是中国经济腾飞的见证和华人在美国经济社会的演变史。不仅我的后代看后可以知道家族史，广大读者也能因读到我的励志故事而获益。愿这书成为 Time Chrystal（时间结晶）世代流传。

3. 衷心感谢

回顾我的一生，我很幸运地得到家人的爱与亲戚朋友的帮忙、呵护。

感谢伟大的父母抚养我、教育我，感谢5位弟弟妹妹与我同舟共济。我也怀念照顾我们的外婆，以及祖父母，感谢他们申请我们一家从香港移民到美国。谢谢我的姑父姑姑、表弟表妹，在我初来美国两年时照顾我。

很感谢丽泽中学的老师们的教导，和同届同学们陪我长大。我们至今仍在梁伟安同学主持的骐展同学会平台上保持通信。特别感激旅行领队李日生同学，我至今仍经常翻看他拍摄的，和要好的同学们（李耀威、杨展裕、谢其燊与弟妹、伍国麟、马元坤、老兴信、伍鼎新、梁伟安、魏仕恭、郑则勇、朱士文、庞金华、区永源、张宝珊、袁碧玲、刘淑芳班长、黄蒲馨、谭玉箐等，同学众多，恕不能尽录）郊游、学习、聚会的旧照片。本书封面照片和书中的多张图片都是他提供的。梁伟安、朱翁、李耀威3位所供照片亦在书中。感谢张、苏、朱、余4位同学分享他们小时候的传奇故事和人生观。

香港荃湾的邻居兄长潭源哥，表弟光华，谢谢您们，每次到港都得到您们的照顾。数年前我有幸在加拿大卡尔加里见到最年长的亲戚——已逾90岁的堂叔李观麒，得知往事。

伯克利加州大学英语教授Stephen Booth到休斯敦开会时特意来看我，并在我们餐馆用餐，令我十分感动。挚友魏仕恭同学、谢其燊同学、室友区永源、同系的邓干诚同学、John Li等与我结伴，我们互相勉励。

感谢餐馆生涯中遇上的贵人，包括华府的郑五叔、五婶，旧金山的周先生和太太，会宾楼教我做中餐的岳妈妈，我的搭档李建名夫妇，和卖给我餐馆的陈先生夫妇、方先生夫妇等。

感谢做进口生意过程中帮助过我的所有人，包括地产大客户、洛杉矶大进口商蔡老板蔡锦荣夫妇（Gene & Jenny），二姐蔡淑敏（前妻的二姐）及迈阿密的黄先生，给我供货的从泰国来的李先生和夫人，介绍人邓先生，明恒风扇厂的两位白董，赫奇贸易各位同人，前妻，前妻弟夫妇，我二弟等。从20世纪80年代至今，赫奇实业蔡淑敏夫妇给我供货，如一家人不分彼此，只赚取一点费用，几十年如一日，同甘共苦，我们才有今天的成就，在此感恩致谢。美国公司的得力销售人员，以及外务Arley、Timmy、Craig、Marc等，是你们让我能成为进口商。

2000年，赫奇实业蔡淑敏与丈夫及公司同人

回顾与致谢

泰国李先生夫妇和女儿在我公司

中国出口贸易中，各机械、设备公司同人们，尤其是北京机械公司张黔南、焦新声、卫静、李经理、关经理、徐科长，湖北机械公司薛经理，广东机械公司张小姐，山东机械公司顾小姐，辽宁机械公司安经理、王义，河南机械公司李伟明，西川机械公司陈明、张四川，江西机械公司江浩，上海机械公司王雅善，广西的陈坚，河南设备公司孙汉杰等（实在太多，不能尽录），对我帮忙至大。2000年后，我们救生手电筒的供货得到宁波迪欣邬总、周副总的支持；工具类产品得到安徽的朱经理、马先生，海盐县的张建学，张家港的赵小姐、张总，上海的俞德根同志、郭书记，上海气枪厂的钟前先生、俞厂长的通力协作；家具类铝铁产品幸得湖州汤总，金华金总、欧总、应总的配合；家具类产品感谢合作工厂的俞总父子、王总、曾总、郭总、蓝总、陈总等的配合。

逆风高飞

2019年，与张黔南夫妇游嵩山少林寺

南美创业过程中，阿根廷的曾耀明夫妇，巴西圣保罗的麦先生夫妇、刘先生夫妇，我三弟和弟媳妇，Paul，Tony 赵，Vino，Kell，Eduardo Fabian，Moise 及各分公司的负责人，忠诚的员工们和合伙人，你们劳苦功高，我感谢您们。

美国公司诸位老员工与现在的员工们，在我困难的时候帮我渡过难关，我向你们致敬。因为人数太多，篇幅有限，不能一一写上，以年资最高的贾太太（Ruth 倪）及总经理 Steve、Lina、Julie、周会计（Weila）、Vivian、Felipe、

Cuco、Julio、Lupita、Elaine、Erika、Hugo、Anna、Cortina、Aaron 等为代表。以往为公司服务多年的 Jan、Toyo、William、Rosanna、Elsa、Alvaro、Nicko、Paul、Jenny、Maggie 等，我也感谢您们的功劳。

2017 年，老员工在店内合照。1986 年进入公司的贾太太（右三），工作近 30 年的 Cortina（左三），共度艰难时期的周会计（左二）、Erika（左一）、Jenny（右二）和 Maggie（右一）

2021 年圣诞节，公司同人合照

杭州办公室的诸位同事们，老金、郭建勇、冯杰、董会计、金正平、小杨、小陆、郭亮，谢谢你们给予的后勤支援。大儿子伟德主管销售，女儿 Lynne 和她聘请的 Kathie 加入，增添了电子商务业务，令我们的销售额有所突破。又得到 Jeff 关先生相助建仓库，与其他关家亲戚们的配合，Barry 关先生帮忙维修，彭昌源先生、潘工、何工帮忙设计和建立工厂，二儿媳妇管理人事，让公司能进一步发展。

2011 年，杭州办公室聚餐合照。就座者左起陆小姐伉俪，办公室负责人金先生一家三口，杨先生一家三口，董会计，岳父母和到访的二弟

2018 年 10 月，大儿子伟德婚礼，两个小儿子做花童。"李"字背景寓意家族传承

我也得到休斯敦本地的贵人相助：林富桂（Dawn）、李雄（Kenneth）、李蔚华（Wea Lee）、李兆琼（CC Lee）、李东亮、王子先、吴文龙、陈尧、赖贤烈、关律师、黄李素云、Allen Lee、黄玮、吴晓萍、何碧霞、陆晓中、陈甦世、马田泽、胡展平、邵晓梅、梁若雁、石鸿飞、林婉珍、李铁军、Raymond、罗景林、David Chan；CPI 塑胶工厂的各位股东，关继源、关美莹、关美满、封建伟医生、朱医生、王医生、李嘉欣、黄寅崇等；AFNB（恒丰银行）和 EWB（华美银行）的各位同人等，人数太多，不能尽录。

离婚后，幸得前岳父母帮忙照顾寒暑假回美未成年的 3 个小孩，令他们有温暖的家。前妻在欧洲悉心照顾和监督他们，如今他们学业和事业有成，我实在感激不尽。太太一心一意照料我们的两位幼童，把家里整理得井井有条，回国时兼有在沈阳的岳父母和舅舅、舅妈帮忙，让我能安心工作，他们居功至伟。如今已长大的 3 个小孩，以不同的方式帮忙和回馈家族事业，我们兄弟姐妹 6 人，如母亲期望的那样，每年年中都共聚一堂、同舟共济，我们付出的努力是值得的。

2011 年我开始写这本自传。本书出版，得到秦鸿钧女士的指导，她撰写本书的前言与童年时代的几个小节，把书取名为"逆风高飞"。后来，她丈夫梅博士帮我整理了英译版。杭州办公室陆小姐和金先生对我的手写稿分别进行打字和核对，李宏宇先生最后加以校对与整理，颖姨、淑玲表妹提供了照片。此外，太太与弟弟妹妹们的鼓励与帮助，尤其是二弟宝贵的建议，促成了此书的诞生。

附录

1999：写在母亲 70 大寿

1999 年，旧金山，母亲 70 大寿

1. 致母亲

  我是家中的长子，看到一个个弟弟妹妹的降生。我们由九龙搬到荃湾，盖了一所木屋，一住就是七八年，又从荃湾搬回九龙。1962 年，我记得温黛台风把房子的屋顶吹走，夜幕黑暗中我们一家 7 口瑟缩在家里唯一没有被风雨洗礼的双人床中，怀孕的母亲没有惧怕，反而给我们大家加油打气。

  每次看到运动鞋，我就想起母亲为了维持生活，把布鞋面拿回家加工，用缝纫机缝好。放学后，我和弟弟有空闲时会帮她剪线头，再送去加工。家中还养了不少鸡，我们只有在过年时才有机会吃，平时吃鸡蛋也很难。有一年年底，我记得每天都吃鸡，因为那时发生鸡瘟，鸡大部分都生病了不能卖，我们大饱口福。如果能拿到8角的压岁钱，我们就很开心了！我们所有的新衣服都是妈妈用缝纫机制作的。我最大也运气最好，新衣服我先穿，再轮到各位弟弟妹妹穿。如果衣服穿破了，便用其他布来补洞！有时同一种颜色，有时不同颜色。在家及外出时，我们都穿这种"睡衣"！童年闲暇时，我只有爬树，和弟弟爬山、钓鱼，逢年过节时才可以放鞭炮，这对我来说，是最大的娱乐。虽然那时没有玩具，但生活很充实。

小学二年级时，我第一次看到和听到收音机；小学三年级时，母亲第一次带我和二弟去茶餐厅，买了一份叉烧饭，大家分着吃，这是我生平第一次在餐馆吃饭，我非常满足；小学六年级时，我第一次看电视节目。在荃湾山上住的时候，是我们家最艰难的时候，我们很珍惜现在物质丰富的生活，不像现在的小孩常常不知足。

中一开始，我经常和同学一同旅游，香港及离岛到处都有我们的足迹。母亲每次都很不放心，即便我已读高中，每当我过马路时，她也不放心，可能是她太爱我们了。

每次吃饭，母亲及外婆都让我看菜吃饭，因为家中的菜肴不能满足发育中小孩子的大胃口，很快好吃的肉便没有了，剩下的青菜就没有"市场"了。

到美国后，我们已长大了，但母亲还是很担心我们的一举一动！例如，我在1976年独自开车近3万公里，途经美国东南部各省及加拿大，去了3个多月，她担心到生病。我是年纪最长的，也是最令她操心的！

我离婚后，母亲常打电话鼓励我。每年的寒暑假我带3个小孩到旧金山时，她都无微不至地照顾我们。母亲好像太阳一样，她不分彼此地给予每个后代所需要的温馨的爱。我们长大后，她从来不说我们的坏话，有困难时，她尽量自己解决，不想给我们添麻烦。母亲每个月能领到一点退休金，她省吃俭用，从来不要我们的钱。她是我们6个兄弟姊妹能团结一心的原动力。

很多时候，我觉得错与对只是观念的问题而已，可怜的母亲为我担心了一辈子！

长子 锦星

锦星： 大儿子大学毕业两年后，在公司服务，现在是我的股东，已经成家，有两个女儿。二儿子除了在他母亲的一家饺子店工作外，还在准岳父关先生的塑胶袋工厂上班，是公司的小股东。女儿拿到得克萨斯州大学 MBA 后搬去纽约，在一家上市电话公司上班。太太在家照顾两个读小学的幼儿。

2. 一个无微不至的妈妈

我是家中的老二，从出生到现在一直在妈妈的关心与指导下成长。其实家中各兄弟姐妹如今能够有比较稳定的生活，可说是妈妈默默耕耘的成果。而妈妈对我们无微不至的照顾与孜孜不倦的教导，我只能从自己的角度叙述一二。

我的婴孩时期：

从妈妈口中得知，我在婴孩时期是一个"大喊十"（爱哭鬼），经常肚子饿时便放声大哭，可是喝了整瓶牛奶之后很快便吐出来，然后又大哭，因为肚子又饿了。当年听妈妈说怎样给我换衣服、床单时，我并没有什么感受。现在轮到自己的小孩吐了、哭了、大小便了，我才能体会到妈妈当年的劳苦与耐心。妈妈曾说我婴孩时期经常生疮，每次碰到患处时都会痛哭一场。应怎样照顾一个每天大哭10场的小孩？妈妈当年一定花了不少心思在我身上。

我的童年时期：

幼稚园与小学时代，我们住在香港新界，妈妈把我们送到好的学校就读，虽然路途较远，但妈妈都亲自接送我们上课、下课。记得有一次妈妈接我和哥哥下课，回家途中需要经过一些田间小路，而小路的两旁不时会有尿池和屎池。可能我个性好动吧，有一天，我一不小心便跌进一个"猪尿池"里，幸好妈妈把我拉出来。又脏又臭的衣服和身体是谁替我洗干净呢？当然是妈妈啦！

我的青年时期：

小学与中学时期，我们一家已迁居到九龙，爸爸为了我们的生活只身去美国发展，妈妈只好肩负起爸爸的职责，家中大小事情都由她做主。除了照顾我们的起居饮食，妈妈也没有忽略让我们快乐成长！那个时期，家中经济条件因爸爸在外工作而大有好转，每个月妈妈都带我们几个年纪较大的小孩去看电影或者去茶楼吃饭,我记得《武侠七公主》《七金刚》等电影都是这个时期看的。

我的成年时期:

在我大学期间与就业初期,全家已经移民美国。我大部分时间都在外面住宿,需要妈妈的照顾的时间较少,然而我每个周末回家,妈妈都预备好菜、好汤为我们补身体。弟弟妹妹们渐渐长大,所以妈妈花费在他们身上的时间比较多,妈妈也用一部分时间学习英语、入籍与驾驶课程。这时我才知道妈妈是一个好学生,过去她曾是班代表(学生代表),更值得骄傲的是妈妈第一次考试驾驶执照便得到100分!(我自己考两次才勉强及格)

在我投入工作数年后,已经进入适婚年龄,哥哥及弟弟妹妹也相继成家立室,而我仍是孤家寡人一个。妈妈便为了我的婚事担心,托周围亲朋替我找女朋友,我还记得妈妈有好几次还带我去相亲呢!

我的中年时期:

现在,我们6个兄弟姐妹都有自己的家庭,各散东西。虽然如此,妈妈对我们的关心并未间断。妈妈一个人住在旧金山,我们都不经常用电话跟妈妈联络,有时我工作忙,两三个星期没有打电话,妈妈便会主动打电话来问候我的情况、孩子们的身体健康等,我有时真的过意不去。(这里应该表扬的是大妹秀娟,她结婚后几乎每一天都跟妈妈用电话联络)

由于距离和时差的关系,我们兄弟姐妹沟通机会不多,妈妈就成为我们之间沟通的桥梁。妈妈会把哥哥、弟弟妹妹等的近况告诉我,新年的红包也是由妈妈代发。妈妈还是我们的"家庭医生",如果我们喉咙痛、肚子痛、伤风感冒或孩子生病等,我都会立即打电话给妈妈,她总有一些药方,能把我们的病治好!我真不明白为什么妈妈会有这样好的记忆!

妈妈对我们每一个兄弟姐妹都不断付出爱心与关怀,我们要怎样做才可以报答妈妈呢?我们现在能够做的就是不时陪伴她,给予她温馨的问候。让我们就从妈妈70大寿的那一天开始吧!

> 次子 锦昌

锦昌：现居新加坡，目前是美国著名半导体机器制造商亚洲区技术主管，太太是新加坡籍华人。有一女一子，女儿在芝加哥大学读MBA，儿子在UCLA（加利福尼亚大学洛杉矶分校）读工程学。

3. 最了不起的妈妈

我家有6个孩子，我排行第三。作为长女，我有很多责任，尤其到了7岁，我就不再是孩子，而是要承担许多家务，如做饭、洗碗、整理以及照顾弟弟妹妹。这些事我不是一下子就能做好，但妈妈非常有耐心地鼓励我。

妈妈有一种特殊的本领，总能让我振作和找到自信。特别是我10多岁的时候，很多人对妈妈说我长得丑。我很难过。但妈妈护着我，我永远都记得她的话："你不丑，妈妈看你一直都很漂亮，人的长相也不重要的，做好你自己才重要。"这番话改变了我对这件事悲观的看法。

妈妈不仅善于鼓励，还总是理解和支持我们。小时候，我曾差一点溺水，从那之后就一直怕水。因此，每次我们家去汀九或梅窝海滩，妈妈都会煮很多鸡翅。所有兄弟姐妹都去玩水，妈妈就陪着我吃东西、聊天。

我和妈妈一直很亲，哪怕是吵架时。我遇到困难，她总是第一个施以援手。我曾经让妈妈非常担心，因为我永远在电话上聊天，又总是晚归。可能和我约会的男生太多了。有一次我晚回家违规，天啊，我麻烦大了！妈妈拿着竹棍在门口等着我！虽然我和妈妈吵架，我大发雷霆然后不理睬她，妈妈总是能用她的方式化解我们之间的不快。我心里知道其实她是对的，但我就是忍不住叛逆。

我经历过的很多事情不及细说，但妈妈总是陪伴在侧。我并不善于表达，但这的确是我向妈妈倾诉的好机会。谢谢您一贯的鼓励、理解、支持和爱，您对我太有耐心了，您教会我做饭、照顾家人、养育自己的孩子，最重要的是您教会我做一个好人，做一个像您一样的妈妈。

妈妈，我爱您。

> **三女秀娟**

秀娟：在旧金山湾区居住，在加利福尼亚州劳工保险部工作20多年，儿子是湾区麻醉医师，媳妇是护士，女儿是心理学专家。

4.

我家中有兄弟姊妹6人，我排第四，刚巧兄弟姊妹都有。

我曾听别人说，家中孩子排中间的，得到关注最少，我则相反，受到很多关注。为什么呢？因为小时候，我在香港学校念书，留堂、不交作业、学校要请家长等，全家只有我特别多，因此，我没有办法不被关注。不知道为什么，我从小只有打球时最有精神，一到下午上课很疲倦，回家温习功课时也很困，拿起书本5分钟后便可睡着。到了考试、测验，甚至交作业，我总是做得最差。成绩差，我免不了一顿"藤条炆猪肉"。打完后，我答应妈妈一定会努力，痛改前非，但很快我便会忘记。所以，"睡魔"、藤条，藤条、"睡魔"总是循环不息。

很幸运的，我们于1975年移民美国，我便没有再挨打了。我在中学第一年竟几乎全部拿A，我差一点以为自己是天才，其实很简单，因为全部知识在香港时已经学过。我还有时间打工，赚零用钱，甚至补贴家里，这样我便浑浑噩噩地中学毕业了。

我从不责怪妈妈责骂我们。首先，是我自己不对，亦因爸爸大部分时间都在海外谋生，妈妈一人要肩负二人责任。家里并不富裕，兄弟姊妹6人加上外婆，妈妈仅是照顾我们一日三餐、监督我们功课便没有时间了，更遑论到外边工作了，妈妈的担子实在很重。而且学费不便宜，我书念得不好，实在是不对。妈妈有时也会发一下牢骚，打骂我们只是希望我们成大器，以免被人看扁。

现在我育有两个小孩，亦相当明白当时妈妈的心理。他们两个年纪小，我在刮风下雨时也强迫他们星期六去上中文学校，为的是希望他们不要忘记自己是中国人，也希望他们多懂一门学问，给自己将来的前途多铺一条路。过了数年后，我也希望他们能明白我这做父母的用心。

现在时代不同，威逼、打骂小孩那一套已行不通了，可能会令小孩更叛逆，而且越打越皮。我建议用鼓励和利诱教育小孩，他们做得好，便送他们礼物或带他们出去玩；若做得不好，不能看电视，不能参加同学的生日会。等到他们有小孩时，有可能利诱不成，改用威逼，但不管怎样，目标和出发点都是希望小孩成才。

四子 锦棠

锦棠：和家人在佛罗里达州迈阿密附近做生意和定居，两个子女皆大学毕业后工作。

5.

在我年幼时，爸爸为了改善家中生计，出海做船员。而妈妈也不辞辛劳地外包零件在家加工。这让我从懂事以来，就生活在较现代化的舒适环境中。有时想想真的为他们的辛勤而有些愧疚，更有说不尽的感激。无形中也让我体会到只有努力工作，才能有较高的生活品质。

妈妈在母兼父职的生活里，很少拥有自己的时间，她所付出的心力，往往比一般的家庭主妇更多。她十分注重我们的学习环境，除了全家搬迁到美国来这一重大改变外，尚有一两件小事可看出她的细心，对我而言更是印象深刻。

幼稚园——我的人生学校教育的起步。她亲自教我并让我参加一家很有名的幼稚园考试（为了有一个好的开始），我成绩过了却因年龄未到而未被录取。妈妈并不放弃，又送我到较远的学区去上较好的学校，只为了给我更好的学习环境。

乘法表——学数学的第一步。她为了让我熟记，用我幼时最喜欢的活动——去河边散步作为奖赏。只要我都背得出、答得对，当晚妈妈就带我跟弟弟去那儿散步。

她对我们的学习从不掉以轻心，尤其是对我特别关注。我今天能有大学毕业的成就，离不开妈妈的启发。

妈妈讨价还价的本事对我影响深远。为了生计，她十分节俭，花钱时十分小心，从买衣服、肉类、生活用品到买一棵葱，她都会与人讨价还价。我从小跟在妈妈身旁，印象深刻，如今我成为采购经理，可以说是耳濡目染妈妈讨价还价的结果。

妈妈的整洁是另一个让我学习的标杆。每个到我们家的客人，都对我们家中的整齐清洁印象深刻。我总是不明白有这么多孩子要照顾，她如何还能维持这样的整洁，她总是笑着说，就是这样咯！

就像她做人的骨气一样，没有道理、方法，只有不断坚持。她说过"再怎么穷，我也不会去向人借钱""不喜欢与人'多嘴'""就是这样的咯"。妈妈对我的影响很大，我需要向她学习的仍很多，有这样的妈妈我有说不出的骄傲。

她重视我们的健康，如同我们的教育一样。每次煮汤进补，我都有幸在旁受惠，只是我一直学不到她的精华。但我感受得到她的关心，即便我如今已嫁为人妇，妈妈仍不时打电话教我如何保养身体。直到今天，补汤的味道就像我小时候因扁桃体开刀而多吃的鱼油味道，我永远记在心中。

五女 秀心

秀心：大学毕业后一直在硅谷居住和工作，丈夫和她分别是两家上市电子公司的主管，儿子于2022年大学毕业于航天工程专业，并拥有商业飞行执照。

6.

我是家中6个孩子里最小的，1965年10月我出生在香港。妈妈说我是她所有孩子里运气最好的，因为我出生时家中已有了沙发、电冰箱、洗衣机、干衣机等"豪华"的家具、电器。到美国后，她说我有了自行车、滑板等我的哥哥姐姐们从来没有过的玩意儿。这里我分享从香港到美国生活中珍贵的美好记忆。

我记得在香港我们住的地方只有40多平方米，我和父母睡在一张双层床的下层，哥哥们睡上层，房间的对面，两个姐姐同睡另一张双层床的上层，外婆睡在下层。房间太小了。我还记得在香港时，哥哥姐姐教会我打麻将和玩

"21点"（一种扑克牌玩法）。除了在住宅区道路上骑车和去朋友家，我也没有什么其他运动或游戏可玩。所以用硬币或其他有价值的小玩意儿做赌注玩麻将和21点，是我成长中的一大乐事。

妈妈大多数时候对我们非常有耐心，但我知道她要独自照顾我们6个孩子，还是很伤脑筋的。我记得有一次，妈妈因为一个还是两个哥哥大发脾气，她不是只惩罚他们，而是惩罚我们所有人。她大吼着，满屋追着我们打。我根本不记得那晚我做了什么错事，但总之挨了一顿打。

1975年我们到了美国定居，妈妈打零工来补贴家用。所有小孩都去上学或上班后，她去别人家做清洁工。她给我们讲她打扫别人家的一些趣事，比如，有的女主人戴上白手套来检验妈妈的清洁工作。

我必须要说，妈妈非常独立和爱冒险。妈妈在50岁左右学会了开车，我还记得她吹嘘自己考驾照拿到99分高兴的样子，这比会英文的哥哥姐姐们考得都要好。我读高中的时候，记得有一天大清早接到妈妈的电话，她说半夜开车从朋友家回来时出了车祸，要我们去医院接她回家，因为她的车完全报废了。真可怕！从香港来美国后，妈妈一直在学英语，为了获得公民身份，她常跟着录音带练习英语，我相信她到今天都还记得入籍考试中的多道试题。此外，她也想和一些只说英语的朋友交往。如今，妈妈积极学太极或别的武术，她几乎每个早上都去练功。我很想知道她下一个要学什么。

妈妈时不时讲起她和爸爸当初差一点把我送给某个有钱人家，因为那时他们实在负担不起再养一个小孩。妈妈说，她绝不肯丢掉自己的孩子，她宁肯自己不吃也要让孩子们吃饱。就像今天，她仍然做着这样的牺牲，她给孩子们做了新的饭菜，自己却吃剩菜剩饭。

祝妈妈70岁生日快乐，我非常爱您！

六子 锦良

锦良：大学毕业和结婚后，两夫妇在加利福尼亚州萨克拉门托地区居住，育有一个女儿及一个养女。

2022：第 23 届家庭团聚

家庭聚会（Family Annual Meeting）

组织：

我们遵母亲遗嘱，成立一家公司，把父母唯一的住宅和现金等遗产存放在公司账户内，每个儿女都拥有这家公司 1/6 的股权。公司设有：总裁、财务、联络人（信息沟通者）。

时间、地点的选定：

1. 每年圣诞节后，每人提出地点和时间，得票最多的两个地点，再选其一；

2. 3 月 1 日之前决定年度家庭聚会的时间、地点；

3. 3 月，复活节前后购买机票、订酒店等；

4. 5 月确定出游时间、节目表、用餐时间、住宿地点等聚会事宜。

通常聚会时间为 3 天，大家一起旅行、聚餐、玩游戏等。所有成员在聚会日前一两天抵达，如果在旧金山，我们先集体去父母的坟墓前拜祭。通常在抵达次日傍晚，大家花费 3 小时召开家庭会议。

家庭会议流程：

1. 公司联络人担任会议主持，致欢迎词，做年度家庭大事报告。

2. 6 个家庭轮流发言。到会的家庭成员把这一年的大事与来年的展望向各家庭的成员分享，每个人都有 5 分钟的自由发言时间，但严禁互相攻击，也不许有不雅言辞。大家利用这个机会交流，畅所欲言，非常开心。

3. 主持人做总结，公布未来两天聚会的时间安排，大家发表对明年聚会的意见。

财务管理：

家庭会议结束后，6 名公司股东召开财务会议，讨论及处理以下问题：

1. 支付各家分担的聚会费用。近 3 年因为房屋租出了，开会费用皆由租金收入支付。

2. 公示房子的修理报告及来年收支的预算方案。

3. 公示公司银行账户的现金和财务报表，总裁宣布未来计划，进行选举。这些年来，弟弟妹妹们都推举我为总裁，小妹为财务，很多时候她也是聚会的主持人。

总结：

写出这次家庭团聚的概况和各家的要事，分享聚会时有趣的事情和有纪念价值的照片，9月前用电子邮箱发送给每个家庭成员。

长子 锦星：

我们家的团聚，自1999年母亲的70大寿开始，到2022年已经是第23届了。除了2020年新冠疫情期间20多个家人用Zoom开会外，每年大家都抽出好几天时间聚在一起，实属难能可贵。

母亲是我们的一个好榜样，她从来都是任劳任怨，教儿育女，把6个小孩培育成人。父母再三告诫我们要团结，守望相助，不能学坏而成为社会的渣滓。1999年后，每年的聚会不只是我们6个兄弟姐妹和配偶参加，还有第二代、第三代的小孩和配偶们也和我们愉快地聚在一起。我们也不负双亲的愿望，用大家的力量，帮忙身处困难和挫折中的家人。在我离婚和事业低潮的时候，幸好有家人的支持，我才能够坚持下去，渡过难关。

把我们的文化、家庭传统、互助美德传承给下一代，再下一代；让我们家族团结的精神能够生生不息，让后人以身为家族成员为荣，成为别人羡慕和效仿的对象，这是我们6个兄弟姐妹的使命。这本有关家族变迁经过的书，是我们这代新移民不屈不挠、弘扬中华民族传统精神的见证，为激励后辈的必读之读物。

次子 锦昌：

两周前，我在新加坡和一位同事共进午餐，他提到他已经有3年没见到他那4个同住在新加坡的兄弟姐妹了。他们之间的交流甚少。这令我想到我们每年的家庭聚会，以及我们一家人之间频繁的交流。一定有一个很好的理由，才令我们6个兄弟姐妹之间保持无间的联系。

最初的几次家庭聚会是从庆祝妈妈的生日开始的。每年我们努力从不同的地方到一处会合，利用这个机会去看妈妈，也了解彼此的最新情况。大部分聚会是在旧金山湾区举行的，但也有一些变成了家庭旅行，如夏威夷之旅、圣地亚哥游轮之旅，太浩湖和休斯敦湖屋之旅等。所有这些都给我们留下了美好的回忆，我们的家庭纽带更加牢固。

母亲去世后，大哥鼓励我们继续保持这个家庭传统。在最近的聚会上，除了庆祝孩子毕业、职业晋升、家庭成员新增，我们6个兄弟姐妹也开会讨论"旧金山住宅信托"的财务状况。我们讨论父母留下的房子的维护、财务状况，以及如何将这房子的租金用在有需要的家庭成员身上。通过这些活动，我们对每个家庭的需求有了更好的了解。

虽然我们经常通过Facebook、Instagram、WhatsApp等方式沟通，但我们还是喜欢定期的面对面会议。通过家庭聚会，我们可以享受主厨Richard、Andrew和Brian准备的美食，也很高兴看到第二代和第三代的成长，时不时互相取笑彼此上了年纪的笨拙。当然，我们还喜欢听以前的故事，这些都只能在家庭聚会上分享。

我们的家庭聚会已经举办了23届，除了少数例外，几乎所有聚会的出席率都达到100%。我相信聚会的形式在我们这一代之后会逐渐改变。我们希望我们的第二代、第三代，能够世代传承良好的家庭传统，继续面对面地聚会，保持密切的关系，继续帮助有需要的成员。记住，我们是"李氏大家庭"。

三女 秀娟：

23届家庭聚会，横跨了很长时间。这么多年，我真的很感谢大哥锦星，在自己繁忙之中，抽空去联系我们兄弟姐妹，他的真心真意和从不气馁的精神和恒心，值得我们赞赏。我也感谢妹妹秀心管理财务，管理房子，尽心尽力为大家策划活动，良弟热心安排与协助，棠弟屡屡为我们烹饪佳肴，二哥不辞劳苦每年从新加坡飞来美国。在大家的努力下，我们的家庭聚会才能一届又一届地办下去。

2017年7月4日以前，妈妈和我们6个兄弟姐妹及家庭中的其他成员，一共大概25人，去过很多地方，吃美味的食物，也拍了许多可爱、有趣的照片留念，度过难忘、快乐的时光。这一切都是永不磨灭的。

自妈妈过世后，这 5 年我们都举办家庭聚会或在 Zoom 上开会。3 年的新冠疫情，真的带来了很多改变，如旅游的限制、个人健康和安全、工作繁忙等，聚会就不是那么容易了。

有可能的话，还是尽量促使我们下一辈的成员参加这一年一次的家庭聚会，这样才可以完成妈妈的心愿。她希望我们每位家庭成员，皆可以永保团结和保持联系，每年聚会继续办下去。

短短的数天时间，6 个家庭的成员，尽量配合聚会。去哪里不是重点，最重要的是我们可以见面，共度快乐、永不忘记的时光。

我们 6 个兄弟姐妹，年纪已渐长，空闲时间多一些，可以抽出几天时间旅游，轻轻松松地度过几天，这是我的夙愿，我们从来都未这样过，请大家考虑。

四子 锦棠：

母亲在 2017 年 7 月 4 日与世长辞。说起来真有些玄妙，之前数天母亲卧在床上迷迷糊糊的，知道我们兄弟姐妹和孙儿们从各地回来看她，看到、听到 6 个子女才放心地离开。

母亲过世前数年身体已非常虚弱，除了请几位阿姨轮流照顾她外，住在加利福尼亚州的姐姐和弟弟妹妹也时常照顾母亲，姐姐和妹妹每天都打电话问候母亲，每个周末都探望母亲，大包小包地给母亲送菜，还煮汤，照顾母亲的饮食。到后期弟弟搬回家，看护母亲更加方便，也分担了姐姐和妹妹的工作。对于他们 3 位，长居外地、鞭长莫及的我，实在感谢和深表歉意。

母亲去世后，除了有一年因为新冠疫情我们只能在网上通话外，其余每年如以往一样，我们各个兄弟姐妹带家人聚在一起，互相慰问，得知彼此的近况，维持这难得的传统。值得一提的是，妹妹和妹夫每每在她们家中接待我们这二三十人，非常不容易。大哥出钱出力，力求大家能享受这难得聚在一起的时光，他的坚持和毅力，实在令人敬佩。这种精神和信念在别的家庭，我从未见过。大哥最近把他丰富的人生经验凝聚在一本书中，在 Amazon 网上出售，祝他成功，亦希望我们家族的团结、他的经历能给大家借鉴。

根据我的想法，如果大家同意，下一年的聚会，可以只有我们 6 个兄弟姊妹和配偶去一些想去的地方。后年，我们和全体后代聚会。以后的聚会，也是相隔地举行，趁现在我们还健康，去感受一下别的地方的文化、人情，享用一些美食，到某天我们走不动时，拿出照片看看，亦没有遗憾。

五女 秀心：

距离第一次家庭聚会已经过了 23 年。我所有同事和朋友都非常惊讶于我们兄弟姐妹旅居世界各地是如何保持这个优良传统的，大家都非常羡慕，因为很多人即便和家人住在同一个城市有更多机会见面，也不常常见面。

还记得在母亲 70 岁的时候，也就是 1999 年，我们举办了第一次家庭聚会。那时我还没有小孩。第二年的家庭聚会也刚好让所有兄弟姐妹都来参加我儿子的满月酒，这让我无比地开心和感动。从那以后，每一年的聚会也让我儿子和他的每一个表兄弟姐妹们产生很浓郁的感情，而不只局限于在湾区的表兄弟姐妹们。对小孩子们来说，每年的聚会也是非常重要和值得期待的。

母亲仍健在的时候，我们都会选择一个不同的方式和地方相聚同乐，如夏威夷、佛罗里达、得克萨斯、卡梅尔。无论在哪里，每次聚会都很愉快和难忘。当母亲的健康状况持续恶化时，每次团聚我们都回到旧金山。为了探望母亲，所有兄弟姐妹都努力排除万难飞回来。

母亲于 2017 年去世后，大哥继续坚持我们的家庭聚会传统。第二年，我们的聚会在旧金山的老房子里举行。虽然母亲不在了，大家仍通过各种方式保持着紧密的联系，了解每一家的生活现状和小孩子的成长，分享彼此的生活经验，互相鼓励，互相打气，互相帮助。新冠疫情大流行期间，我们仍然设法通过虚拟会议软件 Zoom 聚会，让大家的感情永不褪色。

至于我们的下一代，有的还在上学，有的刚大学毕业，有的已经工作，有的建立自己的家庭忙于照顾第三代。无论人生阶段如何，希望代代都能够继续传承这个优良的传统。这不仅连接了家族成员，也连接了我们的根、我们的祖先、我们家族的文化。再加上有大哥花了好多心思撰写出的这本书，让我们更清楚地了解家族的历史，相信也更容易让我们知道如何维护这个传统。看完这本书，我也会让家人和后代阅读，给他们解释我们的过去，使我们的家族文化传承下去。

六子 锦良：

李家在旧金山举办第 23 届家庭聚会，我能见到所有的哥哥姐姐和他们的家人，这真是好福气。

尽管我们的日常生活中有各种困阻，李家的聚会仍可圆满举行，我非常欣慰。每年团聚的家族约定，为下一代示范了从中国香港移民至此的李家的家风。为了每年的聚会，我们牺牲了个人的假期，但这与我们的父母在 1975 年举家搬迁到美国所做出的牺牲相比，实不足道。

我是家中最小的孩子，我看着哥哥们搬去别的城市和国家。他们找到伴侣，天南地北，安家立业。姐姐们和我留在加利福尼亚州，我们不时小聚。但每年我仍盼着那几天见到所有哥哥姐姐和他们的家人。我们在很多地方举办过聚会，如旧金山、太浩湖、卡梅尔、萨克拉门托、纳帕以及休斯敦。

不论在何处，我们的重聚总是充满恒久的欢乐记忆与笑声。每次团聚，我目睹着我的侄子、外甥们从小婴儿长大成人，我才察觉时间过得有多快。每一年在家庭会议的汇报环节，他们从小学毕业、初中毕业、高中毕业、大学毕业，直到研究生毕业，我们为他们的每一个人生里程碑鼓掌喝彩。最近，我们已开始庆祝下一代的婚礼和他们的孩子降生。

几十年来，我身边很多朋友来的来走的走。然而不论我过得好还是不好，唯一不变的就是李家团聚时的团结与给予我的支持。我希望下一代能够把这每年的团聚延续下去，将几十年前确立的这一家族传统发扬光大。

"李氏大家庭" 时代演变：

时代的变迁与我们家族的演变息息相关。20 世纪初，祖父那一代经历了社会动荡，小孩容易夭折，故多娶太太，以繁殖后代为己任。上一代经历战争，我们出生赶上多子多孙的"婴儿潮"、生活艰难的时代，后又经历近代太平盛世、生活丰裕、婚姻不稳定、晚婚少子的年代。下一代，兄弟姐妹稀少，表兄弟姐妹变得很珍贵，大家庭的互勉互助是后辈的"安全网"、定心石。

发挥伟大的亲情和友情：

每个人都有自己的小家庭和以血缘为纽带的大家庭，也在人生路上遇到毕生的好友。请珍惜在世有限时间，不要为了自我利益或一时之快，舍弃亲情、友情。

我曾因为说错两句话，痛失 6 年同窗互勉的好友。我身边的亲戚、朋友与他们的兄弟姐妹反目，不相往来，是司空见惯的事。

不到 100 年前，大家庭的聚会是常态，到我们的年代，像我们兄弟姐妹和后代在没有长辈督促下，能每年聚会，属于罕见。但细想一下，齐家是人人都能通过努力达成的事。大家加油。